Family Social Welfare

가족복지론

김성철
김성숙
모아라
박란이
박정하
박종란
송희경
염영옥
이만복

양 성 원

머리말

가족은 부모 · 자식 · 부부 등의 관계로 맺어져 한집에서 함께 생활하는 공동체이고 인류의 발생과 거의 때를 같이하여 발생된 가장 오랜 집단이며, 어떤 사회 · 시대에나 존재하는 가장 기본적인 단위이다. 이 같은 보편성과 영구성에도 불구하고 가족은 그 형태나 기능면에서 다양성을 보여준다. 가족은 대체로 혈연, 혼인, 입양, 친분 등으로 관계되어 같이 일상의 생활을 공유하는 사람들의 집단(공동체) 또는 그 구성원을 말한다. 집단을 말할 때는 가정이라고도 하며, 그 구성원을 말할 때는 가솔(家率) 또는 식솔(食率)이라고도 한다. 많은 사회는 가족의 범위를 법률이나 그 외의 규범으로 규정하고 있다.

세계인권선언의 16조 3항에 따르면, “가정은 사회의 자연적이고 기초적인 단위이며, 사회와 국가의 보호를 받을 권리가 있다”라고 한다. 급변하는 환경 속에서 가족에 대한 가치관의 변화와 함께 가족의 변화로 인한 다양성의 확대에 따른 사회복지사로서의 관점을 정립하고, 다양한 수준에서 가족복지에 접근하는 방법을 학습하고, 가족 문제를 해결하는 과정에서 돕는 능력을 함양한다. 또한 한국과 외국의 가족복지 정책을 이해하고 외국의 가족복지정책을 탐구함으로써 한국가족복지정책의 현주소와 문제점 및 개선방안을 알아본다. 가족복지서비스와 가족중심의 실천방법들을 소개하여 일반주의 사회복지사로서의 실천능력을 키운다.

본서는 대학에서의 한 학기 강의에 적합하도록 총 13장으로 구성되었으며 크게 가족복지의 개괄, 가족복지정책, 가족복지실천 과정으로 나누어 볼 수 있다.

본서를 통하여 사회변화에 따른 가족의 변화와 가족에 대한 다양한 관점들을 이해하도록 하며 한국사회 가족들이 경험하는 문제를 이해하고 사회복지 대책과 개입 방안을 모색한다. 또한 우리나라의 가족복지정책을 이해하고 가족복지전달체계 및 관련 법률을 학습하며, 가족복지실천의 방법론을 이해하고 가족복지 대상별로 특화된 서비스를 효과적으로 제공할 수 있는 방법을 학습하길 바란다.

이제 가족복지의 앞으로의 과제는 미래사회를 바라보며 양적 팽창에서 질적 성장을 위한 사고의 전환이 필요다고 보며 본서가 이 사회의 어둡고 추운 겨울의 땅을 녹이는 봄날의 따뜻한 희망의 날갯짓이 되길 바라며, 이 책이 출간되기 위하여 애쓰시고 배려해주신 양성원 사장님과 직원 여러분께 다시 한 번 감사를 드린다.

2020년 9월

저자 일동

차례

PART 02. 가족복지정책

PART 03. 가족복지실천 과정

PART 1

가족복지의 개관

Chapter 01

가족복지의 이해

학습목표

1. 가족의 이해를 설명한다
2. 가족복지의 이해를 비교 분석한다.
3. 가족복지의 대상을 비교하고 이해한다.
4. 가족의 욕구와 가족문제 이해를 개선한다.
5. 가족복지론의 실천방법론을 실천한다.

개 요

수직적인 권력 구조였던 기존 가족제도에서 탈피하고자 하는 2030세대가 늘어나면서 '평등한 관계'가 가족의 핵심이 되었다. 가족은 부모와 자식 그리고 부부 등의 관계로 맺어져 한집에서 함께 공동생활하는 공동체이다.

현대사회의 가족 변화 영향 요인으로는 사회문화적 환경과 산업화 그리고 도시화 등 다양한 요인들을 들 수 있지만 많은 학자들은 산업화와 도시화의 영향력에 큰 비중을 두고 있다.

가족복지는 가족사회사업과 가족복지(사업) 또는 가족(복지)정책과 가족치료 등의 명칭으로 사용되고 있으며 가족복지의 개념도 다양하다. 가족복지 서비스적 접근 방법은 가족보호, 가정생활교육, 가족계획사업, 가족보존과 가정기반서비스, 가족치료, 가족옹호이다. 그리고 가족복지의 대상은 가족의 문제와 가족의 욕구가 충족되지 않으면 가족의 문제가 사회문제가 되기에 욕구와 문제는 깊은 관련이 있다고 본다. 또한 가족복지의 주체는 개인 및 가족, 국가와 기업 및 민간단체이다.

1절 가족의 이해

1. 가족의 변화

일반적으로 가족[1]에 대한 연구는 사회 변동이나 가족의 변화가 눈에 띄는 때에 주목을 받아 왔다. 제1차세계 대전 후의 경제 불황, 결혼이나 가족 혹은 성에 대한 전통적 관념의 붕괴, 공업화 · 도시화에 따른 핵가족의 증가와 더불어 비행, 범죄, 이혼, 약물남용 등이 증가하던 1930년부터 1940년대의 미국 정신의학 및 심리치료(psychotherapy)에서는 설리반(Sullivan) 등에 의한 신프로이트학파가 활약하였고, 그들은 사회학자나 문화인류학자와 협력하여 사회정신의학, 문화정신의학을 발전시켰다. 그것은 인간 상호관계나 사회 환경을 중시하는 포괄적-역동적(holistic-dynamic)인 정신의학이었다. 이러한 학문적 기반하에 미국에서는 신경증이나 정신장애에 국한하지 않고 분열병의 발생원인에 심인론(psychology)이 기술되었다.

1) 캐너의 이론

캐너(Kanner)는 1943년 조기 유아 자폐증을 발표하고, 특징적인 증상을 기술하면서 아이 부모의 성격 특징이나 양육태도의 편향을 문제로 삼았다. 이것이 심인론(psychology)으로 연결된 것으로서, 그 후 많은 논의를 불러일으켰다. 프롬-라이히만(Fromm-Reichmann)도 '분열병을 만드는 어머니(schizophrenogenic mother)'로서 분열병 환자 어머니의 성격이나 자녀에 대한 태도가 얼마만큼 병자에게 영향을 미치는지 강조하고, 나

1) 'Family'의 어원은 라틴어 'Famulus'에서 유래했는데 이는 하인, 노예를 뜻하는 말이다. 로마에서는 'Familia'를 한 집안이란 의미로 썼고, 이후 'Familie'를 거쳐 현재의 Family가 되었다. 고대 로마에서는 가장이 강력한 힘을 가지고 가족을 지배했다. 소유권은 가장만이 가졌고, 다른 가족구성원은 아무것도 가질 수 없었다.

아가 공격적이고 횡포를 부리는 거부적인 어머니와 소극적이고 무관심한 아버지의 존재에 주목하였다.

2) 틸먼의 이론

틸먼(Tillman) 등은 노골적 혹은 암암리에 자녀를 거부하는 어머니와 지배적인 아버지를 소현병(schizophrenia, 정신분열병) 환사 부모의 특징이라고 하였다. 그 후 색슨(Jackson)이나 리츠(Lidz) 등도 부모를 유형화했지만, 이 같은 유형이 분열병 환자 부모의 특징이라고는 말하기 어려우며, 리츠(Lidz)도 말했듯이 부모의 성격이나 태도의 특수성에만 주목하는 것은 본질을 오도할 우려가 있다고 반성하게 되었다.

그래서 1950년 이후는 아버지나 어머니가 자녀에게 미치는 직접적인 영향에 주목하지 않고 가족 내의 복잡하고 다면적인 상호관계를 전체적으로 생각하는 애커먼(Ackerman) 등의 교류적인 견해가 많아졌다. 그 대표적인 것이 리츠(Lidz) 등의 분열병(schizophrenia) 환자 부모 사이의 특징적인 관계, 즉 부부분열(marital schism)과 부부왜곡(marital skew), 그리고 베이트슨(Bateson), 윈(Wynne) 등의 가성(거짓) 상호성(pseudo-mutuality) 학설이다. 이 학설들은 고전적인 것으로서 유명하지만, 각각의 학파가 서로 영향을 미쳐 접근하고 있다.

3) 일반체계이론

1970년대 이후로는 일반체계이론이 가족연구에 도입되어 환자만 병자로 보는 것이 아니라 그 증상이 가족병리의 한 현상이자, 동시에 환자의 상태가 가족 전체에 여러 가지 영향을 미친다고 하여 가족 전체의 문제 해명이 가장 우선되어야 한다고 생각하게 되었다. 지금은 미국뿐만 아니라 이탈리아, 핀란드, 독일, 일본, 한국 등 여러 나라에서 정서장애, 비행, 섭식장애, 우울병, 분열병 등의 가족에 대한 각종 치료가 행해지며 그것이 가족연구에 피드백되고 있다.

4) 가족치료

우리나라의 경우는 광복과 한국전쟁 등에 의한 빈곤, 구도덕이나 대가족제도의 해체, 성 윤리의 변화 등 사회 혼란이 격심하였다. 그 후 5·16 군사 정부가 들어서고 경제 개발 계획을 수립, 실천하면서 1970년대는 고도의 경제 성장을 이룩하여 경제적으로는 풍부해졌지만 인구의 도시 집중, 핵가족의 증가, 자녀의 감소, 고학력 사회의 도래, 친구와의 놀이를 잊어버린 무기력한 아이들이나 모라토리엄(moratorium) 청년의 증가 현상이 나타났고, 약물남용, 비행범죄, 학교폭력, 섭식장애, 혹은 자녀의 학대 등 사회 병리현상이라고 할 수 있는 문제가 격증하여 그에 따른 가족연구, 가족치료(family therapy)가 주목받게 되었다(김춘경 외, 2016).

5) 2030년의 가족제도의 변화

"2030년이면 결혼제도가 사라지고 90%가 동거로 바뀔 것이다." 이 말은 세계적 경제석학이자 미래학자인 자크 아탈리(Jacques Attali)의 《21세 사전》에 나오는 말이다.

2030년이 10년 앞으로 다가온 현재, 유럽에서는 이미 결혼은 비주류가 되었고 결혼을 대체하는 방식으로 동거가 자리 잡고 있다. 세계적으로도 혼인율은 역대 최저치를 매년 경신하고 있고, 우리나라도 마찬가지다. 결혼하지 않겠다는 '비혼'이 비주류나 아웃사이더로 취급받던 시대가 끝났다. 결혼에 대한 막연한 동경과 환상도 사라졌고, 가족제도로서의 결혼은 여러 선택지 중의 하나일 뿐이다.

역대 최저 혼인율의 의미를 해석할 때 오해해서는 안 되는 것이 있다. 결혼하지 않는다는 건 가족이 필요하지 않다는 뜻이 아니다. 결혼제도를 기피하는 것이지 사랑을 기피하는 것도, 누군가와 함께 사는 것을 기피하는 것도 아니다. 시대는 변화했고 사람들의 가치관도 바뀌었는데, 가족제도는 과거에 머물러 있으니 외면받는 것이다. 지금의 우리에게는 느슨한 연대로서의 새로운 가족 형태가 필요하다. 법적, 제도적 관계만을 진짜라고 할 수도 없거니와 사람과 사람의 관계와 연대를 반드시 법적, 제도적 틀 속에 가둘 필요는 없기 때문이다. 가족에 대한 관점에서도 젠더 뉴트럴(Gender-Neutral)이 요구되는 셈이다. 더 이상 출산과 대를 잇는 것만이 가족의 기본 조건이 아니다. 그런 가족도 있겠지만, 그렇지 않은 가족을 원하는 사람도 있다. 그걸 인정하는 것부터 시작해야 한다. 헨리 포드(Henry Ford)는 1929년에 쓴 자신의 책에서 "변화를 거부하는 사람은 이미 죽은 사람이다."라는 말을 했다.

비즈니스에서는 변화를 거부하고 변화에 적응하지 못하는 기업은 퇴출된다. 아무리 잘나가는 공룡 기업도 변화에 맞서서는 이기지 못했다. 기업뿐 아니라 개인도 정부도 마찬가지다. 결국 앞으로도 살아남기 위해서 우리에게는 가족제도의 변화가 필요하다.

6) 대안적 제도

우리 사회에서도 결혼과 동거를 절충한 대안적 제도가 필요하다. 일종의 생활동반자법이다. 1인 가구가 증가하는 시대인 오늘날에는 연인 간의 동거만이 아니라 친구, 이성, 동성 간의 다양한 동거가 이뤄지고 있다. 싱글 맘끼리의 동거, 노인들끼리의 동거도 가능하다.

현재 이런 동거는 모두 법적 제도와 무관해, 법적으로는 가족으로 전혀 인정받지도 보호받지도 못한다. 같은 집에 살고 같이 밥을 먹고 서로를 챙겨 주지만 이들은 가족이 아니다.

민법에서는 배우자, 직계혈족 및 형제자매를 가족으로 규정한다. 결혼하거나 피로 연결된 사이가 아니면 가족이 될 수 없는 것이다. 결혼 중심의 가족 규정이 법으로 명시된 것이다. 그만큼 우리는 가족을 만드는 절대적인 방법으로 결혼제도를 정해 두고 있다.

7) 평등한 관계와 변화

가족은 하나의 경제 단위이고 노동 기반이었다. 그렇기에 가족구성원은 노동자이자

생산 도구, 즉 노예 같은 존재였다. 결혼이 제도화된 것도 이런 배경과 연관이 있다. 지금 우리가 알고 있는 가족이란 말의 끈끈하고 낭만적인 느낌과는 다르다. 이래서 직원들을 착취하는 기업들이 유독 '가족 같은 회사'를 강조하는구나 싶다.

물론 Family가 'Father, and Mother, I Love You'의 이니셜 조합이라고 얘기하는 호사가들도 있다. 시작이야 어쨌든 우리에게는 가족이라는, 함께 어울리고 살아갈 존재가 필요하다. 다만, 그 존재가 혈연이 아니어도 된다. 이제는 동물도 가족 같은 존재다. 반려동물은 과거 애완동물이라 불릴 때와 차원이 달라졌다. 동물과도 동등한 관계를 지향하는 시대인데, 사람과는 오죽하겠는가. 수직적인 권력 구조였던 기존 가족제도에서 탈피하고자 하는 2030세대가 늘어나면서 '평등한 관계'가 가족의 핵심이 되었다.

2. 가족의 변화에 대한 관점들

1) 서비스부문의 확장

현대경제조직에서 서비스부문의 확장은 여성에 대한 수요를 증가시켰고, 여성취업 기회를 확장하였으며, 경제조직에서는 노동생활의 안정성과 예측성이 보장되었고, 그에 대한 가족생활을 계획할 수 있게 되었다.

2) 문화적 변화

개인주의가 확대되는 과정에서 여성들이 사회와 가족 안에서 자신들의 독립된 개체성을 확보하고자 하면서 여성의 개인주의화는 핵가족의 유지를 힘들게 한다.

3) 다원주의의 확산

개인주의의 팽창과 다원주의의 확산이 다양한 유형의 가족 이해의 폭을 증가시킨다.

4) 의료기술의 전파

재택근무는 가정에서 보내는 시간을 증가시키며 가족생활양식을 변화시킬 가능성을 안고 있다.

5) 복지정책

사회정책 또는 복지정책 그리고 개인과 가족의 선택에 큰 영향을 미칠 것이라고 본다.

6) 미래의 가족생활

경제조직과 문화와 기술 그리고 인구변화들에 따른 미래의 가족생활은 다양한 가구의 유형과 유동적이고 자발성이 강한 구성원 간의 헌신 등으로 이루어진다. 가족의 변화를 가져오는 현실에서 매우 취약하며 어려운 위험에 직면하고 있다. 가족제도와 경제제도 간의 구조적 지체(structural lag)도 가족문제의 근원이 되고 있다.

7) 사회구조적 변화와 가족기회 구조 간 관계

사회구조적 변화와 가족기회 구조 간 관계의 상당 부분은 현재 한국사회와 깊은 관계가 있다.

3. 가족의 정의

가족은 부모와 자식 그리고 부부 등의 관계로 맺어져 한 집에서 함께 공동생활하는 공동체이다.

1) 가족의 고전적 정의

(1) 머독(Murdock)

"가족은 공동의 거주, 경제적 협동, 생식(재생산)의 특징을 갖는 집단으로 사회적으로 인정받은 성관계를 유지하고 있는 최소한의 성인 남녀와 한 명 이상의 자녀로 이루어진다."

(2) 레위 스트라우스(Levi-Strauss)

"가족은 결혼에 의해 출발하며 부부와 그들의 자녀로 구성되지만, 이 핵집단에 다른 근친자가 포함될 수 있다. 가족구성원은 법적 유대, 경제적, 종교적, 그 외에 다른 권리와 의무, 성적 권리와 금지, 애정, 존경, 경외 등 다양한 심리적 정감으로 결합되어 있다."

(3) 국내 학자들의 정의

① 김두헌(1969)은 "가족은 일반적으로 영속적 결합에 의한 부부와 거기에서 생긴 자녀로 된 생활공동체"

② 최재석(1966)은 "가족은 가례를 공동으로 하는 친족집단"

③ 유영주(1993)는 "가족은 부부와 자녀로 구성되며 기본적 사회집단으로 이익 관계가 아닌 애정적 혈연집단이고, 같은 장소에서 기거하고 취사하는 동거동재"

2) 가족의 현대적 정의

(1) 국외 학자들의 정의

"가족은 한 집에 거주하는 서로 관련된 두 명 이상의 사람들로 구성된다."(Us. Bureau of the Census, 1992)

"가족이란 둘 또는 그 이상의 가족원들이 서로 돕고 몰입되어 있으며, 애정과 친밀감, 가치관과 의사 결정, 자원을 서로 나누는 집단이다."(Olson & DeFrain, 1994)

"가족은 도움을 필요로 할 때 도움을 주며, 가족원의 중요성을 인정해 주는 다른 가족원을 통해 안도감의 욕구가 충족되는 장소이다."(Erber & Erber, 2001)

(2) 국내 학자들의 정의

"인간의 본질적 특성인 개체성과 반개체성, 즉 개인으로서의 '나'와 관계로서의 '나'의 욕구를 충족시켜 줄 수 있는, 상호작용하는 생활 공동체적 집단이다."(유영주, 2000)

"가족은 사회의 영향을 받기만 하는 집단이라기보다는 사회의 영향에 대해 나름대로의 의미를 부여하며 적응, 변화하는 집단이다."(정현숙 외, 2001)

4. 가족의 특성

1) 가족은 일차적 집단

쿨리(Cooley)는 인간이 출생과 동시에 참여하는 집단이 일차적 집단(Primary group)으로 가족구성원 상호 간의 관계가 직접적(face-to-face)이고, 친밀하며, 그 관계가 항구적으로 지속한다고 하였다.

2) 가족은 공동사회집단

퇴니스(Tonnis)는 가족은 사회와 구성원 상호 간의 애정과 이해로 결합되어 외부적 장애에 의해 결코 분열되지 않는 본질적 결합관계이며, 가족구성원 간의 상호 신뢰를 바탕으로 한 정의적이고 감정적 기초로 성립된 관계라고 본다.

이익사회(gesellschaft)는 '어떠한 결합에도 불구하고 본질적으로 분리되어 있는 사회' 이다. 이러한 결합에도 불구하고 본질적으로 분리되어 있는 사회와 정당 그리고 사회와 조합 등의 집단이다.

3) 가족은 폐쇄집단

가족구성원이 되기 위한 자격의 획득과 포기가 쉽지 않은 폐쇄집단(closed group)이고 개인은 누구나 원하는 대로 특정 가족의 구성원이 될 수도 없다.

4) 가족은 형식적 집단(formal group)이나 가족관계는 비형식적(in-formal)

객관적 조직과 특정한 관습적 절차 체계를 가지고 있으며 이것에 의하여 행동이 통제되는 집단이다. 가족은 결혼의 법적 절차에 따라 부부관계를 성립하고 이런 관계에서는 형식적이며 제도적인 집단 가족구성원 상호 간의 관계는 솔직하고 형식에 규제되지 않으며, 인간적 감정으로 연결되어 있고 비형식적 관계로서 대체로 자유로운 관계 이다.

5. 현대사회의 가족변화와 특성

1) 현대사회와 가족변화

현대사회의 가족변화 영향 요인으로는 사회문화적 환경과 산업화 그리고 도시화 등 다양한 요인을 들 수 있지만 많은 학자는 산업화와 도시화의 영향력에 큰 비중을 두고 있다. 산업화는 가족에게도 급속한 변화를 가져왔다. 산업화 이후 현대까지의 사회변동 중 하나는 정보화사회 환경이며 이는 사회관계와 가족관계에도 많은 변화를 가져올 것이다.

(1) 산업화 가족

가족기능의 축소와 변화 그리고 자녀의 사회화와 애정 등은 정서적 측면에서 사회로 이전될 수 없고, 어떤 사회적 관계에서도 충족시킬 수 없는 영역이어서 가족의 중요성이 더욱 강화될 것이다. 사회가 경쟁적이며 비인간적인 요소로 팽배해질수록 이는 가족의 고유 영역으로 한정된다.

(2) 정보화 사회의 사회적 관계

자율적 사회관계의 확산과 남성과 여성 간의 상호 독립성의 증대 및 세대 간 독립의식의 증대는 정보의 접근성과 정보 해독의 측면에서 젊은 세대가 기성세대를 능가하고 압도해 버리는 현실이 되었다.

(3) 정보화 사회의 가족

가족생활에 영향을 줄 수 있는 것은 컴퓨터 매개 의사소통(Computer Mediated Communication: CMC)과 가상공동체라고 볼 수 있다. 가상공동체는 가상공간에 출현하는 집단으로 관심과 비슷한 목표를 추구하는 사람들끼리 설립해 나가는 경향이 있다.

2) 한국 가족의 변화적 특성

(1) 가족의 형태적 측면

핵가족으로의 변화는 과거 대가족관계에서 인간관계의 기초를 배울 수 있었던 기회를 잃게 했고, 현대의 가족은 물리적 단절과 심리적 지원 및 상호부조의 정신이 약화되었다.

배우자 선택에 있어서 결혼은 두 당사자 사이의 문제로 한정되고 이성이 만날 수 있는 기회가 많아짐에 따라 자유연애 결혼의 형태가 보편화되고 있다. 그리고 연령을 불문하고 부부만의 독립된 가구를 선호하게 되었으며 남녀평등사상에 따라서 가계계승이 부계단위인 만큼 인간관계의 범위는 부부와 자녀의 관계로 옮겨졌다.

(2) 가족의 기능적 측면

① 경제적 기능으로 가족의 생산 기능 약화와 소비 단위로서의 기능 강화로 다양한 상품 중에서 어떻게 현명하게 물자 구입을 해서 소비하느냐가 가장 큰 문제이다.

② 자녀양육 및 사회화 기능으로서 부모는 출산을 하고 양육은 전문적 시설로 하는 것을 권장한다.

③ 성적 및 재생산 기능은 자녀 생산과 부부 간의 성적 욕구를 합법적으로 유지시키는 역할을 한다.

④ 정서적 · 치료적 기능으로서 현대사회의 경제적 사회관계가 긴장이 높아짐에 따라 완화와 정서적 위로를 위한 공감으로서 가정의 중요성을 강조한다.

⑤ 여가의 기능으로서 가족원 간의 공유 시간이 부족함에 따라 대화와 친교부족으로 가족이 문제가 되고 있다. 가족의 여가기능을 강화시킬 수 있는 가족문화 프로그램이나 가족 단위 봉사 프로그램의 개발과 보급이 필요하다.

⑥ Duvall(1977)은 가족기능으로서 인간의 발달과 상호작용이 이루어지는 사회적 단위로서의 기능에 중점을 두었다. 현대가족의 기능으로 특히 가족 간의 애정 및

가족의 안정과 수용(용납), 가족의 만족감과 목표 달성, 동료감과 협동감의 지속, 그리고 사회적 역할 수행과 사회화의 바른 가치관의 확립 등을 강조한다.

3) 가족생활주기상 측면

결혼 연령이 높아지고 독신을 선택하는 경향도 증가하고 있으며 자녀의 출산율이 낮아지고 있으며 가족 축소기 이후 두 부부만 남는 '빈둥지 시기'가 급격히 확대되는 변화를 보인다.

4) 가족 가치관의 측면

개인의 사회적 지위는 그가 어떤 신분의 가족에서 태어났느냐에 따라 귀속적으로 결정되었으나 현대는 개인의 업적이나 성취에 의해 획득되고 있다. 인본주의적 가치로 물질적 가치보다 정신적 가치, 인간적 가치를 강조하는 것이다.

5) 미래가족의 방향

첫째, 가족의 다양화로 획일적 가족생활이 아닌 여러 형태의 가족을 볼 수 있을 것이다.

둘째, 취업 여성의 증가 현상에 따라서 맞벌이가족이 새로운 유형으로 나타난다.

셋째, 현대 과학은 남자 없이 여성의 난자만으로 아이를 낳을 수 있다고 전망한다.

넷째, 정보화 시대의 컴퓨터는 부작용도 있지만 인간생활과 직업의 역할에서는 생산을 위해 직장에 있는 시간을 절약해서 여가활동 시간을 증가시켜 주고 시간이 갈수록 재택근무자가 늘어 갈 전망이다.

다섯째, 미래는 정보세계화로 결혼과 가족에 있어 동양과 서양의 확실한 구분보다 각각의 장점을 통한 생활양식을 나타낼 것이다.

2절 가족복지의 이해

1. 가족복지의 개념

가족복지는 가족사회사업과 가족복지(사업) 또는 가족(복지)정책과 가족치료 등의 명칭으로 사용되고 있으며 가족복지의 개념도 다양하다. 카메르만과 칸(Kamerman & Kahn)은 가족의 보호와 보장 그리고 강화를 도모하는 활동과 연구라고 했다.

김만두는 가족복지를 가족의 집단성 확립으로 개별 가족구성원 인격의 성장과 발달을 지원하고 항상 변화하는 사회에 대응하며 적극적인 적응 능력을 가질 수 있고 대사회적으로 적응하며 가족확립이라고 하는 목표를 가지고 전개하는 활동이라고 정의했다.

가족복지는 가족의 욕구(needs)를 스스로의 힘으로 할 수 있도록 잠재력을 개발하고 가족문제의 예방 및 해결 그리고 전문적 지식과 기술을 동원한 제도적이고 정책적 그리고 기술적 서비스로서 가족구성원의 개인이나 가족 전체에 관심을 두는 과정이다. 그리고 구체적인 실천 활동까지 포함하는 개념이다.

1) 가족복지의 의미

가족복지는 가족구성원 개인에게 중심을 두는게 아니라 unit(한 단위)로서의 가족 전체에 초점을 두면서 가족의 보호와 보장 그리고 강화를 도모하는 데 그 목적이 있다. 가족복지기관은 가족복지 서비스를 제공하는 공적, 사적 기관으로, 가족관계 활성화, 가족가치 강화, 가족구성원의 건전한 인격발달과 사회 구성원으로서의 기능 수행 원조, 가족단위 사정의 기능을 한다.

목적은 가족의 행복을 지속하고자 하는 것이고, 주체는 가족을 포함한 사회구성원 전체이며, 대상은 가족구성원 한 명 한 명을 포함한 한 단위(unit)로서의 가족 전체이고, 수단은 제도적 정책적, 기술적 서비스 등이며, 범위는 사회복지의 한 분야이다.

2) 가족의 변화와 가족복지

현재 사회적 · 문화적 · 경제적 변화가 있었고 가족은 많은 변화를 겪고 있으며 여성의 경제 활동 참여의 증가와 저출산 · 고령화 현상과 이혼과 재혼의 증가 등으로 가족의 형태가 다양화되었다. 가족의 기능도 약화되었으며 가족 관계와 역할 그리고 가족 가치관 등이 변화하고 있다.

3) 가족복지의 필요성

가족문제의 예방 및 해결과 가족구성원의 삶의 질 향상, 약화된 가족기능의 지원과 다양화된 가족 욕구의 충족을 위해서 가족복지가 더욱 필요하다.

4) 가족복지의 실천

가족복지는 가족구성원이 행복하고 바람직한 삶을 추구하도록 돕는 집단적인 노력이며 가족복지를 실현하려면 가족구성원의 노력과 이웃 그리고 사회의 적극적인 지원이 필요하며 제도와 권리와 평등의 정책도 중요하다. 그리고 사회복지의 시작은 바로 가족의 문제 해결과 인간이 끊임없이 추구해 온 가치와 평등과 자유의 개념을 실현하는 수단이 되며 이를 통한 사회변화를 유도할 수 있어야 한다.

2. 가족정책적 접근방법

가족복지의 서비스적 접근 방법은 가족보호, 가정생활교육, 가족계획사업, 가족보존과 가정기반서비스, 가족치료, 가족옹호이다. 가족정책 접근방법은 직접적, 간접적 접근방법이 있다.

가족문제는 곧 사회의 문제이며 가족이 사회에서 잘 존속할 수 있는 환경을 조성하는 것이 중요하다. 문제가족에 대한 예방적 처우라는 관점에서 사회의 구조적 문제에 대하여 제도적, 환경적, 거시적인 접근이 있다.

1) 가족정책

정부가 가족을 위해 시행하는 모든 활동이며, 가족정책 용어의 의미로서 소득재분배(예: 가족수당), 인구계획, 부적응가족(결손, 장애, 빈곤가족 등), 아동의 인권옹호 및 주부를 위한 정책이 있다. 명시적 가족정책은 특정 정책을 만들 때 그것이 가족과 분명하게 관련되는 정책으로 가족을 위한 목표가 정책에 명백히 제시되어 있는 정책(예: 보육관련 정책, 가족계획, 건강가정 관련정책 등)이다. 묵시적 가족정책은 독자적 영역을 규정하기보다는 가족에 영향을 미치는 모든 정책과 정책의 목표가 직접 가족과 관여되는 정책은 아니지만 간접적으로 가족생활에 영향을 주는 정책(예: 조세정책, 주택정책, 관세조정, 이민정책 등)이다.

2) 미시적 방법, 직접적 방법

문제 혹은 장애로 고통을 당하는 가족에게 직접 접근하여 서비스를 제공하는 것과 문제가족에 대한 사후 치료적, 개별적, 심리적 접근으로 볼 수 있다.

① 가족에 대한 직접적 개입(family social work)으로 부부불화와 부모-자녀관계의 문제 그리고 세대 간 갈등 문제와 관련하여 가족복지 전문가가 개입하는 것으로 직접적 면담을 통한 상담이다.

② 가족보호(family caregiving)는 가정에서 발생하는 각종 장애 문제에 대해 보호를 제공하고 가족의 역할수행과 능력 고취를 향상시키는 기능 수행으로 발달장애 아동을 가진 가족과 치매노인 가족 그리고 만성질환자 가족 지원 등이 있다.

3) 가족복지서비스적 접근방법

(1) 가정생활교육

가정생활교육(family life education)은 가족구성원 간의 관계, 그들의 상호 간 애정을 강화시키기 위한 교육이며 대인관계 향상, 위기상황 예방 등이 있다(예: 부모역할 훈련 프로그램, 예비부부를 위한 가정생활교육, 노년기 부부교육).

(2) 가족계획사업

가족계획사업은 생산적인 건강보호 서비스로서 임신 전 위험과 임신중절 그리고 성병에 대한 보호와 영양 그리고 자녀 수에 대한 계획과 임신을 위한 서비스를 제공함으로써 건강한 가족생활을 하도록 한다.

(3) 가족보존과 가정기반서비스

여러 가지 가족의 욕구(needs) 충족과 가족보존을 돕기 위한 서비스이다. 예를 들어, 노인돌보미 파견과 가정부 서비스 그리고 형제자매결연 서비스와 가정법률상담 등 많은 가정기반 서비스 프로그램이 있다.

(4) 가족치료

가족치료(family therapy)는 가족을 중심으로 하는 사회사업과 치료 및 상담의 방법을 절충하여 가족복지기관과 사회복지와 관련된 분야에서 진행되고 있다.

(5) 가족옹호

가족옹호(family advocacy)는 가족욕구에 대하여 직접적이며 전문적인 지식을 통하여 가족의 생활조건을 향상시키도록 계획된 전문적 서비스이다.

3절 가족복지의 대상

가족복지의 대상은 가족의 문제와 가족의 욕구가 충족되지 않으면 가족의 문제가 사회문제가 되기에 욕구와 문제는 깊은 관련이 있다고 본다. 가족복지의 대상은 가족의 구조와 기능, 가족의 주기에 따라 가족과 미혼모가족 그리고 이혼 및 재혼 가족, 소년소녀가족과 노인가족 그리고 핵가족 등 가족구조상의 다양하다. 가족기능상의 문제에 따른 대상과 가족의 주기에 따라 다양한 욕구에 따른 대상으로 가족생활주기에 따라서 복지 개입을 다르게 분류한다.

4절 가족의 욕구와 가족문제 이해

1. 가족의 욕구

욕구(needs)란 어떠한 목적을 위해 좋은 것과 필요한 것 그리고 필수적인 것이 결여되거나 결핍된 상태를 말하며 해결되어야 할 문제(problem)라는 입장에서 볼 때 욕구와 문제는 같은 의미로 사용한다.

2. 가족의 문제

빈곤과 같은 경제적 문제와 각종 질병과 장애와 같은 의료 및 심리적 문제 그리고 이혼과 미혼부모 그리고 독신가족 등 가족구조상의 문제이다. 문제(problem)란 해결 욕구를 유발시키는 불만족스러운 상태 또는 조건을 지칭하며, 가족복지에서 문제는 일단 가족 욕구와 연관된다.

청소년 약물남용의 문제와 가정폭력문제 그리고 한부모 가족문제 그리고 소년소녀 가족의 문제와 장애인 문제 또한 노인문제와 성의 자유화로 인한 미혼모와 그 자녀의 문제, 배우자 부정문제와 별거 그리고 이혼과 가족해체문제 등 가족과 관련된 다양한 문제이다.

가족규모의 축소와 노인 · 소년소녀가족가구 등의 단독가구의 증가와 여성의 취업 증가로 인한 가족 내의 아동과 장애인 그리고 노인 등에 대한 보호 기능의 약화 현상과 이혼율의 증가 그리고 개인주의적 가치관의 발달과 가족관계의 평등화 경향 및 가족과 관련된 사회병리 현상의 증가 등이다.

5절 가족복지론의 실천방법론

가족복지의 주체는 개인 및 가족, 국가와 기업 및 민간단체이다.

1. 가족복지의 주체

가족복지의 주체는 개인 및 가족 그리고 국가와 기업 및 민간단체이며, 전통적 우리나라 가족복지의 주체는 가족 또는 부부(부모)이다.

복지의 주체는 국가만도 아니고, 가족 자체도 아니며 민간 차원의 노력만으로도 불가능하다.

2. 가족사회사업

1) 가족사회사업의 목적

① 가족이 변화에 대한 준비를 갖추도록 가족의 강점 강화(혹은 개입)를 한다.

② 가족이 효과적인 가족기능을 유지할 수 있도록 가족치료 이후 추가 지원을 제공한다.

③ 효과적이고 만족스러운 일상생활을 유지하기 위해서 가족기능에 구체적 변화를 창출하는 것 등의 구체적 목표이다.

2) 가족사회사업의 특성

가족의 일상생활과 일상 환경에 관심을 가지고 있다는 점에서 가정과 지역사회를 기반으로 한다. 가정은 문제가 발생하는 곳이기도 하지만 해결책이 모색될 수 있는 세팅이다. 가족사회사업의 궁극적 목적은 지지, 교육, 새로운 기술의 발달을 통해서 가족원들에게 보다 건강하고 만족스러운 환경을 발달시키는 것이다.

3) 가족치료

발달 초기에 주로 정신질환자나 가족의 역기능적 관계 유형을 변화시키기 위한 접근이며, 점차 전반적인 가족문제의 해결을 위한 접근 방법으로 활용한다.

(1) 가족치료의 개념

인간문제의 원인을 개인적 요인에서 찾는 것이 아니라 가족구성원 간의 관계의 문제로 보고 해결하려는 접근으로 '환경 속의 가족'을 대상으로 하는 방법이다. 한 개인에게 나타나는 문제나 증상은 가족원 간의 밀접한 상호작용의 문제이다.

(2) 대상

아이들의 정서적 · 행동적 문제와 학교부적응 문제, 우울증과 불안증, 가족구성원 간의 의사소통 문제와 폭력 및 강한 적개심 등의 분노 조절 문제, 결혼 및 가정생활에 대한 지속적인 불만족의 문제, 그리고 가족생활주기상의 변화에 따른 적응상의 문제와 결혼이나 가정생활의 향상을 원하는 것 등의 다양한 범주가 모두 가족치료의 대상이다.

4) 가족사회복지사의 역할

가족사회복지사는 감정이입적 지지자의 역할, 교사 · 훈련자의 역할, 자문가의 역할, 가능하게 하는 자의 역할, 동원자의 역할, 그리고 중재자의 역할과 옹호자의 역할을 한다.

5) 가족복지서비스

(1) 가족기능 지원서비스

가족에 대한 지지적 서비스(supportive service)로서 가족상담과 가족치료서비스 그리고 가족생활교육 및 부모교육서비스이며 문화 또는 여가생활과 각종 생활 정보를 제공하는 서비스이다.

(2) 가족기능 보충서비스

가족문제를 해결하여 가족이 안정을 찾을 수 있도록 사회가 가족의 기능을 일부 보충해 주는 서비스(supplementary service)이고 가족의 기능을 보충해 주는 서비스로 「국민기초생활 보장법」에 의한 저소득층 가정에 제공되는 보호이다.

(3) 가족기능 대리서비스

가족 스스로가 자신들의 당면한 문제를 도저히 극복하거나 해결할 수 없을 때에 가족의 기능을 전적으로 대리하는 서비스(substitute service)이며 일시 또는 장기간의 가정위탁보호와입양과 노인 및 장애인이나 아동을 수용하는 시설보호 등이다.

Chapter 02

가족체계와 가족생활주기

학습목표

1. 가족체계와 가족생활주기의 개념을 이해한다.
2. 가족생활주기의 교육과 필요성을 인식한다.
3. 현대적 가족생활주기와 특성을 이해한다.

개 요

가족은 서로 간에 긍정적, 부정적인 영향을 끼치는 존재로 가족구성원 모두가 주어진 가능한 범위 안에서 상호작용을 하면서 살아간다.

가족은 체계를 이루고 있어서 때로는 매우 역동적이고, 때로는 매우 의존적이며, 유기적이다. 가족은 이런 가운데서 가족과업을 달성하며 서로 성장되기도 하고, 도태되기도 한다. 가족은 가족구성원 간에 가족규칙이 원활하지 않아 쏠림현상이 나타나기도 하고, 가족정체성에서 모호함을 나타내기도 한다.

따라서 이 장에서 강조하는 바는 가족정체성을 새롭게 현대감각에 맞게 이해할 필요가 있음을 주지하고자 했다.

아울러 가족체계의 개념 정의, 가족체계의 기초이론 관점, 가족생활주기와 교육을 살펴봄으로써 사회복지적 접근과 가족복지의 기능적 복지 서비스의 실천에 조금이나마 새로운 도전과 인식의 전환이 될 수 있기를 기대한다.

현대사회는 다양한 가족이 등장하면서 가족기능과 가족역할, 가족과업들도 같이 변화하고 있고, 기존의 정형화된 가족생활주기도 새롭게 재해석해야만 한다.

사회 전체적으로는 저출산과 고령화, 만혼으로 인한 출산의 지연, 산업사회와 핵가족의 기능적 가족 형태들은 가족정체성을 새롭게 인식하도록 하고 있고 점점 더 역동적이라고 할 수 있다. 따라서 가족생활주기는 시간의 경과함에 따른 변화의 연속선상, 즉 세상에 태어나서 사망하기까지의 전 생애 주기의 관점으로 바라보고 가족 발달과 과업, 기능, 형태들을 시점별, 사건별로 다양성을 갖고 이해하는 것이 필요하다.

이 장에서는 가족체계의 개념, 기초적인 이론, 가족생활 교육, 가족생활주기에 대해서 살펴보고 가족복지를 위한 서비스의 접근방법을 가족복지와 상담 영역을 접목하여 기술하고자 한다.

1절 가족체계의 개념과 관점

1. 가족체계의 개념

체계(system)는 여러 개의 부분으로 구성된 체계, 즉 전체를 구성하는 부분들이 모여 복잡한 기능체를 만든다는 개념이다. 체계이론은 1930년대 독일의 생물학자 베르탈란피(Bertalanffy)의 일반체계이론을 가족체계에 적용시킨 이론이다. 가족체계의 원리는 '전체성'에 입각하고 있고, '전체'는 부분의 '합보다 크다'고 보며, 이러한 결과는 가족원 간의 상호작용에 의해 가능하다(김혜경 외, 2019). 체계이론에 따르면 한 가족구성원에게 영향을 미치는 사건은 모든 가족구성원에게 영향을 미친다. 예를 들면, 가장의 실직과 건강의 취약함은 가족 전체에게 영향을 미치게 된다. 따라서 가족체계는 보다 큰 체계가 가족에게 어떤 영향을 미치는지를 사정하는 데 도움이 된다. 가족체계의 특징은 가족구성원이 상호 의존하는 관계성에 의미를 둔다. 그리고 체계 내 상호작용과 교류에 영향을 미치는 요소들에는 대상과 속성, 관계, 환경이 있다. 가족의 체계 접근은 가족사정 및 문제해결에 매우 효과적이다(김용환 외, 2019).

가족을 이해하는 관점은 크게 두 가지로 언급된다. 첫째, 가족체계이론(Family System Theory)인데, 이 이론은 가족생활을 가족구성원들의 행동의 단순한 합으로 보는 것이 아니라 가족 간의 상호작용으로 본다. 그래서 가족 내 사건을 중요시 여긴다. 이 관점에 따르면 개인은 그들이 맺고 있는 관계 맥락 속에서 파악된다. 둘째, 가족발달이론(Family Developmental Theory)인데, 이 이론은 가족을 자연적 생활주기 단계를 거치면서 발달하는 것으로 본다. 가족체계를 연구하는 대부분의 학자는 이 두 가지에 주목하여 연구하는 것을 볼 수 있다. 다음은 가족체계이론에 대해서 좀 더 구체적으로 접근하여 살펴보고자 한다.

2. 가족체계의 이론적 기초

1) 가족체계이론

가족체계이론(Family System Theory)은 가족 안에서 각 개인의 역할이 전체 속에서 어떻게 작용하고 있는가를 보여 준다. 가족체계의 원리는 전체성에 입각하고 있기 때문에 개인의 문제가 고립적이고 개별적인 현상이 아니라 가족원의 상호관계와 전체분석을 통해 이해하게 된다. 즉, 전체는 부분의 합보다 크며 각각의 요소를 합친다고 해서 체계가 산출되는 것은 아니다. 가족체계는 각 구성원들의 상호작용으로 인해 나타나며, 가족원 간의 상호작용 없이는 가족체계도 없다는 것이다. 가족구성원 개개인의 성격, 가치관, 목표 등을 아무리 잘 안다고 해도 상호작용을 하지 못하면 가족을 다 이해할 수 없다. 그동안 다양한 가족치료 기법은 심리사회적 접근, 행동적 접근, 체계적 접근 등이 실천되었다. 가족체계이론을 주장하는 학자로는 구조적 가족치료(structural family therapy)의 미누친(Salvador Minuchin), 전략적 가족치료(strategic family therapy)의 헤일리(Jay Haley)와 사티어(Virginia Satir), 보웬(Bowen) 등이 있다.

상호작용과 상호의존성, 피드백 등 결과성, 경계, 형태 안정성, 형태 발생성이 이론을 구성하는 주요 개념이다. 부부와 가족원 간의 의사소통, 알코올중독, 가족폭력과 같은 가족의 역기능성, 그리고 가족의 기능성을 평가하기 위한 가족유형 분류 등을 연구하는 데 적용된다. 가족치료 및 교육은 체계론적 입장에서 가족문제를 예방, 해결하는 대표적인 응용 분야이다(김용환 외, 2019). 다음은 가족발달이론에 대해서 살펴보고자 한다.

2) 가족발달이론

가족발달이론(Family Development Theory)은 시간의 흐름에 따른 가족의 변화 과정에 대해서 관심을 가진다. 가족의 다양한 역할과 발달과업을 가족원들이 어떻게 실행하는지에 주목한다. 즉, 시간에 따른 변화의 과정에 초점을 두며 가족이 각 단계의 과업을 효과적으로 달성할수록 가족원들이 다양한 과업을 보다 더 성공적으로 이룰 것인가에 초점을 둔다. 규범, 지위, 역할, 단계, 사건 등이 중요 개념이다. 가족발달이론의 한 예로 결혼한 부부만으로 이루어진 가족발달단계는 자녀출산기로 진입하면서 질적 변화를 가져온다(성정현 외, 2014). 가족체계 안에서 가족구성원은 서로에게 영향을 주고받으며 살아간다. 가족은 역동적이며 다음단계로 진보하기 위해 저마다 중요한 발달과업이 주어지게 된다.

레빈슨(Levinson)은 "인간은 성장하면서 세 번의 전환기를 거친다."고 언급한 바 있다. 이러한 전환기는 위기로 작용할 수 있으며 가족관계에 영향을 미칠 수가 있다. 실제로 청소년기에 겪는 발달위기는 중년기의 전환위기를 겪는 부모와 중복된다. 이러한 가족구성원 개개인의 발달과업은 가족 안에서 상호 간에 영향을 주고받으며, 가족체계 전체의 발달단계와 발달과업을 이루게 된다. 가족의 발달단계와 발달과업을 현대 시대의 흐름과 함께 비교하여 새롭게 재정리하면 다음의 〈표 2-1〉과 같다.

표 2-1 발달단계와 발달과업/시대 변화

단계	주요 과업	최초의 사건/시대 변화
결혼 전	본가로부터 분리(독립하기)	약혼/현시대는 약혼의 의미가 없고 약혼식을 거의 하지 않음
아이 출생 전 부부	부부역할에 적응(가정 꾸미기)	결혼/현대 산업사회로 오면서 만혼현상, 결혼 전에 혼전 임신, 저출산 현상, 고학력 추구
아이 출생 부부	새로 태어난 아이에 적응	첫 아이의 출생과 입양
완성된 가족	새로운 가족구성원에 적응	막내의 출생
청소년을 가진 가족	가족체계 내의 융통성 증가	가족으로부터의 아동분리
떠나보내기	가족구성원이 떠나는 것을 수용	자식의 직업(취업)이나 결혼/핵가족화되어 자녀 수가 감소하고 조기에 축소됨
자식을 모두 떠나보낸 후	외로움과 늙어 감을 수용하기	자식을 떠나보냄/상대자 선택

* 김용환 외(2019).

3) 사회교환이론

사회교환이론(Social Exchange Theory)은 상호작용을 통한 거래와 보상에 주목한다. 즉, 사회적 노력은 개인이 자신에게 보상이 되는 상호작용에 참여하고 비용이 되는 상호작용을 한다. 따라서 사회질서는 이윤 혹은 보상을 극대화하려는 개인들의 부산물이 된다. 보상, 투자, 이익, 비교수준, 대안에 대한 비교수준, 배우자선택, 부부간 권력, 노인문제의 적용이 상호작용에 의해서 관계를 극대화하려 한다(김용환 외, 2019). 일반적으로 가족 간에 상호 주고받는 관계가 잘 형성되면 호혜성의 원리가 적용되어 가족질서나 가족융합에 큰 도움이 된다.

3. 가족기능과 사정을 위한 기술과 변화 특징

1) 가족치료의 핵심 기술

가족체계론적 관점은 일반체계이론을 받아들여 '전체적인 관점'에서 가족생활의 모든 부분을 이해하려는 접근방법이다. 가족체계는 부모 하위체계와 형제 하위체계(아들, 딸 하위체계)로 구분된다. 가족체계 개념에는 7가지의 가족기능과 사정을 위한 핵심 기술이 있다. 가족경계, 가족항상성, 가족 삼각관계, 가족규칙, 가족신화, 가족의식, 격리와 밀착, 부모화 등이다. 이를 기술하면 다음과 같다.

① **가족경계**: 가족규칙에 의해서 형성된 구성원 간에 흘러간 정보를 규정하는 것에 의해서 만들어진다. 즉, 두 하위체계 간의 경계선에 의해 어떤 하나의 하위체계에서 다른 체계로 정보가 흘러가는 것이 통제되거나 규정된다. 가족경계가 분명한 가족이 가족 상호 간에 더 인격적으로 존중하고 역할 분담에 있어서 더 기능적이고 질서가 있다고 볼 수 있다.

② **가족항상성**: 일반체계이론에서 나온 개념인데, 유기체는 근본적으로 개방체계로서 끊임없이 정보와 에너지를 투입하고 산출함으로써 스스로를 유지하거나, 구성요소를 파괴 또는 생성하면서 안정 상태, 평형 상태를 유지하려고 하는 특성을 가진다. 가족항상성은 긍정적으로만 작용하는 것은 아니다. 때로 가족체계에 변화가 필요할 때 그것을 차단하는 요인으로 작용하기도 한다.

③ **가족 삼각관계**: 가족 안에는 정서적으로 삼각관계가 존재한다. 즉, 가족 안에 두 사람으로 구성된 2인 체계는 불안과 긴장이 유발되는 경우가 많기 때문에 안정을 유지하기 어렵다. 따라서 두 사람 사이에 수용하기 어려운 문제가 발생되면 2인 체계로서 긴장을 줄이려는 방법으로 세 번째 요소인 제 삼자나 문제를 끌어들여 삼각관계를 형성하는 것을 말한다.

④ **가족규칙**: 가족규칙이 잘 움직여지는 가족구성원 안에서는 상호 역동적으로 역할

을 하게 된다. 가족체계 안에는 많은 가족규칙이 있을 수 있는데, 역기능 가정일수록 규칙이 경직되어 있다.

⑤ **가족신화**: 가족의 전반적인 이데올로기에 관한 것을 말한다. 즉, 가족신화는 가족구성원 개개인과 그 관계에 대한 기대와 가족 단합이나 믿음을 공유하게 된다.

⑥ **가족의식**: 역기능적 구조의 가정에서 보이는 일상적인 상호작용 양상과 명절이나 기념일에 보이는 가족 전통의식이 포함된다.

⑦ **격리와 밀착**: 가족이 서로 얼마나 관여되어 있는지의 여부를 파악하는 개념이다. 이와 관련된 개념이 경계인데, 애매한 경계는 지나치게 서로 밀착되어 불필요하게 관여하게 된다. 격리는 그와 반대로 나타난다. 그런 가족은 침묵하고 위축되어 있으며 서로 고립되어 친밀성과 레질리언스가 부족하다.

⑧ **부모화**: 어떤 자녀가 가족에서 부모나 배우자 역할을 대신 수행하는 것을 의미한다. 대가족이나 한부모가족, 맞벌이가족 등에서 자주 일어나는 현상인데, 이러한 경우 부모화된 자녀는 지나치게 어른스러워질 수 있다. 즉, 성인아이가 되기 쉽다.

2) 가족체계의 변화와 특징

가족은 가족구성원 개개인으로 구성된 전체이며, 지역사회를 구성하고 적응하는 부분으로서의 체계이다. 가족을 하나의 체계로 보는 본 관점은 가족구성원 간의 상호작용뿐 아니라 가족과 주변 환경과의 상호작용까지 모두 관찰하고 개입할 수 있다는 점에서 유용하다는 평을 받는다.

가족구성원은 상호 의존하려는 관계 특성이 있다. 즉, 가족위기가 발생되면 가족 간에는 항상성이 존재하고 상호 간에 의존하려는 경향도 나타난다. 부분 간의 상호작용과 교류가 영향을 미치는 요소에는 대상과 속성, 관계, 환경의 영향을 받는다. 대상은 가족구성원을 의미하며, 속성은 가족구성원의 자질이나 성격, 가족이 지향하는 목표나 긴장을 의미한다. 관계는 가족체계 내 부분 간의 관계를 의미하며, 환경은 체계의 구성요소이면서 동시에 더 큰 사회체계로서 가족에 긍정적 혹은 부정적 영향을 미치는 이웃과 지역사회, 국가, 좀 더 광범위한 사회경제적, 생태학적 체계를 포괄한다. 이러한 요소들이 상호 호혜관계를 형성하는 정도에 따라 체계는 개방적이기도 하고 폐쇄적이기도 하다.

개방체계(open system)는 체계 내 여러 요소와 환경 간 상호작용이 원활하게 이루어지고 이를 통해 변화를 지향하는 경우를 의미한다. 폐쇄체계(closed system)는 상호작용이 잘 이루어지지 않아 에너지의 혼란 상태에 이르는 것을 의미한다. 가족구성원 간의 상호 교류와 의사소통이 원만하고 상호 영향을 주고받는 개방체계일 경우에는 가족구성원의 성장을 가져다주고 가족응집력을 높게 한다(김용환 외, 2019).

가족은 가족 한 사람의 행동이 다른 가족에게 영향을 미치며 이는 반복적으로 상호작용 행동으로 유형화된다. 체계로서 통합성을 유지하는 한편 경계를 형성하여 외부체계와 구분되기도 한다. 가족의 상위체계는 지역사회, 확대가족이 있고, 하위체계는 부부하위체계, 부모-자녀 하위체계, 형제 하위체계가 있으며, 모든 체계는 상호작용하면서 에너지를 교환한다(이영실 외, 2012; 김용환 외, 2019).

4. 가족체계의 기능

1) 문제해결 능력

김용환 외(2019)은 가족체계 기능의 첫 번째 강조점을 효과적인 가족기능을 유지하기 위해 가족문제를 얼마나 잘 해결할 수 있는가의 차원을 언급한다. 광의적으로 볼 때 가족문제는 경제적 문제나 일상생활 문제들과 같은 기능적인 문제들과 감정이나 애정적인 갈등 문제들로 구분할 수 있다.

2) 가족원의 의사소통 차원

가족구성원 간에 어떻게 정보를 교환하고 받아들이는가의 차원을 말한다. 역기능적 가족은 가족 간에 문제를 명료화하는 데 종종 실패한다. 자신의 감정과 생각이 잘 전달되지 않기 때문이다. 가족 간에 의사소통은 가족 탄력성에도 영향을 준다. 사티어는 의사소통 유형기법에서 사람은 유사점으로 친밀해지고 차이점으로 발전한다고 주장한 바 있다.

3) 가족역할

가족역할은 가족기능을 수행하기 위한 가족구성원의 반복적인 생활상의 행동패턴을 의미한다. 여기에는 가족체계를 경영하고 유지하는 역할, 의식주와 같은 자원들을 공급하는 역할, 양육하고 지원하는 역할, 부모의 성적 만족 혹은 부모 역할의 형태들, 생활기술들의 발달 등이 고려된다.

4) 가족 간의 정서적 반응

정서적인 반응은 가족구성원들이 각각 관계 속에서 어떻게 정서적인 반응들을 보이는가의 문제이다. 감정을 표현하는 데는 두 가지의 주요형태가 있다. 첫째, 사랑 · 온화함 · 동정심 · 행복감 · 즐거움들과 같은 감정들로, 이러한 감정들은 '행복한 감정들'이며 긍정적인 감정이라고 부른다. 둘째, 두려움, 공포, 분노, 실망 등과 같은 부정적인 감정들이다. 이러한 감정들을 '위급한 감정들'이라고 부른다.

5) 가족 간의 감정이입

가족 간의 감정이입은 가족구성원들 간에 서로의 감정들에 어떻게 반응하고 이입하는가의 문제이다. 상태에 따라 공감적 감정이입(empathy) 상태를 가장 기능적이라고 할 수 있다. 가족과의 융화를 이루기 위한 수많은 정신작용은 서로를 발전시키고 성장시키기도 하지만 종종 좌절시키기도 한다.

6) 가족의 행동조절

가족체계 안에는 충동적인 역동들이 작용될 수 있다. 그럴 때 가족구성원들이 신체적으로 위험한 행동들의 한계를 어떻게 설정하는가는 매우 중요한 문제가 된다. 행동의 조절은 자녀들에게만 적용되는 것이 아니라 성인들에게도 적용된다. 가장 기능적인 경우는 유연성이 있는 경우이다. 그리고 가족규칙과 가족역할이 가족행동조절에도 크게 작용한다고 본다.

7) 가족의 영적 기능

영적 기능은 한 가족의 영적 상태를 평가하는 것이 된다. 피체트(Fichett)는 'Assessing Spiritual Needs'에서 전인적 치유를 위한 사정(Holistic Assesment)모델로서 영적 진단의 7×7모델을 제시한다. 이는 전인적 차원과 영적인 차원 일곱 가지이다. '내담자를 돌볼 때 이러한 차원들이 어떻게 연결되는가?'라고 질문하는 것이 영적 사정 도구의 중요한 차원으로 제시된다(김용환 외, 2019). 〈표 2-2〉는 본 모델을 바탕으로 하여 재구성(*)하였다.

표 2-2 영적 평가를 위한 7×7 모델

전인적 차원	영적 차원
• 의학적 차원/철학적(*)	• 신념과 의지
• 심리학적 차원/정서적(*)	• 소명과 결과
• 심리사회적 차원	• 경험과 감정
• 가족체계 차원	• 의식과 습관
• 인종적, 문화적 차원	• 용기와 성장
• 사회적 문제의 차원	• 공동체
• 영적 차원	• 권위와 지도

* 김용환 외(2019).

〈표 2-2〉의 영적 평가를 위한 7×7모델에서도 볼 수 있듯이 전인적 차원에서는 의학적 · 심리학적 · 심리사회적 차원을 통해 내담자가 어떤 환경, 구조 문화적인 차원에 처해 있는지를 살펴보게 된다. 가족체계, 인종적 차원, 사회적 문제적 차원, 영적 차원을 검토한다. 영적 차원의 일곱 가지는 '내담자가 가지고 있는 신념은 무엇인가?'라는 물음을 제시한다(Fichett, 1993: 42). 즉, 내담자의 신념은 어떤 것인가? 잘못된 신념체계를 바꿀 수 있는 역할이 영적인 돌봄이 되는 것이다. 그다음은 소명으로, 신이 내게 이런 처지에 왜 있게 하는지 질문하고 그 감정에 대해서 물어보라는 것이다. "오늘 기분이 어떠세요?"라는 질문은 영적인 연결을 할 수 있는 좋은 창구이자 내담자가 감정을 돌볼 수 있는 의식(ritual)이기 때문이다. 그다음은 용기와 성장이다. '고통의 경험을 통해서 얼마나 성장할 수 있는가?' 하는 질문이다. 그다음은 공동체와의 관계에 있어 한 개인이 얼마나 공동체로부터 지지를 받고 있는지 사정할 필요가 있다. 그 후에 영적인 가르침을 주고 안내하는 지도(guidance)가 필요하다.

〈표 2-2〉에서는 전인적 차원이나 영적 차원에서 사람의 심리와 정서는 매우 중요하게 작용하므로 심리학적 차원에 정서적인 차원(*)이 같이 포함되어 재해석될 필요가 있다고 본다.

2절 가족생활교육의 정의 및 필요성

1. 가족생활교육의 정의

가족체계와 가족생활주기는 '가족생활교육(Family life education)'을 분리해서 이해할 수 없다. 가족생활교육은 유아에서 노인까지 개인과 가족의 전반적인 삶의 질을 높이고 행복한 가정을 만들기 위한 통합적인 가정교육으로서의 평생교육을 의미한다. 따라서 가족 및 사회에서 나타나는 다양한 문제를 해결하기 위한 사회적 노력으로 개인의 잠재력을 개발하고 강화시키는 평생교육이다.

현대사회에서 대두되는 가족문제는 개인의 성장발달에 많은 영향을 미칠 뿐만 아니라 사회의 안녕과 질서유지에 중요한 영향요인이 된다. 따라서 가족문제 발생에 대한 대책이 시급하며 이에 대한 가족생활교육이 요구된다. 이러한 필요성 때문에 가족생활교육은 가족문제를 예방하는 차원에서 개인의 성장 · 발달을 도모하고 가족생활을 윤택하게하기 위하여 가정과 관련된 제반 기술과 지식을 교육하는 것이다. 가족복지 측면에서 가족생활교육은 가족구성원으로서 개인과 가족 전체가 행복한 삶을 영위할 수 있는 삶의 터전과 능력을 배양함으로써 변화하는 사회에서 겪을 수 있는 가족문제를 사전에 예방하기 위한 모든 교육적 활동이다. 가족생활교육을 위한 '가족생활주기(family life cycle)'를 연구해 온 가족발달 학자들은 시간의 경과에 따라 가족구성원의 행동에 영향을 미치는 변화와 가족구성의 유형화 단계에 초점을 두는 용어로 가족생활주기라는 용어를 선호해 왔다(유계숙 외, 1999). 그러나 최근에는 사회학자들이 생애과정(A Lifetime course), 또는 '전 생애 주기 관점'으로 이해하는 시도가 널리 이루어지고 있다.

2. 가족생활교육의 영역과 내용

가족생활교육은 크게 세 가지 목표인 문제해결, 문제예방, 잠재력 개발에 초점을 두고 발달해 왔음을 보게 된다. 이 중 어느 것이 우위를 차지하는지는 프로그램에 따라 다르겠지만 프로그램 개발 초기에는 문제해결에 더 중점을 둔 반면, 문제 예방과 잠재력 개발을 강조하는 경향이 있다. 그 내용 또한 가족문제 예방 프로그램이든 가족생활 향상 프로그램이든 또는 치료프로그램이든 간에 모든 가족생활교육 프로그램은 공통된 목적을 가지고 있다. 하나의 체계로서 가족의 능력을 향상시키고 가족체계의 각 구성원의 심리적 안녕을 증진하는 것이 공통 목적이다.

3. 가족생활교육 프로그램이 효과적이기 위한 조건

가족생활교육은 프로그램이 효과적이기 위한 15가지 조건은 다음과 같다(김용환 외, 2019).

① 건강한 가족체계의 기능을 증진시켜야 한다.
② 가족 안에 있는 독특한 사회적 · 문화적 맥락을 잘 포함하고, 이를 지지한다.
③ 가족의 자발적인 참여와 노력이 있어야 한다.
④ 내용적으로 가족생활주기와 다양한 인생경험 및 교육이 지속되어야 한다.
⑤ 치료보다는 예방에 초점을 두고 미래지향적인 실천 프로그램을 제공해야 한다.
⑥ 개인의 변화와 행동/태도 변화를 강조하는 학습과정이 제시되어야 한다.
⑦ 계속적인 강화를 위해(추후 활동을 포함해서) 교육을 15~18시간 해야 한다.
⑧ 다양한 학습스타일을 위한 학습활동이 포괄적으로 제시되어야 한다.
⑨ 연습을 통한 학습강화 계획이 제시되어야 한다(반영을 통한 행동).

⑩ 개인의 삶의 경험에 대한 정보를 이용할 수 있어야 한다.

⑪ 학습자의 경험, 문화와 개인의 가치지향을 존중하고 실천적이어야 한다.

⑫ 기술에 대한 모델을 보여주고 토론과 의견을 낼 수 있는 환경을 제공한다.

⑬ 잘 계획되어야 하고, 최근 자료를 잘 활용해야 한다.

⑭ 집단의 요구도 조사에 기초하여 프로그램이 개발 · 제시되어야 한다.

⑮ 교육내용에 대한 분석별 평가를 통해 보완 · 발전되어야 한다.

4. 가족생활교육의 세 가지 접근법

1) 평생 발달적 접근

생애 발달적 접근은 평생 과업을 달성하는 목표로 이해하게 된다. 그 이유는, 첫째, 가족생활교육에 대한 폭넓은 개념을 반영하며 주제 영역이 주는 중요한 개념을 놓치지 않고 그 구조를 운영할 수 있게 한정짓고 있기 때문이다. 둘째, 각 내용 영역에서 학습할 지식 · 태도 · 기술을 구체적으로 진술하고 있기 때문이다. 셋째, 각 주제 영역은 행복한 가정에 대한 초점과 중심개념을 발달단계에 따라 진술하고 있기 때문이다.

2) 주제 중심적 접근

김용환 외(2019)는 주제 중심적 접근에 대해 가족발달주기 단계에서 이루어져야 할 특정한 내용으로 가족생활 교육의 일반적인 주요 관심영역임을 언급한다. 가족관계 형성을 위한 결혼 준비 교육, 가족관계 향상을 위한 의사소통교육, 성교육, 부모자녀 관계향상을 위한 부모교육, 자녀교육, 고부교육, 치매노인 부양가족 교육 등은 적절한 주제 중심적 접근으로 가족생활 교육 내용에 포함된다.

3) 통합적 접근

가족생활주기의 통합적 접근은 가족발달단계 접근과 주제중심적 접근을 통합한 것이다. 가족생활주기의 발달단계에 따라 꼭 성취되어야 할 주제를 중심으로 구성된다. 통합적 접근의 특성은, 첫째, 가족발달단계 접근과 주제 중심적 접근을 통합하여 각 가족생활주기에서 학습되어야 할 지식, 태도, 기술과 성취개념을 체계적으로 강조한다. 둘째, 가족발달단계에서 나타나는 특이 가족의 형태에 대한 중심개념이 진술된다(김용환 외, 2019).

5. 가족생활교육의 전문성과 과제

1) 전문성을 위한 여덟 가지 점검사항

김용환 외(2019)는 전문성을 위한 여덟 가지 점검사항을 다음과 같이 제시한다.

① 가족생활교육사가 정규직으로 활동하고 있는가?
② 가족생활교육사를 양성하기 위한 학교와 교과과정이 마련되어 있는가?
③ '전문협회'가 발족되어 있는가?
④ 가족생활교육과 가족생활교육사에 대한 정의와 역할, 가족생활교육사의 목적 및 등급별 가족 생활교육사의 역할 규정이 마련되어 있는가?
⑤ 조직 내에서뿐만 아니라 유사한 목적을 지닌 조직과의 외적 갈등으로 인해 독특한 역할 정의가 요구되는가?
⑥ 가족생활교육과 관련된 필요성이나 역할에 대한 대중의 인식이 있는가?
⑦ 자격증이 법적으로 제도화되어 있는가?
⑧ 가족생활 교육사의 윤리강령이 제정되어 있는가?

이를 위하여 건강가정사에 대한 관련제도가 2005년 1월 1일부터 시행되고 있다.

2) 가족생활교육의 전문화 · 대중화를 위한 과제

김용환 외(2019)는 건강한 가정을 만들기 위해 전문직으로서의 가족생활교육과 가족생활교육사의 활발한 사회적 활동을 위하여 가족생활교육의 이론적 틀을 마련하고, 가족생활 교육의 학문적 발전을 기하며 가족생활교육의 대중화를 이루기 위한 과제를 다음과 같이 제시하고 있다.

① 가족생활교육의 이론적 틀 마련을 위하여 가족생활교육의 정의와 목적을 체계화하고, 교육과정의 정비와 자격증 체계화 및 공인화가 되어야 한다.
② 가족생활교육의 학문적 발전을 위하여 이론에 기초한 가족연구와 다양한 프로그램을 개발하고 진행 후에는 프로그램을 평가할 수 있는 도구가 마련되어야 하며, 체계적인 요구도 분석과 교육원리, 교육책략을 개발하여야 한다.
③ 가족생활교육의 대중화를 위하여 다양한 홍보와 관련 자격증의 공인화를 추진하고 가족정책을 입안할 수 있어야 한다.
④ 가족생활교육의 전문화를 위한 대학교의 과목 채택과 학점을 부여하는 등 이에 따른 준비가 되어 있어야 한다.

3) 가족생활교육의 실시 현황

가족생활교육은 현대 사회의 가족변화의 흐름에 따라서 다양하게 변화되어 왔다. 전통적인 주체 영역으로는 대인관계기술, 의사결정기술, 가족 상호작용, 자녀양육 및 지도, 가족자원관리, 결혼, 가족원의 역할 및 책임 등에 치중되어 왔다. 우리나라도 가정생활의 필요성이 증대되면서 여러 기관에서 교육 프로그램이 실시되고 있다(김용환 외, 2019).

① 종교기관에서는 일찍부터 예비 결혼교육과 부부관계 개선, 향상교육 프로그램이 실시되었다.

② 사회복지 분야에서는 가족문제 상담과 예방적 차원의 교육이 일찍부터 시작되어 부모교육과 결혼준비 성인교육프로그램이 사회복지관과 상담소를 통하여 실시되고 있다. 특히 특정문제가 있는 가족(알코올중독가족, 비행청소년가족 등)을 위한 치유 프로그램들이 실시되고 있다.

③ 교육학과 심리학 분야에서도 부모교육 프로그램을 실시하고 있다.

④ 가정학에서 가족생활교육 가족발달 관점에서 전 가족생활주기를 고려하여 경험적 이론에 기초한 가족생활교육 프로그램을 개발, 1990년대 들어 가족 전공 학자들이 지속적으로 프로그램들을 연구 · 개발하고 있다.

이렇게 지금까지 결혼 초기부터 노인기에 이르는 생애주기별 가족생활교육 프로그램은 다양하게 개발되어 왔고, 앞으로도 꾸준히 연구되리라고 본다. 개발된 프로그램과 계속 연구될 프로그램들은 다음과 같다. 예비 부부교육, 결혼초기 부부교육, 부부관계 향상교육, 중년기 부부관계 향상교육, 고부관계 향상교육, 청소년 자녀를 둔 부모를 위한 부모교육, 노인부양 가족을 위한 교육, 치매노인 부양가족을 위한 교육, 다문화가족 교육, 이혼 · 재혼가족, 노년기 교육 등이다. 그 외 가족문제를 예방하기 위한 교육 프로그램으로 치매노인 부양가족을 위한 교육, 한부모가족을 위한 교육, 조손가족을 위한 교육, 미혼모(부)가족을 위한 교육, 농촌가족을 위한 교육, 귀농가족을 위한 교육, 모(부)자보호시설 아동을 위한 교육 등이 실시되고 있다.

3절 가족생활주기와 단계별 특성

1. 가족생활주기의 개념

앞에서 가족체계와 가족생활교육을 살펴보았다. 이제 가족생활주기에 대해서 살펴보도록 하겠다. 가족생활주기는 시간의 흐름에 대한 변화에 따른 연속성에 초점을 둔다. 카터와 맥골드릭(Carter & McGoldrick)은 가족생활주기를 시간의 경과에 따른 가족 내의 발달적 경향을 묘사하기 위하여 일반적으로 사용하는 용어(Carter & McGoldrick, 1989; 성정현 외, 2018)로 설명한다. 가족생활주기 모델은 가족 개개인의 생활 패턴의 전체 영역을 포함하면서 동시에 전체로서의 가족을 강조하는 것이 특징이다. 가족은 사회의 기초 단위로서 발달단계마다 역할 수행이라는 과업을 가진다. 연령별, 주기별, 사건별 그때그때마다 삶의 전환기를 이루고, 적응과 성장과 발달 또는 부적응과 일탈과 퇴행을 보이기도 한다.

그동안 가족생활주기에 대한 연구는 가족학이나 사회학, 심리학, 상담학에서 주로 연구되어 왔다.

사티어(Satir)를 비롯한 많은 가족치료자는 가족주기는 정체된 것이 아니라 계속해서 변화한다고 언급한 바 있다. 이러한 관점에서 정상적 가족주기를 규정하는 것은 점점 더 어려워지고 있다. 정상적 가족생활주기에 대해서 경직된 사고를 가진 나머지 일정한 틀에서 벗어난 것을 병리적인 것으로 여겨 오히려 불안감을 조성한다면 이는 부정적인 영향을 미치게 된다. 반대로 신세대에 나타난 '용감한 신세계'만을 강조하다보면 부모기의 역할을 과소평가하거나 세대 간의 관계를 보잘 것 없는 것으로 여겨 가족사가 단절될 수 있다. 가족생활주기는 가족 내에서 세대 간 연결을 통해 생활주기 관점을 설명하는데 목적이 있으며, 세대 간의 연결은 인간의 중요한 자원이라고 여긴다(성정현 외, 2018).

가족생활주기란 가족생활에서 경험하는 결혼, 출산, 육아, 노후의 여러 과정 동안의 변화의 연속을 의미한다. 유영주는 오래전에 "가족주기에 대해서 사람이 가족생활에서 경험하게 되는 성장과 발달, 결혼으로의 독립, 자녀출산과 양육, 자녀의 출가, 노후의 각 단계에 걸친 시간적인 연속과정"(유영주, 2004; 김수환, 2009)이라고 언급한 바 있다. 이로 비춰 보건대 오늘날의 가족생활주기는 시대가 변하면서 다양한 가족유형이 형성되고 있음으로 구체적으로 재조명될 필요성이 다분하다. 즉, 이혼가족, 재혼가족, 미혼모나 미혼부, 맞벌이가족, 동성애가족, 독거가족, 조손가족, 다문화가족 등에 대한 전체적인 가족생활주기에 대한 연구가 필요하다고 본다.

2. 발달적 관점

1) 발달적 관점에서의 유용성

앞에서 가족발달이론을 언급하면서 발달과업을 중요시하는 것을 살펴보았다. 가족생활주기 모델에서는 가족과업뿐만 아니라 유용성을 강조한다. 두 가지가 유사점이 많지만 소소하게 강조하는 바가 다른데, 발달적 관점에서는 가족을 사정하는 것은 사회복지사에게 가족이 사회적 기대를 충족시키고 있는지를 이해할 수 있도록 돕는 데 유용하다고 본다. 또한 가족치료에서는 증상(symptom)과 역기능을 발달단계의 정상 기능과 비교함으로써 가족발달의 원동력을 되찾는 데 도움을 준다. 이를 통해 과거의 가족생활, 수행해야 하는 과업, 가족이 지향하는 미래의 맥락에서 문제를 보게 한다. 가족은 가족을 구성하는 개인들의 단순한 집합 그 이상이다. 개인의 생활주기는 가족의 생활주기 안에서 발생하며, 가족이야말로 인간발달의 가장 기본적인 환경이다. 이러한 관점이 가족구성원들이 함께 생활하면서 겪게 되는 정서적 문제 이해에 핵심이 될 수 있다(성정현 외, 2018; 김용환 외, 2019).

송성자(1998)는 임상적 차원에서 가족생활주기는 가족문제 집단을 위한 척도로 활용될 수 있음을 다음과 같이 여섯 가지로 기술한 바 있다(성정현 외, 2018; 김용환 외, 2019 재인용).

① 현재의 가족주기에 대한 파악
② 현재의 가족주기에 대한 가족구성원의 인식 정도
③ 발달단계에 따른 가족구성원의 변화능력
④ 가족주기와 관련된 가족문제 파악
⑤ 가족주기에 따른 치료계획
⑥ 가족주기에 따르는 체계변화를 위한 치료

이와 같은 내용은 상담학적, 가족복지학적 가족진단뿐 아니라 치료계획과 개입에도 도움이 될 수 있다. 즉, 가족주기관점은 특정 단계에서 일어날 수 있는 문제들을 확인해 주기 때문에(Duvall, 1985; Carter & McGoldrick, 1989) 가족기능을 평가하고 개입계획을 세우기 위한 효과적이고 기초적인 하나의 틀과 성과 있는 사정평가에까지 적지 않은 영향을 끼친다.

2) 가족생활주기에 대한 발달과정

가족생활주기의 발달과정은 꾸준히 연구되어 오고 있다. 서구나 동양 모두 유사한 내용들에서 논의가 되어 왔다. 가족생활주기는 가족치료이론 중에서 발달이론에 가장 가깝게 연구되어 왔고, 구조적인 측면과 전략적 측면에서 논의가 되다 보니 사회학에서 빌려온 모델(Nichols & Schwartz, 1991; 성정현 외, 2018; 김용환 외, 2019 재인용)이라는 평을 받기도 한다. 솔로몬(Solomon, 1973)은 가족생활주기 관점을 처음으로 논의한 학자로 가족생활주기를 5단계로 나누었고 각 단계의 과업을 요약하고 치료계획을 위한 진단적 기준으로 삼도록 제안하였다.

사회학자 두발과 힐(Duvall & Hill)은 1940년대 후반에 가족발달을 각 시기마다 수행해야 하는 다른 과업을 가지고 있는 몇 개의 단계로 구분하여 발달론적 관점을 가족에 적용하였다. 두발은 2세대 핵가족 중심의 가족생활주기 8단계를 언급했다. 두발 이후 많은 이론가는 한 단계를 가감하여 다른 이론을 제시한 것을 볼 수 있다(Solomon, 1973; Barnhill & Longo, 1979; 성정현 외, 2018; 김용환 외, 2019 재인용). 한국인보건연구원에서는 2세대 6단계 생활주기이론을 연구한 바 있다(성정현 외, 2018; 김용환 외, 2019 재인용).

헤일리(Haley, 1973)는 가족생활주기 개념을 『진귀한 치료(Uncommon Therapy)』에서 처음으로 소개하면서 가족이 새로운 단계로 넘어갈 능력이 부족하거나 두려움 때문에 증상이 발생한다고 하였다. 두발과 헤일리의 기본 전제는 가족 개개인의 생활 형태와 기능의 변화는 정형화된 일련의 발달단계 안에서 이루어진 것임을 강조한다(성정현 외, 2018; 김용환 외, 2019 재인용).

글릭(Glick, 1951)은 아내의 연령이라는 변수를 기준으로 가족생활주기를 6단계(① 초혼연령, ② 첫아이 출산, ③ 막내아이 출산, ④ 첫 자녀 혼인, ⑤ 막내자녀 혼인, ⑥ 배우자 사망)로 나누었다.

콜린스(Collins)는 가족생활주기를 8단계(① 결혼/파트너 되기, ② 첫 자녀 출산, ③ 학령전 자녀가족, ④ 학령기 자녀 가족, ⑤ 10대 자녀 가족, ⑥ 자녀진수기 가족, ⑦ 중년기 부모, ⑧ 노년 가족 등)로 나누었다.

카터와 맥골드릭(Carter & McGoldrick, 1989)은 3세대 중심의 6단계 가족생활주기를 언급하면서 중년기 부부의 결혼(이혼, 재혼)의 발달단계도 제시하였다. 그들이 말하는 가족생활주기는 기능적으로 관계체계의 확장, 수축 및 재조정의 과정을 뜻한다. 즉, 가족생활주기가 다음단계로 변화되기 위해서는 이차적 변화(체계 그 자체의 변화)가 요구되며, 특정 단계 내의 문제는 보통 일차적 변화(체계의 재구조화가 아닌 재배열)로 조정될 수 있다고 보는 것이다. 이렇듯 다양한 단계를 설명하면서 가족역사의 중요성을 상기시켜 준 저서 『가족생활주기』는 가족생활주기의 개념을 널리 보급하는 데 기여하였다. 또한 가족생활주기 연구는 여러 세대에 걸쳐 전달되는 정서적 과정을 강조한 보웬(Bowen)의 이론과 가족의 역사를 무시하고 특정 발달단계만을 강조하는 이론들 사이에서 가교역할을 하였다(Nichols & Schwartz, 1991; 김영애 외 역, 2002; 성정현 외, 2018; 김용환 외, 2019 재인용).

가족생활주기 연구는 세대기준이나 단계별 특성에서 학자마다 소소하게 다름을 볼 수 있다. 우리나라의 경우 한국인구보건원에서 WHO(1978) 모형에 기초하여 핵가족 2세대를 중심으로 부부의 결혼, 첫 자녀 출산, 단산, 막내자녀 결혼, 배우자 사망 요인으로 구분한 것에서도 두발과 힐, 카터와 맥골드릭과는 단계별로 차이가 나는 것을 볼 수 있다(한국인구보건원, 1982; 김용환 외, 2019 재인용).

다음의 〈표 2-3〉은 연구자별 가족생활주기를 비교하여 요약한 내용에다 개인적으로 추가하여(*) 재구성하였다.

표 2-3 연구자별 가족생활주기의 비교

구분	Duvall & Hill		Carter & McGoldrick			한국인보건연구원	
세대	2세대		3세대			2세대	
단계		발달 과업	단계		발달 과업	단계	
			1	결혼 전기	• 원가족으로 부터 분화 • 이성과의 친밀한 관계를 발달 • 일과 재정적 독립 확립 * 자기 개발을 위한 시간이 길어서 결혼이 늦어짐		
1	결혼 부부	• 서로 만족스러운 부부관계를 확립. • 임신과 부모됨에 적응 • 친족관계에 참여	2	결혼 적응기	• 부부체계를 형성 • 배우자를 포함시킨 확대가족, 친구와의 관계를 재정비 * 경제적 자립을 위한 맞벌이와 자녀양육이 발생	1	형성기: 결혼–첫 자녀 출생
2	자녀 출산 가족	• 유아 발달을 위한 환경을 조성하고 격려 • 부모와 유아에게 만족스러운 가정 만들기	3	자녀 아동기	• 부부체계에 자녀를 위한 공간을 만들기 • 자녀양육, 재정, 가사에 공동 참여 • 부모, 조부모 역할이 포함된 확대가족과의 관계를 재정비	2	확대기: 첫 자녀 출생–막내 출생

구분	Duvall & Hill		Carter & McGoldrick			한국인보건연구원	
세대	2세대		3세대			2세대	
단계		발달 과업	단계		발달 과업	단계	
3	학령전 아동 가족	• 성장을 독려하는 방법으로 학령전 아동이 가지고 있는 욕구나 흥미에 적응 • 에너지의 고갈이나 사생활이 줄어드는 것에 적응					
4	아동기 자녀 가족	• 학령기 가족의 공동체에 참여 • 아이가 학업 부문에서 성취할 수 있도록 격려					
5	청소년 자녀 가족	• 자유와 책임의 균형을 유지 • 청소년 자녀에 대한 관심과 경력 형성을 도움	4	자녀 청소년기	• 청소년자녀가 가족체계에서 출입이 자유롭도록 부모–자녀 관계에 변화 • 중년기 부부의 결혼 및 진로 문제에 재초점 • 노인세대를 돌보기 위한 준비를 시작	3	확대완료기: 막내 출생–자녀 결혼 시작
6	청년 자녀 떠나 보내기	• 적절한 의식과 지원을 통해 청년 자녀를 떠나보내기 • 지지적 가정의 토대를 유지	5	자녀 독립기	• 부부체계를 2인 관계로 재소성 • 성장한 자녀와 부모와의 관계를 성인 대 성인의 관계로 발전 • 사돈과 며느리, 사위, 손자녀가 포함되도록 관계를 재정비 • 부모, 조부모의 무능력과 죽음에 대처	4	축소기: 자녀 결혼 시작–자녀 결혼 완료
7	중년기 부모	• 결혼관계를 재확립 • 나이 든 세대와 젊은세대와 친족관계를 유지 * 노년 준비					
8	노년기 가족	• 사별과 혼자 사는 것에 적응 • 가정을 종료하거나	6	노년기	• 신체적 쇠퇴를 인정하고, 자신과 부부의 기능과 관심사를 유지	5	축소완료기: 자녀 결혼 완료–남편

구분	Duvall & Hill		Carter & McGoldrick			한국인보건연구원	
세대	2세대		3세대			2세대	
단계		발달 과업	단계		발달 과업	단계	
		노령에 적응 • 퇴직에 적응 * 사회 활동의 폭이 좁아지는 것에 적응 * 경제력 대비			• 다음 세대가 중추적 역할을 하도록 지원 • 연장자가 할 수 있는 일은 직접 수행하면서 자신의 지혜와 경험이 활용될 수 있는 여지를 마련 • 배우자, 형제, 친구의 죽음에 대처하면서 자신의 죽음을 대비하며 삶을 되돌아보고 통합		사망
						6	침체기

* 성정현 외(2018); 김용환 외(2019).

3. 가족생활주기의 특성과 과업, 위기, 예방 개입

가족생활주기 단계를 외국 학자들의 연구와 한국의 현 시대의 사회 흐름을 비교해 보는 일은 매우 흥미 있는 일이라고 할 수 있다. 외국의 여러 학자 중 카터와 맥골드릭이 주장한 6단계와 우리나라의 가족관계 특성과 과업, 위기, 예방 등의 개입방법들을 비교하여 살펴보면 다음과 같다.

1) 결혼전기 · 파트너 되기

혼인부부의 세 가지 주요 과업은 서로가 만족할 수 있는 관계의 수립, 확대가족(새 파트너를 수용해야만 하는)과의 관계 재조정, 부모기에 대한 결정이다(김용환 외, 2019). 결혼전기 · 파트너 되기는 젊은 성인남녀들에게는 결혼과 일이라는 이 두 가지를 현실적으로 이루고 성취감을 누릴 수 있는 단계이다. 한국 가족의 최근 변화 특성은 대학을 졸업하고 난 후 취업을 해야 하는 준비 기간이 점점 길어지고 있고, 남녀가 만나서 결혼하기까지도 시간이 오래 걸리고 있으며 이와 더불어 자녀출산도 늦어지는 상황이다. 부모의 도움 없이 경제적 자립을 하거나 원가족으로부터 독립을 하기까지가 긴 것이다. 그리고 건강한 성인 남녀가 독립된 가정을 꾸리기 위해서는 수준 있는 만남과 좋은 파트너 되기를 위해서 노력을 해야 한다. 결혼이라는 합의과정을 이룬 뒤에는 좋은 부모가 되기 위한 출산 계획과 건강한 가정 만들기를 위한 과업이 주어진다. 결혼 전기 · 파트너 되기의 위기는 배우자를 선택하는 일에서 좌절과 고립감을 가질 수가 있다는 점과 부모님의 희생에도 불구하고 그 기대에 부응하지 못하기 때문에 죄책감을 갖게 되는 점이다. 이를 위한 예방적인 개입은 부모와 청년자녀가 성인 대 성인의 지위로 전환하여 서로 존중하고 개인적인 관계를 맺는 것이 필요하고 결혼을 위한 배우자에게 일방적 맞춤이 아닌 결혼 전 자신의 욕구와 기대, 일과 가정의 양립을 위한 상호적 기대가 서로 충족하는지를 확인해야 한다(성정현 외, 2018).

2) 첫 자녀 출산기

첫 자녀 출산기의 문제점들은 "자녀와 배우자의 욕구를 함께 충족시키기 위해 많은 에너지가 소비되고 그 어느 시기보다도 바쁘기 때문에 심리적으로 예민하고, 정서적으로(부모와 직장인) 불안정한 시기에 놓이게 된다(김용환 외, 2019)"는 것이다.

라빈(Rabin, 1965)은 첫 자녀 출산기의 동기를 ① 숙명적 동기, ② 이타주의적 동기(인간의 이타주의적 동기 충족), ③ 자아도취적 동기(자녀를 낳은 만큼 성숙했다는), ④ 도구적 동기(자녀를 통해 다른 목적을 달성할 수 있다는)로 구분하였고, 스콜닉(Skolnick, 1979)은 ① 사회적 압력(혼인하면 아이를 가져야 한다는), ② 정서적 · 상징적 보상 제공 등으로 구분하였다(김용환 외, 2019).

첫 자녀 출산기는 앞에서 언급한 것처럼 양육비 증가와 일과 양립을 해야 하는 과업이 주어진다. 그래서 결혼 초기에는 신혼기이므로 행복감도 크지만 자녀가 태어날 경우에는 갈등이 빈번해지고, 신경이 예민해지므로 위기를 맞이하게 된다. 여기에 대한 개입으로는 경제적 안정과 심리적 안정이 필요하므로 산전산후 프로그램에 참여한다든지, 자녀양육 및 자녀계획에 대한 재정 포트폴리오를 작성하여 재정문제, 가사, 사회 및 여가활동, 배우자의 가족과의 관계 등에 대해 합의하도록 하는 것이 좋다.

3) 학령전 자녀 가족기

학령전 시기는 기본적인 생활학습을 습득하고 행동반경이 넓어지며 환경에 대한 호기심을 갖고 적극적으로 탐구하는 시기이다. 부모의 과업은, 첫째, 아직은 활동반경에 비해 안전의식이 부족하기 때문에 부모의 적절한 감독이 필요하다. 둘째, 안전을 보증하면서 적절한 양의 자극을 동시에 제공해야 한다. 셋째, 지나친 독립은 위험에 처하게 하고 과보호는 발달(독립성 등)을 저해할 수 있다는 점이다. 이때 부모는 에너지 고갈 문제가 발생되는데 자녀 간 터울이 짧을 때가 더 심각하다. 한국 어머니들의 자녀교육관의 문제는, 첫째, 유아 중심적이 아니라 성인 중심적이라는 것과 유아의 흥미나 경험보다 지식 중심적이고 학교 교육만을 강조하는 점이며, 놀이보다는 특기 및 문자 지도를 강조한다. 둘째, 양육태도가 애정 및 통제형이어서 자율성(자주성)과 사회성 발달이 낮게 나타난다(김용환 외, 2019). 따라서 이때 개입은 학령전 자녀들의 자율성과 사회성 발달을 위해 부모님과 함께하는 캠프활동 프로그램들이 필요하다.

4) 학령기 자녀가족 주기

학령기 자녀가족 주기는 학생 자녀들의 학교활동으로 부모들은 정신적인 쉼을 얻지만 아이들에게는 또래 집단을 통한 첫 사회활동을 배우는 시기가 되며, 교사와 친구들과의 관계 속에서 서로를 통해 대인관계의 기술이나 성실성, 근면성 등을 배우게 된다. 또한 학교생활에 대한 적응과 부적응의 갈림길에 놓이게 된다. 자녀의 낮은 학업성적, 학교폭력, 약물중독 등은 자녀와 부모 모두에게 위기가 된다.

가족과업은, 첫째, 청소년들이 성장하며 궁극적으로 가족을 떠나 독립할 수 있는 기술을 습득하도록 돕는 것이며, 둘째, 부모는 보다 큰 책임과 독립을 허용해 나가면서 일하는 습관을 발달시킬 수 있도록 보조한다. 학업성적은 부모와 자녀 모두에게 큰 과업이 된다.

여기에 대한 개입은 부모 입장에서는 자녀와의 경계선을 유지하는 것이 좋으며, 학령기 자녀는 호기심과 일탈이 일어나지 않도록 돌봄과 일 사이의 균형을 잘 유지하도록 하는 것이 중요하다.

5) 10대 자녀 가족기

10대 자녀 가족기는 혼란기로서, 자녀가 동년배와 부모 이외의 권위적인 인물과 협동적으로 상호작용하는 시기이며 공적인 학습상황에 적응하도록 지지하는 시기이다. 모순의 시기로서 청소년기의 과업은 타인에 대한 신뢰의 학습 평가, 안정된 정체감 확립, 생의목적에 따른 의문점을 해결하는 데 있다. 부모의 과업은 부모로서의 가족규칙이나 부모의 권위와 책임을 잃지 않는 가운데서 자녀의 독립을 지지하고 격려해야 하는 어려움에 직면한다. 자녀가 가족과의 유대보다 동년배와의 관계가 긴밀해지면서 일부 부모에게는 받아들이기 어려운 전환기가 된다. 학업문제는 부모들이 자녀에 대해 가지는 가장 큰 고민이자 관심거리이며 빈곤가정에서 학업문제로 부모-자녀 간의 갈등 및 자녀 가출문제 발생 등의 가능성 높은 시기이다(김용환 외, 2019). 10대 자녀 가족기는 부모와 자녀가 심한 갈등이 야기되는 시기이므로 사춘기를 벗어나 정체성이 분명해 지도록 부모가 인내하고 기다려주는 것이 필요하다.

6) 자녀 진수기

자녀 진수기는 청년이 가정을 일찍 떠났거나 떠난 그 자녀가 다시 자녀를 일찍 가졌다면 독립에의 노력은 심한 스트레스가 된다. 자녀를 떠나보낸 부모는 공허함이 생기고, 부모는 조부모의 위치로 간다. 그러나 반대로 이 시기에 자녀가 취업이나 고등교육 진로문제로 독립을 늦추게 되면 부모에게 경제적, 심리적인 스트레스가 쌓이게 된다(김용환 외, 2019). 따라서 자녀 진수기의 개입은 부모 입장에서는 새로운 가족구성원으로 인한 스트레스가 쌓이게 되므로 자녀의 독립을 인정하고 자녀 부부세대의 문화와 변화를 긍정적으로 받아들이는 자세가 필요하다.

7) 중년기 및 노년기

중년부부의 주요과업은 부부로서 자신들의 새로운 역할과 규칙을 발견하고 부부애를 재정립해야 한다. 자녀의 빈자리가 크게 느껴지면 삶의 의욕을 잃을 수도 있다. 중년기와 노년기에는 빈둥지증후군(empty nest syndrome)에 놓이지 않도록 해야 한다.

노년가족의 문제는 ① 늙어감과 죽음에 대해서 직면하도록 해야 한다. 이에 대해 적응하는 것이 중요하다. ② 노년기에는 경제적 어려움이 있으면 더욱 어렵게 되는 특징이 있다. ③ 성인자녀가 늙은 노부모를 보호하는 역할 전환기에 부모와 자녀 모두에게 스트레스가 된다. 중년기 부모 및 노년기 가족기의 위기는 중년부부가 노년부모와 자녀를 함께 돌보는 문제를 겪는 것이 위기이다. 고령화로 인해 60~70대인 자녀가 80~90대인 노부모를 부양하는 일이 많아졌고, 결혼을 하지 않고 독립도 하지 않는 자녀들을 데리고 살아야 하는 50~60대 부모들이 늘었다.

부모–자녀관계의 변화는 과거에는 일방적인 수직적 관계, 요즘은 수평적 · 상호교환적 관계로 변화되었고, 앞으로는 노부모와 성인자녀 쌍방 간에 상호호혜적 관계로 변화되어야 한다. 자녀에게 부양의식과 효를 기대하는데 자녀가 부응하지 못할 경우 부모는 소외, 고독감, 좌절감을 느끼고 세대 간 갈등을 유발한다. 자녀교육이나 혼인 등에 과도한 투자가 발생한 가정의 경우 노부모의 노후대책이 부실하고 공적인 부양체계마저 없는 현실에서 갈등이 심화되고 가족의 부담이 되기도 한다(박귀영 외, 2017; 김용환, 2019 재인용). 효도를 받아야 할 중년기 중기, 후기의 부모들이 자녀들로부터 효도를 받지 못하고 곧바로 노년기 초기, 중기로 진입해서 고령의 노부모와 함께 노년기를 보내야 하는 상황이 전개되고 있다. 따라서 공적 부양체계가 현실적으로 변화될 필요성을 느끼게 된다. 자녀가 부모를 모셔야 하는 것은 당연한 도리지만 모두가 행복할 수 있는 방법을 정책적으로 찾아야 하는 시대에 직면했음을 알 수 있다.

4. 가족생활주기의 변화

핵가족, 저출산과 고령화, 여성의 일과 양립에 따른 역할변화, 이혼율과 재혼율의 증가, 다양한 가족 형성 등은 가족생활주기에 많은 변화를 가져왔다. 2000년 이후 급격히 증가하고 있는 이혼과 재혼율은 적응에 실패할 경우 위기에 처할 수 있으므로 이혼과정에서 다루어야 할 과업에 대한 지식과 실천이 필요하다. 전통적 가족생활주기와는 다른 단계를 경험하는 이혼, 재혼가족의 경우에는 새로운 발달과정과 과업이 요구된다. 카터와 맥골드릭이 제시한 이혼, 재혼가족의 생활주기별 특성과 과업을 살펴보면 다음과 같다.

1) 이혼가족의 생활주기

가족은 이혼을 처리하는 방법에 따라 시간이 지나면서 회복과 적응의 정도가 달라진다. 이혼과정 전반에 가족이 실천해야 하는 중요한 정서적 과제와 관계들이 존재하기 때문에 정서적 문제를 적절하게 해결하지 않을 경우, 가족체계를 위협하고, 자녀의 성장에 위해(危害)를 가져오는 위기를 경험할 수 있다(Goldenberg & Goldenberg, 1992). 그러나 이혼이 반드시 부정적 영향력만을 끼치는 것은 아니다. 조사에 의하면 이혼한 부모와 자녀의 관계가 더 이상 부모의 갈등에 영향을 받지 않게 되면서 오히려 개선되는 경우도 많다. 이혼 후 반수 이상 가족의 부모는 우호적 협력관계를 형성하고, 비공식적 친족관계를 형성한다(Ahrons, 1987; 양옥경 외 역, 2002). 부모의 이혼 후 자녀의 성공적 적응은 양쪽 부모와 관계를 유지하고 그 들이 양육과 재정문제에 최대한 협력할 때 가능하다(Whiteside, 1998). 하지만 이를 달성하기 위해서는 이혼한 부모 간에 높은 수준의 의사소통, 상호신뢰, 협력관계 등이 형성되어야 한다(김용환 외, 2019).

다음의 〈표 2-4〉는 카터와 맥골드릭(1989)이 제시한 내용에 한국의 이혼가정의 발달단계를 추가(*)로 재구성한 내용이다.

표 2-4 이혼가족의 발달단계와 과업

단계		전환의 정서적 과정: 태도	발달상의 과업
이혼 결정		• 결혼관계를 유지할 수 있는 문제해결 능력이 없음을 인정한다. * 자존감 상실, 의욕상실, 자책감의 모습이 나타난다.	• 결혼 실패를 초래한 각자의 잘못을 수용한다. • 이혼에 대한 이별범죄가 생기지 않도록 성숙한 자기통제력이 필요하다.
가족해체 계획		• 가족체계에 속한 모든 사람을 위해 적절한 배려를 한다. * 가족해체로 인한 양심에 가책을 느낀다.	• 자녀양육권, 방문, 경제문제에 대하여 협력적으로 일한다. • 확대가족과 이혼문제에 대해 다룬다.
별거		• 협조적 공동 부모관계를 지속하고 아동에 대한 재정원조를 함께하려는 충분한 의지와 합의가 있어야 이혼을 계획하게 된다.	• 함께 살아온 가족구성원의 상실을 슬퍼한다. • 부부관계와 부모- 자녀관계 및 재정문제를 재구조화하고 별거에 적응한다. • 확대가족과의 관계를 재정비하고, 배우자의 확대가족과의 관계를 유지한다.
이혼		• 정서적 이혼을 위해 더 노력하고, 상처, 분노, 죄의식을 극복한다. * 법적인 이혼 절차를 밟는 동안에 양가감정이 들어 매우 혼란스럽다.	• 정상가족 상실을 슬퍼하고 재결합에 대한 환상을 버린다. • 결혼에 대한 희망, 꿈, 기대들을 회복한다. • 확대가족과 관계를 유지한다.
이혼 후	한부모 (자녀 교육)	• 재정적 책임감의 유지, 전 배우자와 공동 부모관계를 유지하고, 전 배우자와 그 가족이 자녀와 접촉을 유지하도록 지지한다.	• 전 배우자와 그의 가족들의 방문을 융통성 있게 허용한다. • 자신의 재원을 재구축한다. • 자신의 사회적 관계망을 재구축한다.
	한부모	• 전 배우자와 공동 부모관계를 유지하고, 자녀와의 관계를 지지한다. * 전 배우자의 빈자리를 채워 줄 새로운 배우자를 찾기 위해 교제를 시도한다.	• 효율적인 부모관계를 지속하는 방법을 찾는다. • 전 배우자와 자녀에 대한 재정적 책임감을 유지한다. • 자신의 사회적 관계망을 재구축한다.

* Carter & McGoldrick(1989): 22; 성정현(2018); 김용환 외(2019) 재인용.

2) 재혼가족의 생활주기

재혼가족은 구조, 기능, 가족관계, 정서적 측면에서 초혼가족과 다른 특징과 발달단계를 가진다. 이러한 복잡한 특징은 재혼가족을 위협하는 요인이 될 수 있으며 재혼가족 내의 갈등을 일으켜서 또다시 가족해체의 위기를 가져오기도 한다(성정현 외, 2018).

다음이 〈표 2-5〉는 카터와 맥골드릭(1989)이 연구한 내용이다. 본 내용을 중심으로 하여 추가로 재구성(*)하여 살펴보면 다음과 같다.

표 2-5 재혼가족의 발달단계와 과업

단계	요구되는 태도	발달상의 과업
새로운 관계의 시작	• 첫 번째 결혼의 상실을 회복한다(적절한 정서적 이혼). * 심리적 안정이 필요하고 경제적 자립이 필요하다.	• 재혼과 혼합(새) 가족을 형성하기 위해 헌신하고자 하는 자세가 필요하고, 이를 위해서 감정상의 복잡성, 모호성 등을 정리해야 한다.
새로운 결혼생활과 가족에 대한 개념화와 계획	• 재혼과 복합가족 형성에 대한 자신과 새 배우자 및 자녀의 두려움을 수용, 세 가지 점에서 복잡성과 불명확성에 적응하기 위한 시간과 인내가 필요함을 인정한다. – 새롭고 다양한 역할 – 경계: 공간, 시간, 소속감, 권위 – 정서적 문제: 죄의식, 부모에 대한 충성과 관련된 갈등, 상호 관계에 대한 바람, 미해결된 과거의 상처 * 심리적 문제: 우울과 외로움으로 인한 일탈, 알코올, 흡연중독 등	• 새로운 관계에서 개방적 태도로 가식적 관계를 피한다. • 전 배우자와 협력적 재정(양육비) 및 공동 부모관계를 유지하기 위한 계획을 수립한다. • 두 개의 가족체계 내에서 겪는 두려움, 충성심에 대한 갈등, 소속감을 다룬다. • 새 배우자와 자녀를 포함한 확대가족과의 관계를 재조정한다. • 전 배우자의 확대가족과 자녀와의 접촉을 유지하기 위한 계획을 수립한다. * 재혼가족 배우자들의 부모님들과의 새로운 관계형성을 준비해야 한다.
재혼과 가족의 재구성	• 전 배우자에 대한 애착을 끊고, 이상적인 '완전한' 가족에 대한 집착에서 벗어난다. • 투과성 있는 경계를 가진 새롭고 다양한 가족모델을 수용한다. * 복합가족, 혼합가족이지만 일반 정상 가족과 다름없는 가족 정체성을 갖도록 해야	• 새 부자와 계부모를 포함할 수 있는 가족 경계선을 재구조화 한다. • 여러 체계가 섞일 수 있도록 관계와 재정적 조정을 재편성한다. • 친부모(비양육 부모), 조부모, 다른 확대가족과 모든 자녀와의 관계를 지속하도록 허용한다.

단계	요구되는 태도	발달상의 과업
	한다. * 재혼가족에 대한 현실적인 교육이 필요하다.	• 복합가족의 통합을 증진시키기 위하여 추억이나 역사를 공유한다. * 복합가족구성원의 단합된 활동 프로그램 참여와 가족 내 역할을 인정하고 수용한다.

* Carter & McGoldrick (1989): 24; 성정현 외(2018); 김용환 외(2019) 재인용.

재혼가족 자녀들은 친부모 사이에 충성심의 갈등을 겪거나 친부모와 단절될 때, 계부모와의 관계로 빨리 대체하도록 강요받을 때 역기능적 위기를 겪게 된다. 전 부인이 낳은 자녀들과 단절된 부(모)는 때로 새로운 자녀들과 관계 형성의 어려움을 겪는다. 재혼가족에서 화해와 새로운 유대를 촉진하기 위해서는 상실감과 죄책감, 다시 관계를 맺지 못할 것이라는 두려움을 충분히 다루어야 한다. 또한 재혼한 배우자가 친부모와 관계를 유지하고자 하는 자녀들의 욕구를 이해하고 전 배우자와 자녀들 간의 좋은 관계를 질투하거나 위협하지 않는다면 더욱 도움이 될 것이다. 재혼가족과 자녀들의 레질리언스(resilience)는 그들의 경계가 개방적으로 유지되고 다양한 관계가 용인될 때 가장 강력한 힘을 얻게 된다(Walsh, 1998; 양옥경 외 역, 2002; 성정현 외, 2017 재인용).

재혼가족은 부모들 스스로가 계부, 계모라는 생각을 떨쳐 버리고 좋은 친부모 의식을 갖으며, 가족 간에 유대감을 잘 유지해 나가는 것이 중요하다. 사티어(Satir)의 가족상담에서 자주 강조되는 가족규칙(family rules)을 세우고, 자녀들 간에 갈등이 생길 때도 미누친(Minuchin)의 구조적 가족 상담에서 사용되는 가족동맹(family allianced)과 우회연합을 적절하게 이룬다면 역기능의 위기를 잘 극복할 수 있을 것이다. 초혼도 생활하면서 어려움이 많지만 재혼가족은 각자 한 차례 아픔과 상처를 겪고 만난 만남이라서 새로 구성된 가족을 위해서 희생과 헌신의 노력이 훨씬 더 많이 필요하다.

PART 2

가족복지정책

Chapter 03

복지국가와 가족복지정책

학습목표

1. 복지국가와 가족복지정책의 관계를 이해한다.
2. 가족복지정책의 개념을 이해한다.
3. 가족복지정책의 범주와 관점을 이해한다.
4. 가족복지정책의 유형을 이해한다.

개 요

가족복지정책은 전통적인 복지국가의 발전과 재편과정에서 새롭게 요구되는 복지국가의 핵심정책 중의 하나가 되었다. 1990년대의 신자유주의의 위기와 탈산업사회의 사회적 위험이 확산되면서 Esping-Anderson은 복지국가 체제분류의 기준으로 국가와 시장에 가족을 추가하여 복지국가와 가족복지정책에 관하여 복지의 책임 소재를 가족중심의 책임을 강조하는 가족책임주의와 가족에 대한 사회적 책임을 강조하는 탈가족주의로 구분하였다.

가족복지정책은 가족의 복지라는 목표를 달성하기 위하여 국가가 행하는 정책으로 가족이 경험하는 여러 문제에 대처하고 가족구성원의 욕구 충족과 삶의 질 향상을 위해 국가가 의도적으로 취하는 조치나 노력이다. 가족복지정책은 가족을 대상으로 하며, 가족구성원과 가족이라는 하나의 단위에서 표출되는 욕구를 지원, 보충, 대체하는 기능을 담당함으로써 가족에게 긍정적인 영향을 미치는 국가개입적 활동이다.

가족복지정책의 범주는 구조기능론적 관점에 의한 가족의 기능과 욕구에 기반을 둔 범주와 일·가정양립 정책에 의한 노동권과 부모권에 기반을 둔 범주로 분류될 수 있다. 가족복지정책의 관점은 가족이 책임져야 한다고 보는 보수주의 관점과 국가가 책임져야 한다고 보는 진보주의의 관점으로 구분될 수 있다.

가족복지정책의 유형은 정책 목적 혹은 정책 의도의 명시성 정도에 따라 가족복지정책의 유형을 세 가지로 나눈 Kamerman과 Kahn의 유형, 가족의 책임에 대해 국가의 통제, 지원 방식에 따라서 권위주의 모델, 자유방임 모델, 중간적 모델로 유형화한 Harding의 유형, OECD 22개 선진국가들의 가족복지정책을 현금급여, 취업지원급여, 아동보육제도, 피임과 낙태에 관한 법률 등을 중심으로 분석하여 가족친화/출산장려주의 모델, 전통주의 모델, 성평등주의 모델, 가족친화적/비개입주의 모델로 유형화한 Gauthier의 유형이 있다. 이러한 유형화를 통해 국가 간 가족복지정책의 유사성과 차이점을 체계적으로 구분할 수 있다.

1절 복지국가와 가족복지정책의 관계

복지국가(welfare state)는 역사 · 문화적 맥락과 정치적 · 사회적 · 경제적 환경에 따라 변화 · 발전하는 역사의 산물로 이해해야 한다. 따라서 복지국가 체제 유형은 다양하고, 신자유주의 세계화와 탈산업적 분화에 대응하는 방식도 다양하다. 1970년대 중반 이후의 복지국가의 위기는 복지국가 연구 패러다임의 위기가 되었고 1990년 에스핑앤더슨(Esping-Andersen)의 복지국가 체제 유형론은 당시 복지국가 위기에 봉착한 복지국가 연구에 결정적인 전환점이 되었다(장인협 외, 2014). Esping-Andersen은 복지국가를 체제(regime)의 군집들(cluster)로 분류하여 탈상품화(de-commodification) 정도, 국가와 사회계층체제의 형태, 시장과 가족 간의 관계의 세 가지 기준으로 자유주의 복지국가(liberal welfare state), 보수주의 혹은 조합주의 복지국가(conservative or corporatist welfare state), 사회민주주의 복지국가(social democratic welfare state)로 분류하였다(Esping-Andersen, 1990). 그는 세 가지의 복지국가 유형으로 복지국가와 가족의 관계를 비교하고 복지의 책임소재를 분석하여 복지의 책임이 가족에게 어느 정도 있는가, 이러한 책임과 시장과는 어떠한 관계에 놓여 있는가, 그리고 가족과 시장이 국가와는 어떠한 관계를 맺어 나가는가 등을 연구하였다(김혜경 외, 2017).

표 3-1 Esping-Andersen의 복지국가 유형

비교기준/유형	자유주의	보수주의 혹은 조합주의	사회민주주의
사회복지대상	빈곤자, 요구호자 중심	피용자 중심	모든 시민
계층화의 정도	낮음(선별주의)	높음	낮음(보편주의)
급여의 종류와 범위	극소화	필요시 확대 가능	극대화
급여 수준	최저생계비 수준	차등적(계급과 지위별)	중간계급의 생활수준
급여 단위	(혼인)가족	(혼인)가족	개인

비교기준/유형	자유주의	보수주의 혹은 조합주의	사회민주주의
급여 수혜조건	자산조사	취업활동 및 사회보험가입	시민권
급여와 서비스 질	시장에서 행한 역할	수평적 재분배	수직적 재분배
주요 사회서비스	공공부조와 사회보험	사회보험	기초연금을 기본으로 하는 보편적 사회보장
고용 및 노동에 대한 국가개입	국가는 마지막 개입	조합주의적 전통	공공서비스망 구축
사회적 서비스 공급에 있어서 국가, 시장, 가족 간의 관계	시장에 맡김	가족이 실패한 후 국가가 개입	가족이 실패하기 전 국가가 개입, 완전고용
사회복지 급여에 대한 사회권으로서의 인정 정도	인정되고 있으나 빈자로서 따르는 경우가 많음	인정되고 있으나 이를 중요시하지 않음: 빈자로서의 낙인의식은 약함	사회권으로 인식되는 정도가 높고 중요시함
사회보험 운영체계	분립형	분립형	통합형
본인부담(사회보험)	많음	많음	적음
복지의 재분배 기능	미약	미약	강력
복지에 대한 가족책임	강력	강력	미약
가족복지서비스	미약	미약	강력
가족복지유형	가족주의	이원적 가족주의	탈가족주의
여성의 삶	무보수 돌봄	돌봄 및 가사노동 담당, 성차별, 낮은 취업률	높은 취업률, 공공서비스망을 통한 돌봄 및 가사노동 부담 경감
탈상품화 정도	최소화	중간 수준	높은 수준
해당국가	미국, 캐나다, 호주, 뉴질랜드	오스트리아, 프랑스, 독일, 이탈리아, 영국	스칸디나비아 국가

출처: Esping-Andersen (1990); 김상균(1992); 감정기 외(2013)에서 재구성.

1. 자유주의 복지국가

자유주의 복지국가(liberal welfare state)는 탈상품화(de-commodification)의 효과가 가장 최소화된 국가로서 시장메커니즘의 근본적인 역할을 인정하며 기본적으로 보호 대상을 가장 취약한 계층에 한정하는 엄격한 선별주의 원칙을 적용한다. 자산조사(mean test)에 의해 사회복지 서비스는 최소한으로 통제되고, 사회권의 영역은 제한되어 소수의 국가복지 수혜자들의 상대적 빈곤 속의 평등과 나머지 대다수 사람의 시장차별적 복지로 인해 두 집단이 대립적인 관계가 되는 이중 구도가 형성된다. 고전적인 자본주의 노동윤리에 부합되어 국가 개입에 대한 거부감이 강한 이데올로기가 사회를 지배하는 국가들이다. 개인책임과 자조가 중요한 원리이며 전통적 가족의 기능과 역할이 강조되면서 가족이 복지의 1차적 책임을 진다. 국가는 가족의 책임 기능이 실패했을 때 2차적으로 개입이 이루어지며, 그것도 최소한의 개입에 그친다. 이러한 유형에 적합한 국가로는 미국, 캐나다, 호주, 뉴질랜드 등이 있다(이영실 외, 2013).

2. 보수주의 혹은 조합주의 복지국가

보수주의 혹은 조합주의 복지국가(conservative or corporatist welfare state)는 시장의 효율성과 노동력의 상품화를 중요시하지 않는 국가로서 후기 산업사회의 계급구조를 유지하기 위한 시스템이라고 할 수 있다. 복지의 공급 주체는 주로 국가가 맡았으며 가족의 중요성을 강조하는 전통적 가족주의(Familialism)를 고수하며 종교적 및 문화적 신념에 지배받으면서 교회나 자원봉사조직들이 사회복지의 역할을 대신하였다고 볼 수 있다. 개인에 대한 복지의 1차적 책임은 가족에게 두고, 자유주의 복지국가와 마찬가지로 국가는 2차적 책임을 담당하며 최소한의 복지가 행해진다. 사회적 연대의 진원지는 가족이고 국가는 이러한 가족의 특성을 지원하고 보완하는 역할을 한다(박병헌, 2005). 국가가 가족기능을 충분히 보완하지 못하고 있는 점에서 자유주의 복지국가와 크게 다르지 않다. 이러한 유형에 적합한 국가로는 오스트리아, 프랑스, 독일, 이탈리아, 영국 등이 있다(이영실 외, 2013).

3. 사회민주주의 복지국가

사회민주주의 복지국가(social democratic welfare state)는 보편주의 원리와 사회권의 탈상품화가 신중산층에게 확대된다. 사회개혁에 중요한 역할을 하여 시장과 국가, 노동과 중산층의 이중구조를 허용하기보다는 최저수준의 평등이 아닌 최고수준(중산층 수준)의 평등을 추구하여 복지국가를 위한 연대, 즉 사회통합이 매우 중요한 목표가 된다. 이러한 체제에서는 가족의 기능을 보완하는 정책이 아니라 가족의 역할을 적극적으로 공유하고 경제적 지원과 보호의 책임이 국가에게 직접적으로 귀속되며 여성의 노동시장 참여와 같은 노동정책과 적극적으로 연계된다. 이러한 유형은 주로 스칸디나비아 국가들에 의해 추구되어 스웨덴, 노르웨이, 덴마크, 핀란드 등이 해당된다(이영실 외, 2013).

Esping-Andersen(1990)의 복지국가 유형은 남성생산자 중심, 소득보장 중심, 시장-국가 관계 중심의 논의라는 페미니스트들의 비판을 받았다. Esping-Andersen은 1999년 그의 저서 『탈산업경제의 사회적 기반(Social Foundations of Post-industrial Economics)』에서 페미니스트들의 비판을 일부 수정하여 가족구조를 국가와 시장에 추가하였다. 그는 탈가족화의 개념을 "가족에 대한 개인의 의존을 경감하는 것", "가족의 복지와 돌봄책임이 국가나 시장에 의해 이완되는 정도"라고 정의하고 있다. Esping-Andersen은 복지국가와 가족복지정책에 관하여 복지의 책임 소재를 가족중심의 책임을 강조하는 가족책임주의(familialism)와 가족에 대한 사회적 책임을 강조하는 탈가족주의(de-familization)

로 구분하였다(한인영 외, 2016). 이제 가족복지정책은 복지국가의 발전과 재편과정에서 새롭게 요구되는 복지국가의 핵심 정책 중 하나가 되었다(윤홍식, 2012).

2절 가족복지정책의 개념

가족복지(family well-being)에 대한 정책은 가족정책(family policy)과 가족복지정책(family welfare policy)으로 구분할 수 있다. 가족정책과 가족복지정책의 개념에 대해서는 학자들 간에도 명확한 합의가 이루어지지 않고 있다. 가족정책은 사회정책의 한 분야로서, 사회적 차원에서 가족을 대상으로 정부가 가족과 관련된 문제에 개입하여 행하는 정책이라고 할 수 있다(최선화 외, 2018). 또한 가족정책은 "가족기능의 사회적 의미, 가족과 지역사회와의 관계, 개인과 가족문제에 대한 국가와 사회의 개입 증가, 모든 사회제도와의 상호의존적인 관계 등에 관한 가치"를 근거로 하고 있다(박귀영 외, 2017). 가족복지정책은 "가족의 복지(family well-being)라는 목표를 달성하기 위하여 국가가 행하는 정책으로 가족이 경험하는 여러 문제에 대처하고 가족구성원의 욕구 충족과 삶의 질 향상을 위해 국가가 의도적으로 취하는 조치나 노력"이라고 볼 수 있다. 가족의 복지(family well-being)라는 의도에 목표를 설정한 정책을 가족복지정책으로 본다면 가족정책에는 국가가 다른 목적을 위해 가족에 대해 행하는 정책 범주도 포함되기 때문에 가족정책이 가족복지정책보다 포괄적인 의미라고 할 수 있다(최선화 외, 2018). 오늘날 국가는 사회복지의 전 분야에 걸쳐 정책을 통해 가족에게 영향을 미치고 있으므로 가족정책과 가족복지정책의 개념을 구분하는 것은 점차 의미를 상실해 가고 있다(김영화 외, 2010). 즉, 가족복지정책은 가족정책의 한 영역이면서 동시에 가족을 위한 복지정책이라는 측면에서 약간의 차이가 있기는 하지만 일반적으로 혼용되고 있다(한인영 외, 2016). 가족복지정책의 개념은 국가, 학자에 따라서 그 견해가 다양한데 그 이유는 가족복지정책이 각 나라의 사회 · 경제 · 정치 · 문화 등의 환경 변화에 맞추어 발달하기 때문이다.

1. 가족복지정책의 정의

캐머만과 칸(Kamerman & Kahn, 1978)은 가족복지정책(family welfare policy)에 대해 "정부가 가족에 대해 그리고 가족을 위해 직접적으로나 간접적으로 행하는 모든 활동으로 그 사회가 추구하는 목표와 이념을 실현하기 위해 가족에 대한 영향력을 행사하는 행위"로 정의한다. 이들은 서구의 14개 국가의 가족복지 관련 정책을 비교분석하여 세 가지 개념으로 분류하였다.

첫째, 가족복지정책을 구체적인 목표를 설정하여 이루어 나가는 사회정책의 한 분야(as a field)로 보는 것이다. 예를 들어, 아동정책, 보육정책, 빈곤가족정책, 여성정책, 주택정책 및 고용정책 등이 해당된다.

둘째, 가족복지정책을 정책을 효율적으로 수행하기 위하여 하나의 수단(as an instrument)으로 활용하는 것으로 가족정책의 독립적인 영역보다는 다른 정책을 보조하는 잔여적 성향의 형태이다. 예를 들어, 동유럽에서의 아동보육시설의 확대와 모성수당 제도 등을 통해 여성들의 경제활동 참여를 유도한 정책들이다(한인영 외, 2016).

셋째, 가족복지정책을 다른 사회정책의 기준이나 관점(as a criterion or perspective)으로 보는 것이다. 이 개념은 국가의 다른 정책(예를 들어 노동정책, 의료정책, 교통정책 등)을 결정하는 데 있어서 가족복지정책이 가장 접근하기 용이하고 정책효과가 크다는 것을 강조하여 가족의 전반적 복지를 기준으로 제시하는 경우이다. 명시적 가족정책이 부재할 경우 관점으로서의 가족복지정책의 유용성은 매우 크다(한인영 외, 2016).

짐머만(Zimmerman, 1988)은 "가족복지정책은 직접적으로나 간접적으로 가족에게 영향을 미치는 국가에 의해 촉진되고 제한된 모든 활동을 포함한다."고 본다. 또한 가족복지정책의 궁극적 목표는 '가족복지'라고 하며 가족복지정책은 각각의 가족 내의 구성원들이 문제에 직면하게 되었을 때 개인의 안녕을 넘어서서 '가족복지'라는 목표에 합의하여 이와 관련된 해결책들을 제시하는 정책이라고 본다.

고티어(Gauthier, 1996)는 가족정책을 광의와 협의로 나누어 광의의 영역은 가족법, 공공정책 등이고, 협의의 영역은 소득보장, 모성보호, 아동보호, 노인보호, 사회복지서비스 등 이라고 정의한다.

김영모(1990)는 가족복지정책을 "자녀를 위한 경제적 지원 · 양육 · 보호 및 사회화와 노인의 보호와 부부간의 애정 및 협동을 위한 이상적인 제도인 가족이 제 기능을 발휘하지 못할 때 가족 성원들이 욕구와 문제를 해결하기 위한 국가의 개입"이라고 본다.

최성재(1994)는 가족복지정책이란 "가족의 기능, 구조 및 역할을 바람직한 방향으로 유도하고, 가족 전체 및 가족원으로서의 개인의 복지를 증진시키기 위하여 국가가 의도적으로 하는 행동에 관한 일련의 원칙들"이라고 정의한다.

이혜경(1996)은 가족복지정책은 "가족구성원들의 삶의 질을 높이기 위하여 사회가 가족에 대해 원하는 바가 무엇인가를 묻고, 원하는 것과 현재 가지고 있는 것을 구별함으로써, 필요로 하는 새로운 인간유대의 실현을 추구하는 의도적인 일련의 정책을 의미한다"고 본다. 그리고 가족은 변화하는 실체이므로 그 변화를 위한 적극적인 정책개입의 필요성과 효과성을 인정한다. 이러한 가족복지정책의 궁극적인 목표는 사회변화를 반영하는 이상적인 가족의 구현이며, 이것이야말로 가족이 사회에 적응할 수 있도록 돕는 '가족을 위한' 가족복지정책이 된다고 주장한다.

조흥식(2002)은 가족복지정책에 대해 "정부가 가족의 복지에 관심을 두고 의도적으로 취하는 조치나 행동", "개인을 다루더라도 가족과 연계해서 다루는 정책", "가족구성원을 대상으로 그들의 복리를 증진하기 위한 수단으로써의 제반 정책들을 포함하는 개념"으로 정의한다.

최경석 등(2006)은 '가족정책'과 '가족복지정책'을 구분하고, 가족정책은 가족에 긍정 혹은 부정적 영향을 주는 모든 정책을 의미하는 광의의 개념으로 본다.

윤홍식 등(2012)은 가족정책이란 "가족이 수행해 왔던 기능이 원활하게 돌아갈 수 있도록 하기 위한 정책적 개입"이라고 정의하면서 가족정책이 재생산 기능, 경제적 기능, 사회화 기능, 성적 정서적 기능, 돌봄의 기능을 포괄하고 있다고 한다.

이영실 등(2013)은 가족복지정책은 "가족복지라는 목적달성을 위해 국가가 행하는 정책범주들이 포괄됨은 물론이고 다른 목적을 위해서 가족에 대해 의도적으로 행하는 정책범주도 포함되며 동시에 통제와 원조의 기제를 통해 국가가 순수하게 가족을 위해 행하는 정책이라고 정의하고 있다.

2. 가족복지정책의 대상

가족복지정책(family welfare policy)은 가족을 대상으로 하며, 가족구성원과 가족이라는 하나의 단위에서 표출되는 욕구를 지원, 보충, 대체하는 기능을 담당함으로써 가족에게 긍정적인 영향을 미치는 국가개입적 활동이다(박귀영 외, 2017). 즉, 국가와 가족의 입장에서 본 가족의 욕구와 가족문제라고 할 수 있다. 가족복지의 대상은 가족의 구조와 기능, 발달주기에 따라 구분할 수 있다(이영실 외 2013).

1) 구조 측면에서의 분류

최근에는 여성의 노동시장 참여에 따른 돌봄 영역의 변화로 다양한 형태의 가족구조가 존재한다. 이러한 다양한 유형의 가족구조를 반영한 가족복지 정책으로는, 예를 들면 한부모가족 지원정책과 다문화가족 지원정책이 해당된다(박미은 외, 2012).

2) 기능 측면에서의 분류

다양한 가족유형의 등장은 또한 가족기능의 변화를 요구하고 있다. 가족기능 측면에서의 정책은 다음과 같이 분류하고 있다.

보겐슈나이더(Bogenschneider, 2008)는 가족의 기능에 따라 ① 결혼, 이혼, 출산, 입양 등 가족의 형성과 해소에 관련된 정책, ② 자녀 및 가족을 위한 경제적 부양에 관련된 정책, ③ 자녀양육에 관련된 정책, ④ 노인이나 장애를 가진 가족구성원을 위한 돌봄에 관련된 정책으로 복지정책을 구분하였다.

이영실 등(2013)은 가족의 기능에 따라 ① 빈곤가족, ② 학대가족, ③ 알코올중독이나 약물중독가족, ④ 청소년비행가족, ⑤ 실직으로 인한 소득의 상실로 경제적 측면에서 기능상의 결손을 경험하는 가족, ⑥ 병리 혹은 장애로 인한 심리적 및 의료적 문제를 겪고 있는 가족으로 가족복지의 대상을 구분하였다.

3) 발달주기에 따른 분류

가족발달주기에 따른 가족복지정책의 대상은 부부만의 시기, 자녀출산 및 양육기, 미취학 아동기, 학령기, 청소년기, 청년기, 장년기, 노년기 등으로 구분되며 가족구성원 개개인은 물론 가족 전체가 당면하는 복지 욕구는 다양하며, 이에 따라 복지개입을 달리할 수 있다(이영실 외 2013).

3절 가족복지정책의 범주와 관점

1. 가족복지정책의 범주

가족복지정책의 명확한 범주를 제시하는 것은 용이하지 않다. 왜냐하면 가족정책의 목표와 대상이 뚜렷하지 않거나 다른 정책 영역과 중첩됨에 따라 경계를 설정하기 어려운 면이 있다. 왜냐하면 가족복지정책은 고정적인 것이 아니라 사회변화의 반영물로서 가변적 속성을 갖기 때문이다(성정현 외, 2017).

1) 가족의 기능과 욕구에 기반을 둔 범주

성정현 등(2017)은 가족복지정책을 구조기능론적 관점에서 가족의 기능과 욕구의 범주로 기존의 가족복지정책을 〈표 3-2〉와 같이 분류하였다. 다양한 욕구에 대응하는 가족복지 정책의 영역과 그 내용은 국가마다 차이가 있으나, 사회에서 가족이 수행하는 기능은 경제적 기능, 노동력 재생산의 기능, 양육 및 보호 기능, 성적 및 정서적 기능, 사회유지 및 통제 기능 등으로 분류할 수 있다.

표 3-2 가족의 기능과 욕구에 기반을 둔 범주

가족의 기능(욕구)	가족복지정책 및 프로그램
경제적 기능 (소득유지 및 주거안정의 욕구)	• 사회보험 · 공공부조 · 가족수당 · 조세감면 등의 소득보장정책 • 주택지원정책
노동력 재생산 기능 (모성보호 및 건강보장의 욕구)	• 임신 및 출산 지원정책 • 출산휴가 • 의료보장 및 보건서비스
양육 및 보호 기능 (양육 및 보호의 욕구)	• 아동수당, 육아휴직, 양육비 지원, 보육서비스 • 부모휴가, 가족간병휴가

가족의 기능(욕구)	가족복지정책 및 프로그램
	• 노인 · 아동 · 장애인 관련 부양지원서비스 • 입양 및 위탁 서비스
성적 및 정서적 기능 (성적 · 심리사회적 욕구)	• 가족상담 및 치료서비스 • 가정폭력 지원서비스 • 기타 대인 사회적 서비스
사회유지 및 통제 기능 (건전가족 형성의 욕구)	가족 관련 법 및 제도(가족법, 민법, 건강가정기본법)

출처: 성정현 외(2017)에서 재인용.

2) 노동권과 부모권에 기반을 둔 범주

고티어(1996)는 가족복지정책을 여성의 경제활동 참여와 한부모가족에 대한 국가 지원에 중점을 두어 구분하였다. 한 범주는 여성이 경제활동에 참여할 수 있도록 하는 노동권 보장을 위한 가족정책으로 아동보육와 조세정책이 해당되며, 다른 한 범주는 부모권 보장을 위한 가족정책으로 출산휴가, 육아휴직이 해당된다. 오늘날에는 일 · 가정양립정책이 핵심을 이루고 있기 때문에 노동권과 부모권이 중요해지고 있다. 노동권과 부모권을 중심으로 조건과 결과의 보장 측면으로 본 가족복지정책은 〈표 3-3〉과 같다.

표 3-3 노동권과 부모권에 기반을 둔 범주

구분	조건의 보장	결과의 보장
노동권(시장영역)	• 보육의 사회화 • 방과후 프로그램 • 노동시간 선택제	• 소득공제 • 사회보험 • 퇴직연금
부모권(가족영역)	• 육아휴직 • 부모보험 • 출산휴가 • 한부모지원	• 공공부조 • 주부연금 • 아동수당 • (가족)돌봄수당

출처: 양옥경 외(2007); 최선화 외(2018)에서 재인용.

2. 가족복지정책의 관점

가족복지정책은 가족이 책임져야 한다고 보는 입장과 국가가 책임져야 한다고 보는 입장 사이에서 책임의 경계를 둘러싸고 관점의 차이가 나타나며 폭넓은 정치적 · 도덕적 논의, 이데올로기 등과 연관된다(Harding, 1996). 이에 따라 가족의 국가개입과 관련한 가족복지정책은 보수주의와 진보주의의 관점으로 구분될 수 있다.

1) 보수주의적 관점

구조기능이론에 의한 보수주의적 관점은 가족은 개인과 사회를 중재하는 기초단위이고 가족은 사회를 유지하고 통제하며 사회의 존속을 위해 없어서는 안 되는 가장 중요한 제도이기 때문에 가족이 붕괴되면 사회도 위협받는다고 본다. 산업사회에서 사회의 존속을 위한 적합한 형태는 핵가족이라고 보며 남편은 생계를 책임지고 아내는 가사를 책임지는 게 자연스러운 역할 분담이라고 여긴다. 핵가족에서 벗어난 가족의 상태를 병리적 가족해체로 보고 독신가족, 한부모가족, 동거 · 이혼가족, 소년소년가장가족 등을 위한 국가의 가족 원조가 오히려 가족을 해체시킨다고 본다(김영화 외, 2019). 가족에 대한 정부의 개입을 최소화하여 개별 가족에게 자유를 부여하고 가족구성원의 복지를 가족 스스로 책임지도록 하는 입장이다. 대표적인 국가는 미국이다. 미국은 가족생활은 국가가 개입할 수 없는 사생활의 영역으로 간주하고 복지정책은 빈곤계층에게 선별적으로 개입한다(김영화 외, 2019).

2) 진보주의적 관점

기능주의적 관점에 대한 비판에서 출발한 진보주의적 관점은 가족구조의 변화는 붕괴가 아니라 변화라고 본다. 전통적 가족역할에 대한 고정관념은 가부장적 권력구조를 유지하기 위한 수단이라고 여긴다. 확대가족, 재혼가족, 독신가족, 동거가족, 개방결혼,

다양한 공동체 가족, 혼합가족 등이 개인의 형편과 선호에 따라 선택될 수 있고, 이러한 가족의 선택이 불이익당하지 않도록 국가가 정책적으로 배려해야 한다고 주장한다. 변화하는 가족의 형태와 욕구에 대응해서 기존의 가족복지정책을 바꿔야 한다고 본다(김영화 외, 2019). 대표적인 국가로는 스웨덴이다. 사회민주주의국가인 스웨덴은 산업화 이후 가족의 변화를 적극적으로 수용하여 독신, 한부모, 동거 등 다양한 가족형태를 모두 정상가족의 범주로 보고 이들이 사회에 통합될 수 있도록 사회적 서비스를 제공하였으며 여성의 경제활동 참여와 양성평등을 장려하여 양육과 복지기능을 사회화하였다.

4절 가족복지정책의 유형

가족복지정책은 각 나라의 역사적 조건과 발전단계 등이 각기 다르기 때문에 명확하게 유형화하기에는 무리가 있다. 그럼에도 여러 학자가 몇 가지 공통 요소와 특징을 기초로 하여 국가별 가족복지정책을 유형화하였다. 이러한 유형화를 통해 국가 간 가족복지정책의 유사성과 차이점을 체계적으로 구분할 수 있다.

1. Kamerman과 Kahn의 유형

Kamerman과 Kahn(1978)은 정책 목적 혹은 정책 의도의 명시성 정도에 따라 가족복지정책의 유형을 세 가지로 구분하였다(김혜경 외, 2017).

첫째, 가족과 관련하여 구체적이고 명확한 목적을 가진 명시적(explicit) 가족복지정책을 추구하는 국가는 프랑스, 노르웨이, 스웨덴 등이다. 다방면의 포괄적 가족복지정책을 가지고 있다. 예를 들어, 아동보육, 가족상담, 가족계획 등이 해당될 수 있다.

둘째, 명시적 가족복지정책을 추구하기는 하나 비교적 협소한 범위의 가족복지정책을 가지고 있는 국가는 오스트리아, 독일, 핀란드, 덴마크 등이다. 예를 들어, 소득보장, 조세감면, 주택정책 등이 해당될 수 있다.

셋째, 국가가 가족에 대해 직접적으로 의도하지 않지만 정책의 결과가 간접적으로 영향을 미치는 묵시적(implicit) 가족복지정책을 추구하는 국가는 영국, 캐나다, 이스라엘, 미국 등이다. 예를 들어, 조세정책, 노동정책, 이민정책 등이 해당될 수 있다(김혜경 외, 2017).

2. Harding의 유형

하딩(Harding, 1996)은 가족의 책임에 대해 국가의 통제(control), 지원(support) 방식에 따라서 〈표 3-4〉와 같이 권위주의 모델(authoritarian model), 자유방임 모델(laissez faire model), 중간적 모델(intermediate model)로 유형화하였다.

권위주의 모델과 자유방임 모델은 양극단에 있는 이론상의 모델로서, 권위주의 모델은 가족의 형태나 행동양식을 국가가 원하는 방향으로 강화하기 위한 정책과 법적 조치를 지향하는 모델이고, 자유방임 모델은 국가가 가족에 대한 간섭을 하지 않고, 사적인 영역을 보호함으로써 특별한 가족정책을 제시하지 않는 모델이다(김혜경 외, 2017). 그 가운데 현실적으로 존재하는 국가에서 나타나는 중간적 모델은 가족에 대한 국가의 책임을 적절한 수준에서 인정하고 가족통제를 시도하면서도 가족의 자율적인 측면을 존중하면서 가족의 기능의 보완 혹은 대체정책을 제시한다. 가족에 대한 국가의 통제 정도에 따라서 5가지 유형으로 분류된다(성정현 외, 2017).

Harding의 유형은 한 국가의 가족복지정책에 관한 전반적인 특성을 이해할 수 있는 틀을 제공해 주는데, 실제 국가의 정책들은 하나의 단독적 모델로서 나타나는 것이 아니라 여러 가지 모델의 요소가 복합적으로 나타나는 것으로 보아야 한다(성정현 외, 2017).

표 3-4 Harding의 가족복지정책 유형

유형	특징	정도
권위주의 모델 (authoritarian model)	• 국가는 특정 선호하는 가족유형과 가족행위를 장려하고 여타의 것을 금지하는 통제정책을 펼침 • 개인과 가족의 개별적 욕구나 선택은 무시됨	통제적 ↑
특정 영역에서 가족책임의 강제 (the enforcement of responsibilities in specific areas)	• 특정 영역에 있어서 가족생활을 통제	
긍정적 인센티브를 사용한 조정 (the manipulation of incentives)	• 국가가 선호하는 가족 행동 패턴을 조장하기 위해 조세나 급여체계 등의 경제적 유인책을 병행함	
암묵적인 정책의 전제로 영향력 발휘 (working within constraining assumptions)	• 구체적인 어떤 행동 유형을 통제하지 않았음 • 암묵적으로 정책에서 어떤 가족유형을 가정함으로써 결과적으로 특정 가정유형을 조장함	
가족을 대체하거나 지원 (substituting for and supporting families)	• 가족행위에 대해 의도적으로 영향을 미치고자 하는 국가정책은 없으며 현존 가족역할이나 행위가 지속되기를 바람 • 다만, 가족이 실패할 경우 이를 지원하거나 혹은 대체하는 서비스를 제공함	
수요와 욕구에 반응 (responding to needs and demands)	• 국가는 특정 가족유형에 대한 가정이나 선호가 없으며, 가족의 변화에 따라 나타나는 가족의 욕구에 수동적으로 반응함 • 가족유형에 상관없이 모든 가족이 필요한 서비스를 이용할 수 있음	
자유방임 모델 (laissez faire model)	• 가족은 개인의 자유 영역이고 사적 선택 영역으로 간주됨 • 국가는 가족생활에 대해 어떠한 영향력을 행사하지 않음 • 가족에 대한 정책목표는 없으며 선호하는 가족유형이나 행위, 가치, 성도덕 등은 존재하지 않음. 가족정책은 '무정책(no policy)'이 정책임 • 국가는 가족을 매개하지 않고 단지 개인으로서 사회구성원과 관계함	↓ 방임적

출처: 성정현 외(2017)에서 재인용.

3. Gauthier의 유형

고티어(1996)는 출산율의 하락과 같은 인구학적 변화에 대응하여 OECD 22개 선진국가들의 가족복지정책을 현금급여(가족수당, 자산조사의 소득지원, 아동에 대한 조세감면), 취업지원급여(모성휴가, 육아휴직), 아동보육제도, 피임과 낙태에 관한 법률 등을 중심으로 분석하여 〈표 3-5〉와 같이 가족친화/출산장려주의 모델(pro-family/pro-natalist model), 전통주의 모델(pro-traditional model), 성평등주의 모델(pro-egalitarian model), 가족친화적/비개입주의 모델(pro-family but non interventionist model)로 유형화하였다(성정현 외, 2017).

표 3-5 Gauthier의 가족복지정책 유형

유형	특징	국가
가족친화/ 출산장려주의 모델	• 출산장려정책 • 저출산 문제는 국가의 책임 • 취업모 지지, 낙태에 대해 관대 • 자녀수당, 모성휴가, 높은 보육서비스	프랑스
전통주의 모델	• 전통적 남성부양가족제도 지지 • 중간 정도의 국가개입 • 아동 양육을 위한 휴가급여 선호 • 아동 보육정책 미진	독일
성평등주의 모델	• 남녀평등 증진 • 취업부모에 대한 국가의 공적 지원 • 모성휴가보다는 부모휴가가 주요 정책 • 낙태에 대해 관대	덴마크, 스웨덴
가족친화적/ 비개입주의 모델	• 전통적 가족유형을 선호 • 일 · 가정양립을 위한 최소한 국가개입 • 국가 책임 인정, 단 요보호 가족 중심 개입	미국, 영국

Chapter 04

한국과 외국의 가족복지정책

학습목표

1. 한국과 외국의 가족복지정책을 이해한다.
2. 한국과 외국 가족복지정책의 특징과 차이점을 말할 수 있다.
3. 한국 가족복지정책의 발전방향을 생각해 본다.

개 요

최근 세계는 저출산과 고령사회의 문제를 동시에 경험하고 있다. 급속한 사회변화는 가족구조의 변화를 가져왔고 전통적인 의미에서의 가족은 변화된 사회 안에서 더 이상 그 기능을 발휘하기 어렵다. 이제 가족의 문제는 개인의 문제가 아니며, 사회와 국가가 정책과 제도로서 출산과 육아, 돌봄 등 가족의 부담을 덜어 주고 일 · 가정양립이 가능하게 하는 기능을 해야 한다.

전통적으로 많은 국가가 가족정책에 있어서 가족, 특히 여성을 돌봄의 주체로 생각해 왔다. 따라서 여성의 사회진출 및 출산과 양육의 문제에 소극적으로 대응해 왔고 아직도 가족복지정책은 국가에 따라 다양한 양상을 보이고 있다.

이 장에서는 북유럽국가 중 일 · 가정양립과 양성평등 문화가 잘 정착되어 있는 스웨덴의 가족복지정책과 가족이 돌봄의 주체로서 효율적인 기능을 할 수 있도록 사회보장을 확내한 독일, 저소득 가정의 교육과 취업을 중심으로 선별적 가족복지정책을 채택하고 있는 미국의 가족복지정책을 살펴보며 우리나라 가족복지정책과 비교해 보고 우리나라 가족복지정책의 방향을 생각해 보고자 한다.

1절 한국의 가족복지정책

가족은 사회의 가장 기본적인 체계로서 국가발전의 기초가 되는 다양한 기능을 수행한다. 가족의 형태가 다양해지고 여성의 경제활동 및 1~2인 가구가 증가함에 따라 가족이 수행하던 기능이 축소되고, 여러 가지 복잡한 문제에 직면하고 있다. 또한 저출산·고령사회의 문제는 국가의 가족복지정책이 가족의 기능을 대체해야 하는 필요성과 당위성을 요구하고 있다.

최근 여성의 사회참여확대, 양성평등이념의 발전 등으로 자녀양육에 대한 남녀의 공동참여, 자녀양육의 사회적 의무가 강조됨에 따라 우리나라도 육아와, 직업, 가정 및 가족구성원이 조화롭게 양립될 수 있는 다양한 정책이 추진되고 있다.

우리나라는 「헌법」 제36조에 "① 혼인과 가족생활은 개인의 존엄과 양성의 평등을 기초로 성립되고 유지되어야 하며, 국가는 이를 보장한다. ② 국가는 모성의 보호를 위하여 노력하여야 한다."라고 명시하고 있다. 헌법의 가족보호에 대한 보다 구체적인 내용은 「건강가정기본법」을 통해 건강한 가정생활의 영위, 가족의 유지와 발전, 가정문제의 적절한 해결방안 강구, 가족구성원의 복지증진을 위해 국가와 지방자치단체의 의무를 명시하고 있다. 또한 「한부모가족지원법」과 「다문화가족지원법」, 「일·가정양립지원법」 등과 사회보장에 관련된 「공적연금법」, 「의료보험법」, 「고용보험법」 및 사회복지서비스에 관련된 「노인복지법」, 「아동복지법」 등에 가족복지에 관한 세부적 내용들을 규정하고 있다.

한국은 여성가족부와 보건복지부, 교육부 등 다수의 부처에서 가족관련 정책을 다루고 있으며 보편적 가족복지서비스를 제공하기 위해 가족의 다양성에 대응하여 생애주기별, 출산 친화적 사회문화 조성 등 다양한 정책을 지향하고 있다.

이 장에서는 에스핑앤더슨(Esping-Andersen, 1999)의 "복지국가 체계에 따른 가족복지 유형"의 국가 중 미국, 독일, 스웨덴의 가족복지정책에 대해 알아보고, 특히 일·가정양립을 위한 가족의 노동권, 부모권, 소득보장 및 노인돌봄정책 등에 대해 살펴보겠다.

1. 노동권 보장 정책

1) 보육정책

우리나라의 보육정책은 1921년 저소득층 자녀위주의 탁아사업으로 시작되어 1991년 「영유아보육법」 제정으로 탁아정책에서 보육정책으로 전환되어 추진되고 있다.

보육정책의 주요 부서는 여성가족부와 보건복지부로 여성가족부는 여성의 사회진출 증가에 대응한 보육서비스 공급에 중점을 두었으며, 보건복지부는 보육의 국가책임 강화와 영유아중심의 보육서비스 제공에 중점을 두고 있다.

우리나라 보육정책의 근간이 되는 「영유아보육법」은 육아에 어려움을 겪고 있는 양육자들을 대상으로 보육서비스를 제공하는 제도를 규정하고 있으며, 어린이집과 유치원으로 이원화되어 있던 만 3~5세의 교육 · 보육과정을 '누리과정'으로 통합하여 운영하고 있다. 주로 국공립보육시설, 민간보육시설, 직장보육시설, 가정보육시설 등을 통해 보육서비스를 제공한다.

또한 여성가족부에서는 아이돌봄서비스 및 일 · 가정양립문화 조성, 아동친화적 기업문화 확산 등을 지원하고, 고용노동부는 육아휴직이나 경력단절 등과 관련된 고용관련 업무를 관장하며 보육정책을 추진하고 있다.

(1) 만 3~5세 누리과정

국 · 공 · 사립유치원 및 어린이집에 다니는 대한민국 국적의 만 3~5세 유아를 대상으로 하는 보육과정으로 보호자의 소득수준에 관계없이 전 계층에게 유아학비, 보육료, 방과후 과정비를 지원한다.

표 4-1 만 3~5세 누리과정 지원 비용[1)]

구분	지원액(원/월)		
	국·공립 유치원	사립 유치원	어린이집
유아학비(유치원) / 보육료(어린이집)	6만 원	24만 원	24만 원
방과후 과정비	5만 원	7만 원	7만 8,000원

(2) 아이돌봄지원사업

가정 내의 아이돌봄을 통해 아이의 복지증진 및 보호자의 일·가정양립을 지원하여 가족구성원의 삶의 질 향상과 양육친화적인 사회환경조성을 목적으로 하는 사업이다. 맞벌이가정, 다자녀가정, 취업 한부모가정 등 양육공백 발생으로 돌봄이 필요한 생후 3개월 이상 만 12세 이하의 아동이 있는 가정에 아이돌보미가 집으로 찾아가 돌봄을 제공한다. 기준 중위소득 150% 이하 가정의 소득 수준에 따라 차등 지원된다.

(3) 공동육아나눔터

지역 공동체의 가족친화 문화조성과 돌봄의 사각지대를 해소하기 위해 전국 건강가정지원센터에서 운영하는 돌봄사업으로 지역 중심의 양육친화적 사회환경 조성을 통해 가족돌봄기능을 보완하고 이웃 간 돌봄 품앗이를 연계한다.

2) 방과후 보육정책

방과후 아동의 보육과 교육을 위한 것으로 맞벌이 가정 등의 아동에게 국가적 차원에서 필요한 돌봄을 제공하여 아동의 건강한 삶을 지원하기 위한 정책이다. 이 정책은 「아동복지법」, 「저출산·고령사회기본법」, 「사회보장기본법」, 「유아교육법」, 「영유아보

1) 2020 나에게 힘이 되는 복지서비스, www.bokjiro.go.kr.

육법」, 「건강가정기본법」 등을 근거로 하며, 보건복지부, 교육부, 여성가족부, 고용노동부 등에서 운영하고 있다. 보건복지부는 보육시설과 함께 지역아동센터, 드림스타트 등을 지원하며, 교육부는 3~5세 유아교육을 위한 유치원, 초등 방과후 돌봄교실 등을 지원한다.

(1) 다함께 돌봄센터

방과후 돌봄이 필요한 모든 초등학생을 대상으로 지역특성에 맞춰 상시 · 일시 마을 돌봄 서비스를 제공한다. 2017년 시범 사업 후 2018년부터 전국적으로 확대되었으며 지역 내 자원봉사, 재능기부, 노인 일자리 사업 등 다양한 자원을 활용하여 돌봄 사각지대를 없애기 위한 목적이다. 다함께 돌봄센터는 지역 중심의 돌봄체계 구축을 통해 초등돌봄의 사각지대를 해소하여 가족수준의 돌봄서비스를 제공한다.

표 4-2 다함께 돌봄센터 추진 경과(2020년 다함께 돌봄센터 사업안내)

연도	내용
2017년	다함께 돌봄시범사업 10개소 실시(행정안전부, 보건복지부 17년 7월)
2018년	관계부처 합동 온종일돌봄 정책 발표(18년 4월) 다함께 돌봄센터 17개소 설치 · 운영
2019년	다함께 돌봄센터 설치 · 운영 관련 「아동복지법」 개정(19년 1월) 다함께 돌봄사업지원단 발속(19년 1월) 다함께 돌봄센터 173개소 설치 · 운영

(2) 지역아동센터

지역사회 내 보호가 필요한 아동을 건강하고 안전하게 보호하며 교육, 놀이, 지역사회 자원연계 등 종합적인 아동복지서비스를 제공한다. 기초생활수급자 또는 차상위계층 가구이거나 가구의 소득이 기준중위소득 100% 이하인 장애인가족, 조손가족, 한부모가족, 다자녀가족, 맞벌이가정의 초 · 중학생 아동 등을 대상으로 한다.

표 4-3 지역아동센터 주요사업

영역	세부프로그램
보호	일상생활관리, 위생건강관리, 급식지도, 생활안전지도, 안전귀가지도, 5대 안전의무교육
교육	숙제지도, 교과학습지도, 예체능활동(미술/음악/체육), 적성교육(진로/독서/요리/과학등), 인성 · 사회성 교육, 자치회의 및 동아리 활동
문화	관람 · 견학, 캠프 · 여행, 공연, 행사(문화/체육 등)
정서지원	연고자 상담, 아동 상담, 보호자교육, 행사 · 모임
지역연계	기관홍보, 인적연계, 기관연계
특화프로그램	아동의 특성과 욕구 등에 맞춘 특화프로그램

(3) 초등돌봄교실

직장생활 등으로 자녀의 육아가 어려운 맞벌이부모 또는 한부모와 저소득가정 등에게 방과후에 자녀가 재학하고 있는 초등학교에서 돌봄을 제공한다.

표 4-4 초등돌봄교실 프로그램

영역	세부프로그램
단체활동 프로그램	인성과 창의성을 키우는 다양한 예체능 체험활동 프로그램 제공
개인활동 프로그램	숙제, 일기, 독서활동 등
급간식	학생의 영양과 수요를 고려한 안전한 급간식 제공

2. 부모권 보장 정책

부모의 경제활동 참여를 장려하고 부모로서의 권리와 책임을 다할 수 있도록 돕는 정책으로 출산, 육아양육, 자녀돌봄에 대한 역할의 복합적 문제들을 정책적으로 지원한다. 부모권 보장정책으로는 출산전후휴가, 육아휴직, 가족돌봄휴가, 아버지육아휴직 할당제 등이 있다.

1) 출산전후휴가(유산사산휴가)급여

출산전후휴가는 「근로기준법」에 의해 일하는 여성이 출산전후를 통하여 계속해서 90일의 휴가를 사용할 수 있도록 하며, 산후에 최소 45일이 확보될 수 있도록 보장해주는 제도이다. 또한 유산사산휴가는 임신 중 여성근로자의 건강을 보호하고, 출산으로 인한 여성근로자의 이직을 방지하기 위한 정책이다. 이를 통해 여성의 경력단절을 예방하고 출산전후의 건강을 지원하며, 산전후휴가 동안 고용보험과 사업주에 의해 산전후휴가급여를 받을 수 있도록 한 정책이다.

표 4-5 출산전후휴가(유산사산휴가)급여[2)]

구분	지원내용	
출산전후휴가	휴가	• 우선지원 대상기업 최대 90일(쌍둥이는 120일) • 대규모 기업: 최대 30일(쌍둥이는 45일)
	급여	휴가 시작일 기준 통상임금(단, 통상임금이 최저임금액 미달 시 최저임금액) 지원 • 우선지원 대상기업: 최대 600만 원(쌍둥이는 800만 원) • 대규모 기업: 최대 200만 원(쌍둥이는 300만 원)
유산사산휴가	임신기간에 따라 5~90일까지 휴가 및 급여 지원	

2) 2020 나에게 힘이 되는 복지서비스, www.bokjiro.go.kr.

2) 육아휴직제도

「남녀고용평등과 일 · 가정양립 지원에 관한 법률」에 근거하여 만 8세 또는 초등학교 2학년 이하의 자녀가 있는 경우 1년의 육아휴직을 사용할 수 있는 제도이다. 이 기간에는 고용보험을 통해 육아휴직급여가 지급되며, 남녀 구분없이 모든 근로자가 이용할 수 있다.

표 4-6 육아휴직 급여

구분	지원내용
육아휴직 첫 3개월	통상임금의 80%(상한액 150만 원, 하한액 70만 원) 지급
	같은 자녀를 대상으로 부모가 순차적으로 육아휴직 사용 시 두 번째 사용자에게 통상임금의 100%(상한액 250만 원) 지급
육아휴직 4개월~ 종료일까지	통상임금의 50%(상한액 120만 원, 하한액 70만 원) 지급

※ 급여액의 25%는 직장 복귀 후 6개월 후 합산하여 일시불로 지급.

3) 육아기 근로시간 단축제도

육아휴직을 신청할 수 있는 근로자가 휴직 대신 근로시간 단축을 신청할 수 있는 제도이다. 주당 근로시간이 15~30시간 이하로 하며 최대 1년간 사용할 수 있다. 단축된 근로시간에 비례하여 육아휴직급여의 일부가 지급된다.

4) 가족돌봄휴가 · 휴직

자녀양육 및 질병, 사고, 노령과 같은 사유로 연간 최대 10일의 휴가(무급)를 사용할 수 있는 제도이다. 가족의 범위는 부모, 배우자, 자녀 또는 배우자의 부모, 조부모, 손자녀이며, 가족돌봄휴가(10일), 가족돌봄휴직(90일)을 합산하여 연간 90일까지 사용할 수 있다.

5) 아버지육아휴직할당제

「남녀고용평등과 일 · 가정양립 지원에 관한 법률」과 「고용보험법」을 근거로 육아휴직 14개월 중 남성 근로자가 2개월 이상을 반드시 사용할 수 있도록 하는 제도이다.

3. 노인돌봄관련 정책

노인인구의 증가 및 독거노인 등의 증가로 발생되는 독거노인의 심리, 사회, 신체, 경제적인 어려움을 국가와 지역사회 차원에서 돌봄을 통해 해결하기 위한 정책으로 혼자 힘으로 일상생활이 어려운 독거노인에게 맞춤형 복지서비스를 제공하는 정책이다.

1) 노인맞춤돌봄서비스

혼자 힘으로 일상생활을 영위하기 어려운 노인과 독거노인에게 안전확인, 생활교육, 서비스 연계, 가사지원, 활동지원 등 맞춤형 복지서비스를 제공하는 서비스이다. 65세 이상 기초생활수급자, 차상위 계층 또는 기초연금수급자 중 독거 · 조손가구 등 돌봄이 필요한 어르신을 대상으로 지원한다. 「노인복지법」의 홀로 사는 노인에 대한 지원 등의 근거로 안전확인, 생활교육 서비스 연계 등을 제공하는 기존의 '노인돌봄기본서비스'와 신변활동지원과 가사, 일상생활 지원 등을 제공하는 '노인돌봄종합서비스'가 통합되어 2020년 1월부터 '노인맞춤돌봄서비스'로 개편되었다. 각 대상자의 돌봄욕구 및 필요 정도에 따라 제공시간, 서비스 내용 등 지원수준이 다르다.

표 4-7 2020년 노인맞춤돌봄서비스[3)]

구분	대분류	중분류	소분류
직접 서비스 (방문 · 통원 등) ※ 4개 분야	안전지원	방문안전지원	안전 · 안부확인
			생활안전점검
			정보제공
			말벗(정서지원)
		전화안전지원	안전 · 안부 확인
			정보제공
			말벗(정서지원)
		ICT안전지원	ICT 데이터 확인 · 점검
			유사 시 방문 확인
			유사 시 전화 확인
	사회참여	사회관계향상프로그램	문화여가활동
			평생교육활동
			체험여행활동
		자조모임	자조모임
	생활교육	신체건강분야	영양교육
			보건교육
			건강운동교육
		정신건강분야	우울예방 프로그램
			인지활동 프로그램
	일상생활 지원	이동 · 활동지원	외출동행지원
		가사지원	식사관리
			청소관리
연계서비스 (민간후원자원)		생활지원연계, 주거개선연계, 건강지원연계, 기타서비스	

3) 2020 노인보건복지사업안내, 보건복지부.

2) 독거노인 · 장애인 응급안전 안심서비스

만 65세 이상 독거어르신 중 기초생활수급자, 차상위계층, 치매환자 등으로 상시 안전확인 및 보호가 필요한 자, 노인맞춤돌봄서비스 대상자 중 상시 안전확인이 필요한 대상자, 장애인활동지원 수급자 또는 지자체장이 상시 보호가 필요하다고 인정한 장애인에게 지원한다.

독거노인과 장애인 가정에 화재 센서, 활동감지기 및 응급호출기를 설치하여 응급상황 발생 시 신속하게 대처할 수 있도록 119에 신고해 주는 서비스이다.

3) 지역사회 통합 돌봄(커뮤니티케어) 서비스

노화 · 사고 · 질환 · 장애 등으로 돌봄이 필요한 상태로 평소 살던 집이나 지역에서 지내기를 희망하는 사람에게 병원 · 시설보다 '살던 집'에서 지낼 수 있도록 욕구에 맞추어 주거 · 보건의료 · 돌봄 · 요양 등 통합적인 서비스를 제공하고 제공기반을 구축하는 사업이다. 각 지자체별로 신청자가 필요로 하는 주거, 보건의료, 방문건강관리, 돌봄, 요양 및 식사 · 이동 지원 등 서비스 연계 · 제공하며, 지역에 맞는 서비스 발굴과 다양한 모형 개발 · 검증을 위하여 시범사업 형태로 2019년 6월부터 16개 지자체에서 서비스를 우선 제공 중에 있다. 향후 지속적으로 사업이 확대될 예정이다.

표 4-8 지역사회통합돌봄 서비스 선도사업지자체 현황[4)]

노인 선도사업 지자체	장애인 선도사업 지자체
경기 안산시, 남양주시, 부천시 부산광역시 북구, 부산진구 광주광역시 서구 충남 천안시, 충남 청양군 전남 순천시, 전북 전주시 경남 김해시, 충북 진천군 제주특별자치도 서귀포시	제주특별자치도 제주시 대구광역시 남구 **정신질환자 선도사업 지자체** 경기 화성시

4) 재가노인지원서비스

정신적 · 신체적인 이유로 독립적인 일상생활을 수행하기 곤란한 노인과 노인부양가정에 필요한 각종 서비스를 제공함으로써 노인이 가족 및 친지와 건강하고 안정된 노후 생활을 영위할 수 있도록 함과 동시에 노인부양으로 인한 가족의 부담을 덜어 주기 위한 서비스이다. 장기요양서비스 이용 노인이 대상이며, 일상생활 및 가사지원, 방문목욕, 방문간호, 시설을 통한 신체활동 지원 등 다양한 방식으로 장기요양급여를 통한 돌봄서비스를 제공한다.

5) 노인장기요양보험제도

65세 이상 노인 또는 65세 미만 노인성질환자(치매, 중풍, 뇌혈관 질환, 파킨슨병 등)로 6개월 이상의 기간 동안 혼자 일상생활을 수행하기 어려운 노인에게 급여를 제공하는 정책이다. 장기요양의 1~5등급 또는 인지지원등급을 인정받은 자가 대상이며, 재가급여, 시설급여, 특별현금급여가 있다.

---

4) 2020 나에게 힘이 되는 복지서비스, www.bokjiro.go.kr.

표 4-9 노인장기요양보험서비스 급여내용[5)]

구분	지원내용
재가급여	장기요양요원(요양보호사 등)이 가정을 방문하여 신체활동 및 가사활동 등 요양서비스, 목욕 서비스, 간호 서비스, 주야간보호, 단기보호, 복지용구(구입 또는 대여) 등 제공⋯ 장기요양 급여비용의 15% 본인부담
시설급여	장기요양기관에 입소하여 신체활동 지원 및 심신기능의 유지·향상을 위한 교육, 훈련 제공⋯ 장기요양 급여비용의 20% 본인부담
특별현금급여 (가족요양비)	지역, 천재지변, 신체·정신 또는 성격 등 그 밖의 사유로 장기요양기관 이용이 어렵다고 인정되는 경우 가족요양비 월 15만 원 지급

4. 소득보장 정책

1) 아동수당

아동에게 아동수당을 지급하여 아동 양육에 따른 경제적 부담을 경감하고 건강한 성장환경을 조성함으로써 아동의 기본적 권리와 복지증진에 대한 국가의 책임을 강화하기 위한 제도이다. 국내에 거주하는 만 7세 미만(0~83개월)의 아동이면 누구나 소득에 관계없이 84개월 동안 아동수당을 받을 수 있으며, '행복출산 one-stop 서비스'를 통해 출생 신고 시 신청이 가능하다. 7세 미만 모든 아동에게 1인당 월 10만 원씩 지급된다.

2) 가정양육수당

어린이집·유치원·종일제 아이돌봄 서비스를 이용하지 않는 취학 전 86개월 미만 영유아에게 지원되는 수당으로 소득과 무관하게 전 계층에게 지급된다.

5) 2020 나에게 힘이 되는 복지서비스, 2020. 5., 보건복지부.

표 4-10 연도별 가정양육수당 지원아동 현황[6] (단위: 명)

연도	2014	2015	2016	2017	2018
인원(명)	1,012,336	1,009,346	933,153	836,290	745,677

표 4-11 가정양육수당 현황[7] (단위: 천 원)

<table>
<tr><th>연령</th><th>양육수당</th><th>연령</th><th>농어촌
양육수당</th><th>연령</th><th>장애아동
양육수당</th></tr>
<tr><td>0~11개월</td><td>200</td><td>0~11개월</td><td>200</td><td rowspan="3">0~35개월</td><td rowspan="3">200</td></tr>
<tr><td>12~23개월</td><td>150</td><td>12~23개월</td><td>177</td></tr>
<tr><td>24~35개월</td><td>100</td><td>24~35개월</td><td>156</td></tr>
<tr><td rowspan="4">36개월 이상~
86개월 미만</td><td>100</td><td>36~47개월</td><td>129</td><td>36개월 이상~</td><td>100</td></tr>
<tr><td>100</td><td rowspan="3">48개월 이상~
86개월 미만</td><td>100</td><td rowspan="3">86개월 미만</td><td rowspan="3">100</td></tr>
<tr><td>100</td><td>100</td></tr>
<tr><td>100</td><td>100</td></tr>
</table>

3) 기초노령연금

생활이 어려운 노인에게 매월 연금을 지급하여 노후생활이 안정되도록 하는 제도로서 만 65세 이상 전체노인 중 소득과 재산이 적은 하위 70% 노인에게 지급된다.

6) 보건복지부, 보육정책현황, 2020. 5. www.mohw.go.kr

7) 보건복지부, 보육정책기획, 2020. 5.

2절 외국의 가족복지정책

1. 미국의 가족복지정책

미국의 가족 관련 정책들은 연방정부, 주정부, 지방정부 차원에서 계획 및 실행되고 있고, 여러 정책분야에 걸쳐 이루어지고 있다. 육아정책을 담당하는 주 정부 기관들은 주에 따라 명칭이 다른데, 일반적으로 복지부 혹은 사회부(복지 담당), 고용 및 사회부(보육 담당), 교육부, 건강부, 정신 건강부, 혹은 주에 따라 아동 및 가족부 등으로 불리는 부서들이 담당하고 있다. 미국은 복지와 관련된 정책들이 연방법보다는 주를 중심으로 한 사회보장법을 통해 발전해 왔는데, 초기에는 노동을 중시하는 청교도적인 가치관을 근간으로 하여 빈곤이 개인의 책임이라는 인식과 근로능력이 있는 경우에는 노동을 통해 구제해야 한다는 인식이 지배적이었다.

미국은 가족에 대한 지원 및 복지제공에 있어 정부의 역할을 최소화하려는 정책 방향을 가지며, 자녀양육, 돌봄 등 가족문제에 대한 일차적 책임은 개인 및 가족에게 있고, 가족에 대한 지원도 국가보다는 시장, 고용주의 역할에 크게 의존하는 정책을 펼치고 있다.

1) 노동권 보장정책

(1) 보육정책

미국의 보육정책은 취약계층을 위한 소수의 공보육과 다수의 시장화된 보육서비스의 이중구조로 이루어져 있다. 높은 여성취업률에도 불구하고 여성들의 노동권 보장을 위한 사회적 보육은 크게 발전하지 못했으며, 저소득 가정의 아동을 위한 직접 보육서비스와 저소득 가정의 아동이 보육서비스를 제공받을 수 있게 도와주는 보조금 그리고 중산층이나 고소득 가정에게는 세금공제 방식으로 지원한다.

미국은 전통적으로 가족의 가치를 중시하며 저소득층에 대한 보육만을 국가가 책임진다는 정책으로 공적으로 제공되는 보육서비스는 저소득 가정의 취업을 지원하는 제도로 제공되고 있다. 또한 보육과 조기교육이 혼합되어 있으며, 공공과 민간, 영리와 비영리기관이 혼합되어 있으면서 분절적인 제도를 제공하고 있다.

미국의 보육정책은 크게 유치원, 유아원, 아동보호센터, 가정보육으로 나누어진다. 유치원은 전일제(공립, 사립)와 반일제(공립) 및 예비(공립)유치원이 있으며 유아원의 경우는 그 설립 주체가 주로 사립이다.

미국의 보육정책에서 가장 큰 비중을 차지하는 것이 1965년부터 실시하고 있는 헤드스타트 프로그램과 1996년 「개인 책임과 근로기회법」에 의한 취업모 가정의 아동보육 보조금인 아동보육발달기금(Child Careand Development Fund: CCDF)이다. 그리고 위기가정일시지원(TANF) 등의 취약계층 지원제도를 통해 바우처의 형태 등으로 보육비용을 지원한다. 이외의 일정 소득수준 이상의 가정을 위해서는 조세제도를 통해 1인당 3,000불까지 비용을 소득공제하는 방식으로 보육료를 간접 지원하고 있다. 방과후나 헤드스타트 이외에는 부모들이 대부분의 비용을 부담하게 된다.

① 유치원(kindergarten)

기혼여성의 취업을 위해 5세 아동을 대상으로 하는 무료 교육기관이다(Early Childhood Education and Care: ECEC).

② 헤드스타트(Head Start)

저소득층 영유아에게 어릴 때부터 교육의 기회를 제공하여 빈곤의 악순환에서 벗어날 수 있도록 지원하는 제도로 어린이에게는 교육, 보건, 복지의 혜택을, 가족에게는 부모 참여의 기회를 부여하는 포괄적 보육서비스이다.

프로그램은 크게 종일제, 반일제 등으로 구분되나, 최근에는 연방정부가 예산을 삭감하여 종일제의 수가 감소하는 추세에 있다. 프로그램은 아동의 10% 이상을 장애아동으로 하도록 정하고 있으며, 1994년부터는 전체 예산의 일정 부분을 임산부 및 3세 미만 아동을 위한 조기헤드스타트(Early Head Start)에 사용하도록 하고 있다.

(2) 방과후 보육정책

미국은 부모의 양육 부담 해소를 위해 정규수업 후 돌봄 프로그램이 점차 확대되는 추세이다. 아동의 하교 시간과 부모의 퇴근 시간의 차이로 인해 발생하는 아동 돌봄의 공백 문제가 부모의 양육 부담을 가중시키는 요인으로 작용하기 때문인데, 하교 시간이 이르고 양육자의 보호를 더 필요로 하는 초등학생의 경우, 중학생과 고등학생에 비해 방과후 돌봄 프로그램에 대한 요구가 더 높게 나타나고 있다.

① 방과후 돌봄 프로그램

미국의 방과후 돌봄 프로그램(after-school care program)은 단순 보육서비스만을 제공하기도 하고 학업 지도, 문화 체험 프로그램 등 다양한 종류의 프로그램을 함께 제공하기도 한다. 방과후 프로그램은 크게 '단일형(stand-alone) 프로그램'과 '복합형(broad-based) 프로그램'으로 구분되는데, '단일형 프로그램'은 한 가지 종류의 서비스만을 집중해서 제공하는 프로그램이고, '복합형 프로그램'은 여러 종류의 서비스를 함께 제공하는 프로그램이다.

돌봄 서비스를 중점으로 제공하는 프로그램은 주로 '단일형 프로그램'에 속하며, 돌봄 서비스, 기타 학업 지원, 체험 기반 교육 서비스를 제공하는 경우는 '복합형 프로그램'에 속한다.

2) 부모권 보장정책

(1) 수급여성 보육서비스

수급여성(Welfare Monthers)의 취업지원을 위한 방안의 보육서비스를 제공한다.

(2) TANF(Temporary Assistance For Needy Families, 1996)

아동을 양육하는 빈곤가정에 대한 소득지원으로 한정된 기간 동안의 지원을 통하여 자활하도록 돕는다. 노동참여를 촉진하는 정책의 강화로 기혼여성이나 독신모의 취업증대를 위해 보육을 지원한다.

3) 노인돌봄 관련 정책

2000년 노년법의 개정으로 '전국가족간호자 지원프로그램'(National Family Caregiver Support Program: NFCSP)을 추진하고 있다. 이프로그램은 노령화의 지속으로 인해 장기보호를 필요로 하는 노인에 대한 가족보호역할의 중요성 강조한다.

미국에서의 노인정책은 가족정책의 범위에 포함되지 않지만, 가족 간호가 증가하면서 사회적 책무가 강조되고 구체적인 가족간호자 프로그램이 가동되면서 노인정책 또한 가족정책의 한 범주가 되었다. 도움이 필요한 가족 간호자와 지역사회 서비스 시설을 연결하는 전달체계인 Locator 프로그램과 가족간호자를 위한 휴식제도 및 수당이 있다.

4) 소득보장 정책

① 육아발전포괄지원금

육아발전포괄지원금(Child Care And Development Block Grant: CCDBG)은 1996년 「개인책임과 근로기회법」에 기초하여 가구소득이 주 가구 평균 소득의 85%에 미치지 못하는 부부취업 가정에 대하여 자녀 보육료를 지원할 수 있도록 하는 것이다. 그러나 실제 적용 대상은 주 소득 평균의 50% 미만을 적용하는 경우가 많으며, 지원하는 정도는 주 및 지역, 아동연령, 보육유형 등에 따라서 차이가 있다.

지원방식으로는 현금 지급 방식, 바우처(Voucher)를 이용하는 방식 등으로 자치주에 따라서 서로 다른 방식을 적용하고 있다.

중위소득 85% 이하 가족에게 제공되는 고용연계 보육비용 보조금 프로그램으로 중위소득이란 총 가구 중 소득순으로 순위를 매겼을 때 가운데를 차지한 가구의 소득을 말한다. 이것이 소득계층을 구분하는 기준이 되어 중위소득의 50% 미만은 빈곤층, 50~150%는 중산층, 150% 초과는 상류층으로 분류된다.

위기가정 일시 지원(Temporary Assistanceof Needy Families)사업도 가구소득이 중간 소득의 85% 이하 아동에게 아동보육발달기금(CCDF)를 통하여 보육을 지원할 수 있다.

② 세세 지원

일정한 소득 계층 이상을 위한 보육료 지원으로 세액감면과 소득공제 방식으로 나누어진다. 세액감면은 아동보호세금감면(Child Care Tax Credit) 제도를 통하여 아동 보육료를 간접 지원하고 있다. 예를 들어, 취업모는 한 자녀에게 연 3,000달러, 두 자녀 이상은 연 6,000달러 까지 비용을 신청할 수 있다.

표 4-12 미국 보육사업의 개요[8)]

구분	사업	내용
저소득층 지원	헤드스타트(HeadStart) 및 조기헤드스타트(EarlyHeadStart)	• 저소득 가정 5세 미만 아동의 교육 및 발달 서비스
	아동보육발달기금(Child Care and Development Fund) 보육료 지원	• 부부취업 가정으로 중간 소득의 85% 이하 가정 자녀 보육료 지원 • Block Grant로 보육서비스 이외 사용
	위기가정 일시 지원(Temporary Assistance of Needy Families) 보육료 지원	• 가구소득이 주 중간 소득의 85% 이하 • 직접, 또는 아동보육발달기금(CCDF)을 통하여 보육 지원
세제지원	아동 및 부양자 보호 세금 감면(Childand Dependent Care Tax Credit)	• 보육비용에 대한 세금 감면 • 1인 3,000불, 2인 6,000불까지
	부양자 보육 지원계획 (Dependent Care Assistance Plan)	• 근로자의 자녀보육 비용으로 소득에서 공제 (사업주가 별도 처리) • 연 소득 5,000불까지

8) 우리나라 보육실태와 외국 사례, 기획재정부, 육아정책연구소, 2011.

2. 스웨덴의 가족복지정책

스웨덴의 가족정책은 모든 가정에 보다 나은 삶의 환경을 제공하고, 남녀 모두가 육아와 일을 양립하는 것을 가능하게 함으로써 여성들의 경제활동을 촉진하고 출산율을 높이는 데 있다. 이를 위해 취약가정에 대한 지원을 강화하고, 출산 및 육아로 인한 고용상의 성차별을 해소하며, 가정 내 양성평등을 실현하고자 노력하고 있다.

특히 부의 재분배와 경제적 안정성, 그리고 아동의 평등권과 복지증진이라는 목표하에 자녀를 가진 모든 가정이 최소한의 삶의 수준을 영위할 수 있는 환경을 조성한다.

스웨덴의 가족정책은 세 가지 형태로 시행되고 있는데 직장생활과 육아의 병행을 보장하는 공보육제도, 부모의 평등한 양육책임을 지향하는 출산 · 육아휴직제도, 자녀 양육부담 경감을 위한 아동수당제도 등이 있다. 또한 가족지원정책은 보편적 수당, 사회보험, 소득조사(means-tested) 또는 욕구조사(needs-tested) 수당의 세 가지 유형으로 추진된다. 스웨덴은 결혼 여부, 자녀 유무와 관계없이 2명 이상이 함께 사는 것을 '가족'으로 규정하며, 여성취업을 적극적으로 장려하고 공보육 정책을 활성화하였다.

1) 노동권 보장정책

(1) 보육정책

스웨덴은 1966년 세계 최초로 아동학대를 금지하고, 1979년 「아동학대금지법(Lagen Mot Barnaga)」을 제정하였는데, 이 법에는 모든 아동은 안정적이고, 좋은 환경에서 보호를 받아야 한다는 아동보호권의 내용이 포함되어 있다. 1993년 아동 옴부즈만 제도가 도입되어 아동의 권리와 이익을 보호하고 모든 분야에 걸쳐 유엔아동권리협약을 준수하도록 그 권한과 책임을 옴부즈만에게 부여하였다. 이런 제도에 따라 모든 스웨덴의 아동과 청소년은 권리를 동등하게 보호받고 부모의 소득 수준과 상관없이 무상으로 교육받고 있다.

표 4-13 스웨덴의 보육정책

공적보육정책	육아휴가정책	수당정책
유치원 개방유치원 취학전학급 가정보육 방과후학교	임신급여 아버지휴가 출산, 육아휴직 아동병간호휴가	아동수당 아동보호수당 장애아수당 아동연금, 주거수당 입양수당, 한부모양육지원비

스웨덴의 보육정책은 저출산의 중요한 정책수단으로 사용되는데 1~5세 어린이를 대상으로 하는 유치원(preschool)과 6세 어린이를 대상으로 하는 취학전교실(pre-school class), 1~12세 어린이를 대상으로 한 가정보육(Familly day care) 등 학령기 이전 아동을 대상으로 하는 다양한 보육정책을 갖추고 있다.

표 4-14 스웨덴의 보육의 부모부담 한도율[9]

구분	부모 부담 한도율
가장 어린 자녀	3%
두 번째 어린 자녀	2%
세 번째 어린 자녀	1%
네 번째 이상 자녀	0

취학전교실(pre-school class)에서 대학교까지는 무상이며, 1~5세 아동의 교육은 일정 부분 비용이 있다. 보육은 전일제와 시간제로 구분되며, 부모의 부담을 최소화하기 위해 '부모부담 한도액(월 급여의 3%)'을 설정하고 나머지는 정부가 부담한다. 자녀수에 따라 부모 부담액은 하향 조정되며, 네 번째부터는 무료이다. 이는 부모의 재정능력과 상관없이 동등한 보육을 받도록 하기 위함이며, 3~5세 아동은 1주일에 15시간, 연간 525시간이 무료이다.

9) 주 스웨덴대사관, 2020. 5.

(2) 방과후 보육정책

6~12세 어린이를 대상으로 방과후 교실(After school)을 운영한다. 방과후 보육 프로그램도 일정비용을 부모가 부담하는 요금제로 운영되지만 일하면서 아이를 키우는 데 경제적 부담이 없도록 지원한다. 또한 놀이에 기반한 아동돌봄 및 교육을 제공한다는 원칙하에 돌봄, 음식, 휴식, 놀이와 학습에 자연 친화적인 교육을 중시한다.

2) 부모권 보장정책

스웨덴은 자녀를 많이 출산할수록 인센티브가 늘어나는 지원체계를 가진다. 가정의 안정된 삶의 질 유지는 부모의 양육에 대한 권리와 책임 못지않게 아동의 권리차원에서 매우 중요하다고 보기 때문이다.

여성이 직장생활을 하더라도 직장 때문에 임신과 출산을 포기하지 않게 하며, 직장생활을 하면서 아이를 양육할 때 파생되는 문제 또한 정책적으로 해결한다.

(1) 출산육아휴직제

스웨덴의 출산육아휴직제도는 임신급여, 아버지휴가, 출산육아휴가, 아동병간호휴가가 있다. 육아휴직제도는 여성의 경제활동 촉진을 위해 양성평등 및 노동시장 정책과 연계되어 있다. 적극적 출산장려정책의 일환으로 유급 출산휴가를 480일까지 사용할 수 있는데, 자녀가 12세가 되는 해의 생일까지 사용할 수 있으며, 자녀가 4세가 넘으면 연간 총 96일이 사용 가능하다. 또한 부모는 각각 최소 90일 이상을 사용해야 하며 (2014년 개정), 이는 아동양육에 부모가 공동으로 참여해야 한다는 취지에서 마련된 제도이다. 휴직기간 중 시간제(일일 근무시간의 75%, 50%, 25%)를 선택할 수 있으며 휴직기간은 시간제 근무상황에 비례하여 늘어나게 된다.

(2) 아버지할당제

남성의 육아휴직을 장려하기 위해 만든 제도로 2016년부터 기존 60일에서 90일로 연장되었다.

표 4-15 자녀수별 육아휴직 일수[10)]

자녀수	월급여의 80% 지급일수	기본급여 지급일수	합계
1명	390일	90일	480일
2명	480일	180일	660일
3명	660일	180일	840일
4명	840일	180일	1,020일

3) 노인돌봄 정책

스웨덴은 「사회서비스법(Socialtjänstlagen; Social Service Act)」에 노인에 대한 복지서비스가 명시되어 있다. 노인에 대한 서비스는 크게 재택보조, 노인시설서비스, 그리고 저 연금 노인들의 지원을 위한 각종 보조금 등으로 나뉜다.

4) 소득보장 정책

스웨덴은 보육정책과 부모휴가정책을 통해 여성의 취업을 보장하며, 자녀가 있는 가정에 대해서는 사회보장체제를 통해 보편적인 소득보장을 지원한다.

10) 주한 스웨덴대사관, 2016.

(1) 가족수당

임신한 여성, 아동을 가진 부모, 입양을 한 부모에게 아동양육과 관련하여 지급하는 수당을 의미한다. 가족수당에는 임신현금급여, 출산급여, 아동간병수당, 아동수당, 한부모에 대한 양육지원비, 입양수당 등 여섯 가지 종류가 있다.

① 임신현금급여

임신한 여성이 위해한 업무를 수행하면서 대체업무가 제공되기 어려운 경우에 보장받는 60일간 휴가로 월평균 소득의 80%에 해당하는 임신현금급여를 보장한다.

② 출산급여

임신한 여성에게 출산 후 최대 480일 동안 육아와 건강회복에 전념할 수 있도록 지급되는 것으로 임신부터 출산까지 태아와 산모를 보호하는 책임을 고용주에게 지운다.

③ 아동간병수당(Care allowance)

자녀가 장애 또는 만성 질환이 있어 6개월 이상 병간호가 필요한 경우 부모의 자녀간병을 지원하는 수당으로 자녀 출생 시부터 19세가 되는 해의 6월까지 지급한다.

④ 아동수당(Child Allowance/Barnbidrag)

자녀가 있는 가정에 대한 경제적 비용분담의 성격을 띠며, 사회보장체제에 의한 보편적 정책이다. 또한 법적 부부가 아닌 사실혼 관계에서 태어난 자녀에게도 지급된다.

아동수당에는 기본아동수당, 연장아동수당, 다자녀가족보조금의 세 종류가 있다. 기본아동수당은 자녀가 16세가 될 때까지 지급되며, 이후 자녀가 고등학교 등에 진학하는 경우에는 "연장아동수당"이란 명칭으로 졸업할 때까지 지원된다. 다자녀가족보조금은 자녀수가 증가할수록 지원액이 누진 증가되어 가정의 양육부담을 경감시키게 돕는다.

⑤ 한부모 양육지원비(Maintenance Support)

양육비를 지급할 의무가 있는 부 또는 모가 지불 능력 부족 등을 사유로 양육비를 지원하지 않을 경우 사회보험청이 양육비를 대신 지급하며 자녀가 18세가 될 때까지 지원한다. 자녀가 18세 이후 고등학교 등 교육기관에 재학 시에는 20세가 되는 생일까지 지급한다.

⑥ 입양수당(Adoption allowance)

외국으로부터 10세 이하의 자녀를 입양할 경우 각 자녀별로 지급하며, 세금은 면제되어 입양된 자녀가 잘 양육될 수 있도록 지원한다.

(2) 주거수당(Housing allowance)

일정 소득 이하의 자녀가 있는 가정과 자녀는 없지만 28세 이하의 청년 부부가정에 대해 지급되는 수당으로, 주택 임차료 또는 모기지 관련 비용으로 지원한다. 주택을 소유하거나 임차하고 있는 것에 관계없이 지원하며 이는 자녀가 있거나 또는 빈곤한 가정이 표준적인 주거생활을 누릴 수 있게 보장하는 목적을 주로 가지고 있다.

3. 독일의 가족복지정책

독일은 전통적·보수적 성별 분업에 의한 가부장적 전통을 가진 남성부양자모델을 가진 국가이다. 따라서 남성은 노동시장에 참여하고, 여성은 가족 재생산의 역할을 감당해왔다. 독일에서 가족정책은 기본법 제6조 1항에 따라 혼인과 가족제도의 보호 및 장려 의도에서 출발하였으며, 여성의 경제활동 지원을 위한 개입은 상대적으로 덜 발달되었다. 최근 독일의 가족정책은 여성을 가족돌봄을 책임지는 어머니로서 부차적인 역할이 아닌 독립된 근로자, 소득자로서 인식하며 출산과 자녀양육으로 경력단절이 되지 않도록 노력하고 있다.

독일은 2007년과 2015년 가족정책 개혁을 통해 일·가정양립의 문제를 개선해 나가고 있으며, 최근에는 자녀와 부모의 유대감을 강화하기 위한 정책으로 가족근로시간모델(Familienarbeitszeit)를 추진하고 있다.

이는 지속 가능한 사회를 위해 일·가정양립과 가정 내의 일에 공동으로 참여하는 것을 권장하기 위해 가족 전 세대의 욕구를 고려한 잠재력과 자원 활용을 지원하는 적극적이고 보편적인 방향의 정책이다. 가정경제가 안정되고 자녀양육과 노인부양 등이 수월해지기 위한 정책의 목적을 일·가정양립으로 추진하고 있다.

가족정책담당 정부기구로 연방가족·노인·여성·청소년부(Bundesministerium für Familie, Senioren, Frauen und Jugend: BMFSFJ)는 가족뿐만 아니라 노인과 여성 그리고 청소년을 대상으로 하는 전반적인 정책을 수립하고 총괄하며, 또한 이와 관련된 사회복지정책을 수립·집행·평가하는 업무를 담당하고 있다.

표 4-16 독일의 사회법전[11]

권호	제목	권호	제목
1	서론, 사회보장 일반	7	상해보험
2	구직자를 위한 기본보장	8	아동 청소년복지
3	고용촉진	9	재활과 장애인의 사회참여
4	공동규정	10	행정전달체계
5	의료보험	11	요양보험
6	연금보험	12	사회부조

1) 노동권 보장정책

2015년 1월부터 발효된 「아동보육시설확충법(Gesetz zum KitaAusbau)」에 따라 3세 미만 아동을 위한 보육시설지원, 보육지원, 종일학교 등이 있다.

11) 독일, 네덜란드 노인정책 동향 및 커뮤니티케어 연구보고서, 2018, 한국노인종합복지관협회.

2) 부모권 보장정책

독일의 「연방부모수당 및 부모휴직법(BEEG)」은 2019년 11월 20일 마지막으로 개정되었다. 2014년 개정된 법에서는 기존의 부모수당(Elterngeld)에 더하여 부모수당플러스(Elterngeldplus)와 파트너십보너스(partnerschaftbonus) 제도가 도입되었다.

(1) 부모휴직제도

근로자인 부모에게 적용되는 제도로 돌봄대상 자녀가 있는 경우나 자녀를 스스로 돌보고 양육하는 경우 부모휴직을 청구할 수 있다. 부모휴직은 자녀가 태어난 시점부터 사용할 수 있고 모의 경우 모성보호기간(출산후 휴가기간)과 부모휴직기간을 합쳐서 3년간 사용할 수 있다. 부모휴직은 사용자의 동의가 필요하지 않으며, 한 자녀에 대해 최고 3년간 이용할 수 있는데 자녀가 만 3세 이상부터는 최고 24개월간 사용할 수 있고, 만 8세 이후에는 사용할 수 없다.

(2) 부모휴직기간 중 단시간 근로

상시 15명을 초과하는 근로자를 고용하는 기업의 근로자는 부모휴직기간 중 단시간 근로를 청구할 수 있는데 월 평균 15시간 이상 30시간 이하로 근로할 수 있다. 사용자가 허용하지 않을 경우 일정 요건하에서 실업수당을 받을 수 있다.

(3) 부모휴직기간 중 해고제한

독일의 「연방부모수당 및 부모휴직법」의 제18조에 의하면 부모휴직 중인 근로자를 사용자는 해고할 수 없도록 규정하고 있다.

(4) 출산전후휴가

독일 「모성보호법」은 출산 전 6주부터 출산후 8주까지, 조산이나 쌍둥이 출산의 경우에는 출산 후 12주까지 사용할 수 있다.

(5) 가족수발시간법

가족수발시간법(Familienpflegezeitgesetz)은 돌봄이 필요한 가족을 위해 3개월까지 휴직이 가능하도록 한 제도이다.

3) 노인돌봄정책

독일의 장기요양보험은 연령이나 원인에 관계없이 질병보험에 가입된 모든 국민을 대상으로 하는 보편적 제도로 노인을 비롯한 모든 사회구성원이 급여대상자가 될 수 있다. 노인은 전문요양인력에 의한 요양서비스뿐 아니라 자기 결정에 기초하여 현금급여를 선택할 수 있는 '자기결정권'을 보장받으며, 실제 서비스 이용량에 상관없이 요양등급에 따라 동일한 정액급여 제공하여 돌봄을 제공하고 있다. 독일 장기요양급여 원칙은 요양서비스보다는 예방과 재활, 시설요양보다는 재가요양이 우선시 되며, 배우자와 가족, 자원봉사자의 참여를 강조한다.

독일의 노인돌봄은 조세방식이 아닌 사회보험방식이며, 급여종류도 시설급여, 재가급여, 현금급어가 있다. 또한 가족돌봄의 사회적 가치를 인정하고 노인친화형으로 주택을 개조하며, 노인의 이동성 편의를 위한 국가 차원의 다양한 노력을 하고 있다.

4) 소득권보장

(1) 자녀수당

독일은 「소득세법」과 「연방자녀수당법」에 따라 자녀가 18세가 될 때까지 자녀수당(Kindergeld)을 지급한다. 자녀수당은 소득과 무관하게 일정액이 지급되며, 자녀수에 따라서 다르게 지급된다. 18세가 넘어도 고용센터에 미취업 상태(구직활동 중)로 등록되어 있을 경우 21세가 될 때까지 지급하며, 직업교육을 받고 있는 만 25세 이하의 자녀에게도 지급된다.

표 4-17 독일의 모성보호법 변화[12)]

연도	근거법령	기간 및 내용	지급수준
1883	노동자의료보험법	출산후 3주	의료보험 임금의 50%
1908		출산전 2주 출산후 6주	상동
1927	출산전후의 취업에 관한 법률	출산전 6주(선택가능) 출산후 6주 동안 해고금지	상동
1942	모성보호법	임신전기간 해고금지 출산전 6주, 출산후 6주 취업금지 수유모는 출산후 8주 취업금지 조산모는 출산후 12주 취업금지	보험적용 못받는 모성에 대해 사용자가 부담
1952		출산후 4개월 해고금지	
1968		출산전 6주, 출산후 8주 취업준비 수유, 조산모 12주 취업준비	모성수당(의료보험)
1979		모성보호기간 외에 4개월의 모성휴가보장, 모성보호기간 종료 이후 2개월간 해고금지	모성수당
1986	연방양육수당법	출산후 10개월 양육휴가보장 부도 양육휴가 신청가능 양육휴가기간 주 19시간 근로허용	매월 양육수당지급
1988		출산후 12개월 양육휴가보장	
1989		출산후 15개월 양육휴가보장	
1990		출산후 18개월 양육휴가보장	
1992		출산후 36개월 양육휴가보장	
1995		상동	소득수준에 따른 양육수당지급
2001		만 36개월까지 부모휴직보장 부모동시휴직 가능 휴직기간 동안 주 30시간 근로허용	상동

12) Andrea Ziefle, Familienpolitic als Diterminante weiblicher Lebensverläufe?: Die Auswirkungen des Erziehungsurlaubs auf Familien- und Erwerbsbiograpien in Deutschland, Springer, 2009.

연도	근거법령	기간 및 내용	지급수준
2007	연방부모수당 및 부모휴직법	36개월 보장 (12개월은 만 8세까지 이월가능) 주 30시간 근로가능	최고 14개월간 부모수당지급 부모 월평균 수입의 67%

(2) 보육수당

보육수당(Betreuungsgeld)은 2012년 8월 1일 이후에 태어난 자녀에 대해 자녀가 만 15개월이 된 때부터 36개월이 될 때까지 지급하는 수당이다. 15개월 이전에는 부모수당을 더 이상 받을 수 없는 경우에 한하여 보육수당을 받을 수 있다.

(3) 부모수당

부모수당(Elterngeld)은 기존의 양육수당(Erziehungsgeld)을 대체한 것으로 출산후 자녀 양육으로 직장생활이 어려운 부모에게 지급되는 수당이다. 자녀 출생 전 수입에 따라 월 300유로에서 1,800유로(월 순소득의 67%)까지 지원하며 아버지가 육아휴직에 참여할 경우 부부에게 2개월을 추가하여 14개월까지 육아휴직 기간을 준다. 부모수당은 아동 양육비용이 아닌 소득을 대체해 주는 개념으로 출산 기회비용을 최소화하는 가족복지 정책이다.

(4) 부모수당플러스

부모수당플러스(Elterngeldplus)는 근로와 육아휴직을 병행할 수 있는 정책으로 출산으로 인한 경력단절이 길어지지 않도록 지원한다. 부모 모두 주당 25~30시간을 근무하면서 부모수당플러스를 신청하면 4개월의 파트너십 보너스 기간을 추가적으로 제공한다. 수급기간은 부모수당의 2배로 하며 수당은 부모수당의 절반으로 지급하는 제도이다.

(5) 파트너십보너스

파트너십보너스는 부모가 함께 직업과 가정의 일을 나누도록 하기 위한 제도로 부모가 헤어져 살면서 자녀를 기르는 경우, 부나 모가 혼자 자녀를 기르는 경우에도 이 제도를 이용할 수 있다. 이 기간 동안 25시간 이상 30시간 이하의 일을 하면서 4개월간 파트너십보너스를 받을 수 있다.

(6) 형제자매보너스

형제자매보너스(Geschwisterbonus)는 부모수당을 받고 있는 자가 추가로 자녀를 갖게 된 경우 받는 수당이다. 한 명의 추가 자녀가 3세 미만이거나 두 명의 추가자녀가 6세 미만, 한 명의 추가 자녀가 장애가 있으며 14세 미만인 경우 지급된다.

(7) 부모시간

부모시간(Elternzeit)은 자녀 생후 3년에서 8년까지 24개월 무급휴직이 가능하도록 하고 보육수당의 지급을 통해 보육시기를 휴가가 아닌 노동임을 인정하는 제도이다.

5) 외국 가족복지정책의 동향

스웨덴과 독일을 비롯한 복지선진국가들은 양성평등, 노동권, 부모권, 아동권 등을 가족정책이라는 큰 틀 안에서 풀어 가고 있다. 가족을 움직이는 사회 체계로 규정하며 가족규율, 가족의 소득지원, 가족을 위한 사회서비스 등을 모두 가족복지정책으로 보고 있다.

최근 한국을 비롯한 많은 나라가 가족에 대한 지원을 늘리며 고용증대, 젠더평등, 자녀양육과 사회화 기능을 포함한 포괄적인 정책을 지향한다. 또한 자녀양육과 관련된 정책도 다양하여 재정적 지원, 시간적 지원(휴가 및 휴직, 탄력근무제), 보육서비스 지원 등으로 접근하는데, 특히 출산율이 높은 노르딕 국가들은 가족의 문제에 공적인 지원이 많고, 양육을 위한 부모의 시간을 충분히 보장하며, 공보육서비스로 출산율을 높이고 여성의 사회참여 또한 높이고 있다.

스웨덴 가족정책의 특징은 부모휴가 일수와 소득대체율이 높은 편으로 성평등보너스도 지급하고 있으며, 자녀가 8세가 될 때까지 노동시간을 25% 단축할 수 있도록 2002년 근로시간 단축법을 마련했다.

독일 가족정책의 특징은 가족이 돌봄의 주체로서 효율적인 기능을 할 수 있도록 사회보장을 확대해 왔으며, 2003년부터 3세 미만 아동의 보육서비스를 확대하며 일 · 가정양립을 위해 양질의 보육서비스를 강화정책을 펼치고 있다.

미국의 경우는 보육사업에 있어 민간 의존성이 높고, 가족이 아동 보육의 상당부분을 책임지고 있으며 대체로 주 정부가 보육의 권한을 갖는다. 연방정부가 지원하는 저소득층 자녀를 위한 공보육기관인 '헤드스타트(Head Start)'를 제외하고는 일관된 보육체계를 갖고 있지 않지만 3~6세 아동에 대한 무상보육은 점점 확대되고 있으며, 현재 46개 주에서 만 4세 아동들을 대상으로 정부 지원의 유치원을 운영하고 있다.

지금까지 살펴본 것처럼 국가별로 가족에 대한 가치 차이에 따라 가족정책의 공공성 실현 정도가 많이 다른데, 사회민주주의 국가들은 양성평등과 아동의 권리를 국가가 보장하고 있어 가족정책의 공공성이 높은 반면 자유주의 복지국가들은 대부분 가족에게 책임을 부여하면서 빈곤층에 대한 선별적 지원으로 국가의 책임을 최소화하여 왔다. 최근 독일을 비롯하여 한국도 일 · 가족양립 지원을 강화하면서 가족의 출산과 양육에 대한 지원을 늘리고, 아동의 보육과 교육을 국가가 책임지려는 다양한 정책이 확대되고 있다.

3절 한국의 가족복지정책에 대한 시사점

이 장에서 우리나라와 외국의 가족복지 동향을 살펴보았다. 스웨덴과 독일의 가족복지정책을 바탕으로우리나라 가족복지정책에 대한 시사점을 정리하면 다음의 세 가지로 생각해 볼 수 있다.

1. 일 · 가정양립을 위한 포괄적인 가족정책

최근 여성의 사회참여와 양성평등을 강조하는 측면에서 가족복지의 사회화를 국가가 적극적으로 지원하는 추세이다. 한국도 정책적으로 부모의 양육부담을 최소화하고 일하는 부모에게 출산과 양육 및 돌봄에 어려움이 없도록 포괄적으로 가족복지정책이 정비되어야 할 것이다.

2. 돌봄의 공공성 강화

무상교육, 노인맞춤돌봄서비스 등 돌봄의 많은 영역에서 공적서비스가 도입되고 있지만, 아직도 가족에 대한 돌봄의 부담은 여성의 사회참여를 끊임없이 위협하고 있다. 돌봄영역에서의 공공성 강화로 돌봄의 사회적 책임을 확대해야 할 것이다.

3. 가족정책의 보편성

최근 코로나19 바이러스의 위험을 경험하면서 가족정책의 문제는 더 시급한 일이 되었다. 노동참여, 보육, 교육, 돌봄, 휴가 등은 가족의 소득수준 등과 무관하게 보편성을 가져야 할 것이며, 이로 인해 일과 가족의 균형을 찾고 양성평등하고 건강한 사회문화가 정착될 수 있을 것이다.

Chapter 05

가족복지 관련 법

학습목표

1. 「건강가정기본법」의 제정배경, 의의, 기본이념, 주요 내용을 이해한다.
2. 「한부모가족지원법」의 법의의의, 목적, 주요 내용을 이해한다.
3. 「영유아보육법」 제정배경, 연혁 및 기본이념, 주요 내용을 이해한다.
4. 「저출산 · 고령사회기본법」의 제정배경과 입법목적, 주요 내용을 이해한다.

개 요

가족복지 관련 법은 「건강가정기본법」, 「한부모가족지원법」, 「영유아보육법」, 「저출산 · 고령사회기본법」 등으로 이루어져 있다. 건강가정기본법의 배경은 시대적인 상황과 관련되며, 법의 의의와 기본 이념에는 건강가정기본법의 주요 내용으로 이루어져 있다. 건강가정 기본계획은 제1차~3차까지의 정책이 적용되고 있으며, 주요 내용으로는 가족, 가정, 건강가정의 정의와 책임주체 및 적용대상과 건강가정지원센터와 건강가정사의 직무에 대하여 제시되어 있다.

「한부모가족지원법」은 한부모가족이 갖고 있는 복합적이고 다양한 문제에 접근하고자 하였으며 다양한 지원이 가능하도록 구상되었다. 주요 내용으로는 정의, 책임주체 및 적용대상자, 한부모가족지원법」의 복지지원의 내용과 한부모가족복지시설 등을 제시하여 두었다.

「영유아보육법」은 영유아의 심신보호와 건전한 교육과 보호자의 경제적 · 사회적 활동을 원활하게 하고자 제정하였다. 법 제정의 연혁 및 기본이념과 주요 내용으로는 영유아, 보육에 대한 정의와 책임주체 및 적용대상자와 보육정보센터와 보육개발원과 보육시설등을 동법에 제시하여 두었다.

「저출산 · 고령사회기본법」은 현대 한국사회의 시대적인 상황을 반영하는 정책으로 이 법의 제정배경, 입법목적, 주요 내용을 제시하였고, 주요정책으로는 저출산대책과 고령사회정책으로 구분하여서 법의 내용으로 제시하였다.

1절 건강가정기본법

1. 건강가정기본법의 제정 배경

정부는 개별가족과 개인의 삶의 질 향상에 대해 사회적 책임을 인식하고, 가족구성원들의 삶의 질 향상을 위한 포괄적 가족정책을 마련하여 가족정책의 예방적 성격을 확대함과 더불어, 다양한 계층의 욕구에 부합되는 종합적이고 다층적인 가족정책으로 「건강가정기본법」이 2004년 2월에 제정되어 2005년 1월 1일부터 시행되었다. 건강가정기본법의 제정 배경을 구체적으로 살펴보면 다음과 같다.

첫째, 가족해체 현상이 증가하고 다양한 가족문제가 발생하였다. 현재 한국 사회는 치열하고 경쟁적인 구도가 심화되고, 빠르게 변화하는 생활 속에서 가족, 가정과 관련된 현상들, 예컨대 저출산이나 고령화, 높아지는 이혼율, 혼인율의 급격한 감소, 만혼 및 독신의 증가와 다양한 형태의 가족으로 인해 가족과 관련된 인식의 변화가 함께 일어나고 있다. 또한 가정폭력, 아동유기 및 학대, 노인학대 및 유기 등이 증가하고 있으며, 경제위기로 인한 가정경제 파탄, 가족해체 등 가족문제가 사회문제로 확대되고 있다.

둘째, 사회적 변화에 가족이 제 기능을 수행하지 못하고 있다. 사회의 빠른 변화는 핵가족화를 촉진시켰으며, 집단주의적, 가족주의적 가치관을 퇴색시키고 서구적인 개인주의적 가치관을 확산시켰다. 이로 인해 가족기능의 변화와 가정 내 양육 및 돌봄에 대한 공백을 지원해 주기 위해 자녀양육 및 노부모 부양의 부담을 경감시켜 주기 위해 가족 차원 · 정책 차원의 지원이 필요하다.

셋째, 국가의 비효율적인 복지비용이 증가하였다. 저출산 · 고령화에 따른 사회적 비용 증가와 가족해체에 따른 복지비용이 급속히 증가하고 있다. 이처럼 가정에서 발생하는 문제는 한 번 발생하면 그 해결과 치료에 재정적인 비용도 많이 들고 시간도 오래

걸리며 완벽한 치료도 어렵다. 따라서 국가 차원에서는 가족문제 발생에 따른 사후 개입보다 예방 차원의 교육과 자원을 제공함으로써 막대한 복지비용에 대한 국가부담을 감소하는 방안이 필요하게 되었다.

넷째, 정책대상자로서의 가족 범위가 확대되고 있다. 최근 가족문제의 일반화 및 만성화에 따라 기존의 한정적인 요보호가정뿐 아니라 일반가정에 대한 가족사업의 전개가 요구되었다. 이러한 건강한 가정을 향한 가정의 건강성을 회복하려면 개별 가정의 노력만으로는 어려우며 행정적 · 제도적 기틀 마련과 건강가정 육성을 위한 통합적 · 전문적 업무를 수행하는 전담부서와 인력, 전달체계를 포함하는 국가나 사회의 적극적인 지원과 제도적인 뒷받침이 필요하다(강기정 외, 2014).

2. 법의 의의와 기본 이념

「건강가정기본법」은 총 5장으로 본칙과 부칙으로 되어 있다. 제1장은 총칙으로 법의 총론적인 성격을 규정하고, 제2장은 건강가정정책으로 정책 수립을 위한 위원회와 기본계획의 수립에 관한 내용을 제시하고, 제3장은 건강가정사업으로 가정의 건강성 증진을 위한 구체적인 사업들로 다루고 있으며, 제4장은 건강가정전담조직 등으로 전문인력에 관한 내용을, 그리고 제4장은 보칙으로 보조금 등에 대한 내용으로 규정하고 있다(조희금 외, 2015).

건강한 가정생활의 영위와 가족의 유지 및 발전을 위한 국민의 권리 · 의무와 국가 및 지방자치단체 등의 책임을 명백히 하고 가정문제의 적절한 해결방안을 강구하며 가족구성원의 복지증진에 이바지할 수 있는 지원정책을 강화함으로써 건강가정 구현에 기여하는 것으로 하고 있다(제1조 목적).

가정이 개인의 기본적인 욕구를 충족시키고 사회통합을 위해 기능할 수 있도록 유지 발전되어야 한다고 규정하고 있어서 가정이 우선적으로 구성원 개인의 욕구를 충족할 수 있어야 함을 천명하고 있다. 동법의 주요 내용은 다음의 〈표 5-1〉과 같다(제2조 기본이념).

표 5-1 「건강가정기본법」의 주요 내용

장	제목	개요	내용
1	총칙 (제1~12조)	법의 총론적인 성격 규정	목적, 기본이념,정의(가족 · 가정 · 건강가정 · 건강가정사업), 국민의 권리와 의무, 국가 및 지방자치단체의 책임, 다른 법률과의 관계, 가족가치, 혼인과 출산, 가족해체 예방, 지역사회자원의 개발 · 활용, 정보제공, 가정의 날
2	건강가정정책 (제13~–20조)	위원회와 기본계획의 수립에 관한 내용	중앙건강가정정책위원회, 시 · 도 건강가정위원회, 건강가정 기본계획의 수립, 연도별 시행계획의 수립 · 시행 등 시 · 도별 시행계획의 조정 등 계획수립의 협조, 교육 · 연구의 진흥, 가족실태조사
3	건강가정사업 (제21~33조)	구체적인 사업	가정에 대한 지원, 자녀양육지원의 강화, 가족단위 복지증진, 가족의 건강증진, 가족부양의 지원, 민주적이고 양성평등한 가족관계의 증진, 가족단위의 시민적 역할 증진, 가정생활문화의 발전, 가정의례, 가정봉사원, 이혼예방 및 이혼가정지원, 건강가정교육, 자원봉사활동의 지원
4	건강가정 전담조직 등 (제34~35조)	전문인력에 관한 내용	건강가정사업의 전담수행, 건강가정지원센터의 설치
5	보칙 (제36조)	보조금에 대한 내용	민간단체 등의 지원

2015년 1월 11일부터 시행된 「건강가정기본법」은 주관부처의 변경에 따른 개정 등을 거쳐 2016년 11월 22일 법의 일부가 개정되었다. 개정된 내용을 살펴보면 다음과 같다.

표 5-2 「건강가정기본법」 일부 개정안의 내용 및 의미

「건강가정기본법」 일부 개정안(2016. 11. 22.)
• 개정이유 국가와 지방자치단체는 재난으로 인하여 가족의 부양 · 양육 · 보호 · 교육 등 가족기능이 현저하게 저하된 경우 원활한 가족기능을 수행하는 데에 긴급하게 필요한 범위에서 지원을 하도록 하는 등의 내용으로 「건강가정기본법」이 개정(법률 제14234호, 2016. 5.29. 공포, 11.30. 시행) 됨에 따라, 위기가족긴급지원을 하여야 하는 재난의 범위, 위기가족긴급지원의 절차 및 방법에 관하여 법률에서 위임된 사항을 정하려는 것임
• 주요 내용 가. 재난의 범위(제2조의2 신설) 원활한 가족기능을 수행하는 데 긴급하게 필요한 지원을 하여야 하는 재난의 범위를 「재난 및 안전관리기본법」에 따라 특별재난지역 선포의 대상이 되는 재난 및 이에 준하는 재난으로서 여성가족부장관이 위기가족긴급지원을 위하여 필요하다고 인정하는 재난으로 함 나. 위기가족긴급지원의 절차 및 방법(제2조의3 신설) 1) 누구든지 재난으로 인하여 가족의 부양 · 양육 · 보호 · 교육 등 가족기능이 현저하게 저하된 가족을 발견한 경우에는 관할 지방자치단체의 장에게 위기가족긴급지원을 요청할 수 있도록 함 2) 지방자치단체의 장은 위기가족긴급지원 요청을 받은 경우에는 위기가족긴급지원 업무를 수행하는 공무원 또는 건강가정지원센터로 하여금 위기가족긴급지원대상 가족의 거주지 등을 방문하여 위기가족긴급지원이 필요한지를 확인하게 하도록 함 3) 지방자치단체의 장은 확인 결과 위기가족긴급지원이 필요하다고 인정하는 경우에는 지체없이 위기가족긴급지원의 종류와 내용을 결정하여 지원을 하도록 함(법제처 제공)

3. 건강가정 기본계획

1) 제1차 건강가정 기본계획

제1차 건강가정 기본계획(2006~2010)의 정책비전으로 가족 모두 평등하고 행복한 사회와 정책목표인 '가족과 사회에서의 남녀 간/세대 간 조화실현과 가족 및 가족구성원의 삶의 질 증진'이 추진되었으며, 정책과제로는 다음과 같다.

(1) 가족돌봄의 사회화

(2) 직장 · 가정의 양립

(3) 다양한 가족에 대한 지원

(4) 가족친화적 사회환경조성

(5) 새로운 가족관계와 문화 조성

(6) 가족정책 인프라 확충(관계부처 합동 2011: 11)

2) 제2차 건강가정 기본계획

제2차 건강가정기본계획(2011-2015)은 비전으로 함께 만드는 행복한 가정, 함께 성장하는 건강한 사회를 비전으로, 개인과 가정의 전 생애 걸친 삶의 질 만족도 제고와 가족을 위한 가족을 통한 사회적 자본 확충을 정책목표는 다음과 같다.

(1) 가족가치의 확산

(2) 자녀 돌봄 지원 강화

(3) 다양한 가족의 역량 강화

(4) 가족친화적인 사회환경조성

(5) 가족정책 인프라 강화와 전문성 제고

3) 제3차 건강가정 기본계획

제3차 건강가정 기본계획(2016~2020) 비전으로 모든 가족이 함께하는 행복한 사회구현으로 정책목표와 제3차 건강가정 기본계획의 특징은 다음과 같다.

(1) 정책목표

① 가족관계 증진을 위한 서비스 기반 조성
② 가족유형별 맞춤형 서비스 지원 강화
③ 정부 · 가족 · 지역사회 연계를 통한 돌봄 지원 강화
④ 남성과 여성, 기업이 함께하는 일 · 가정양립 실천
⑤ 생애주기별 출산친화적 사회문화 조성
⑥ 가족환경 변화에 대응한 정책 추진체계 강화

(2) 제3차 건강가정 기본계획의 특징

① '가족관계 증진을 위한 서비스 기반 조성'을 새로운 주요 정책과제로 부각시켜 가족교육 활성화를 위한 법 · 제도적 기반을 구축하고, 가족교육 · 상담의 전문성과 접근성을 강화시킬 계획이다.
② 일 · 가정양립을 여성만의 문제가 아닌 남성과 기업 모두가 함께 실천해야 한다는 점을 강조하여 정책을 추진한다.
③ 맞벌이 · 한부모 · 다문화가족, 취약 · 위기가족 등 다양한 가족유형별 맞춤형 서비스 지원을 강화해 가족환경의 변화에 맞춰 새로운 정책수요에 대한 대응을 강화한다.
④ 작은 결혼문화, 임산부 배려문화, 소비주의적 육아문화 개선 등 생애주기별 출산친화적 사회문화 조성에 주력할 계획이다(관계부처 합동. 2016: 13).

4. 주요 내용

1) 가족, 가정, 건강가정에 대한 정의

'가족'이란 일반적으로 혼인과 혈연 및 입양으로 하나의 울타리를 형성하고 함께 거주하는 집단 혹은 공동체를 의미하며, '가정'은 가족구성원이 생계 또는 거주를 함께하는 생활공동체로서 구성원의 일상적 부양, 양육, 보호, 교육 등이 이루어지는 생활 단위를 말한다. '건강가정'이란 서로 협동하고 인내하며, 타협해서 공동체로서의 유대감을 다져 가는 가정으로 가족원의 인격을 서로 존중하고 가족원의 상호작용이 잘 이루어지는 체계(공동체)로서의 균형을 잘 유지하는 가정이며, '건강가정사업'이란 건강가정을 저해하는 문제의 발생을 예방하고 해결하기 위한 여러 가지 조치와 가족의 부양·양육·보호·교육 등의 가정기능을 강화하기 위한 사업을 말한다.

2) 책임주체 및 적용대상

「건강가정기본법」 제4조에 따르면 모든 국민은 가정의 구성원으로서 안정되고 인간다운 삶을 유지할 수 있는 가정생활을 영위할 권리를 가지기 때문에 모든 국민은 가정의 중요성을 인식하고 그 복지의 향상을 위해 노력해야 한다. 국가 및 지방자치단체는 건강가정을 위하여 필요한 제도와 여건을 조성하고 이를 위한 시책을 강구하여 추진해야 한다. 가족구성원의 특성과 가정유형을 고려하여야 하며, 민주적 가정형성, 가정친화적 환경조성, 양성평등한 가족가치실현 및 가사노동의 정당한 가치평가를 위하여 노력하여야 한다(동법 제5조).

3) 건강가정지원센터

국가 및 지방자치단체가 추진해야 하는 건강가정사업으로 가정에 대한 지원, 가족

단위 복지증진, 가족의 건강증진, 가족부양의 지원, 이혼예방 및 이혼가정지원, 건강가정교육 등(제21조, 제23조 제24조, 제25조, 제31조, 제32조), 개별복지법과 달리 가정을 단위로 한 통합적 접근을 규정하고 있다. 「건강가정기본법」(제35조 제1항)은 국가 및 지방자치단체가 가정문제의 예방 · 상담 및 치료, 건강가정의 유지를 위한 프로그램의 개발, 가족문화운동의 전개, 가정 관련 정보 및 자료 제공 등을 위하여 중앙, 시 · 도 및 시 · 군 · 구에 건강가정지원센터를 설립하도록 하였다.

4) 건강가정사의 직무

건강가정사란 건강가정사업을 수행하기 위한 전문가로서 가정문제에 대한 전문지식을 토대로 가족의 욕구와 문제를 파악하여 그들을 위한 적절한 지원계획을 수립할 수 있는 능력을 갖추고 지역 내에 잠재되어 있는 지역자원 및 사회적 관계망에 대하여 충분히 이해하고 있으면서 가족은 물론 가족을 지원하기 위한 타 기관 및 단체들과 효과적인 관계망을 형성할 수 있는 사람이다.

2절 한부모가족지원법

1. 법의 의의와 목적

우리 사회에서 대부분의 한부모가족(모 · 부자가족)은 경제적으로 곤경에 처해 있는 경우가 대부분이다. 사회적으로 보이지 않는 차별의 대상이 되고 있어 자녀양육문제와 그들의 정서적 문제 등에 직면해 있다. 따라서 이러한 문제를 해소, 예방, 지지하기 위한 사회복지적 지원과 원조가 요청된다. 이러한 요청으로 1989년 제정된 「모자복지법」은 배우자와 사별, 이혼, 유기, 별거 등의 사유로 배우자가 없거나 배우자가 있어도 노동능력을 상실하여 여성이 생계를 책임지는 모자가정이 자립 · 재활할 수 있도록 지원하기 위하여 제정되었는데, 이후 이혼의 급격한 증가와 경제구조의 변화로 부자가족의 경우에도 자립재활을 위하여 국가의 지원이 필요하여 2002년 「모 · 부자복지법」으로 개정되었다.

2007년에는 「한부모가족지원법」으로 개정되었고, 2010년 3월부터 개정 시행되고 있는데 추진배경으로는 한부모가족복지시설의 복지서비스 전달 효율화 및 다기능화를 통한 수행기능의 확대, 이용자의 편리성과 접근성 제고, 운영하지 않는 시설존치에 따른 시설이용자의 이용혼란방지를 위한 한부모가족복지시설 등을 정비 · 개정하고자 위함이다.

2013년 3월에 개정되었으며 경제적 보조를 중심으로 제한된 성격을 가지고 있던 기존 법과는 달리 한부모가족이 갖고 있는 복합적이고 다양한 문제에 접근하고자 하였으며 다양한 지원이 가능하도록 구상되었다. 입법목적은 한부모가족이 건강하고 문화적인 생활을 영위할 수 있도록 함으로써 한부모가족의 생활안정과 복지증진에 이바지함이다(동법 제1조).

2. 주요 내용

1) 한부모가족의 정의

'한부모가족'이란 모자가족 또는 부자가족을 의미한다. 여기서 '모' 또는 '부'는 아동인 자녀를 양육하는 자로서 '배우자와 사별 또는 이혼하거나 배우자로부터 유기된 자', '정신이나 신체의 장애로 장기간 노동능력을 상실한 배우자를 가진 자', 미혼자(사실혼 관계에 있는 자는 제외)이며, '모자가족'이란 모가 세대주(세대주가 아니더라도 세대원을 사실상 부양하는 자를 포함한다)인 가족을 의미하며, '부자가족'이란 부가 세대주(세대주가 아니더라도 세대원을 사실상 부양하는 자를 포함한다)인 가족을 의미한다(동법 제4조).

2) 책임주체 및 적용대상자

「한부모가족지원법」에 따르면 국가와 지방자치단체는 한부모가족의 복지를 증진할 책임을 지고, 모든 국민은 한부모가족의 복지증진에 협력하여야 하며(동법 제2조), 한부모가족의 모 또는 부와 아동은 그가 가지고 있는 자산과 노동능력 등을 최대한으로 활용하여 자립과 생활향상을 위하여 노력하여야 한다(동법 제3조)고 규정하고 있다. 보호대상자의 범위는 특례규정을 두고 있는데, 국내에 체류하고 있는 외국인 중 대한민국 국민과 혼인하여 대한민국 국적의 아동을 양육하고 있는 사람도 대상이다.

3) 한부모가족지원법의 복지지원의 내용

국민기초생활보장사업과 원호사업에 의해 지원한다. 복지지원의 내용으로는 복지급여, 복지자금의 대여, 가족지원서비스 등의 현물급여와 전문서비스를 포함하고 있으며, 또한 한부모가족의 주거안정을 위하여 국가 및 지방자치단체는 국민주택을 분양하거나 임대할 때에는 한부모가족에게 일정 비율이 우선 분양될 수 있도록 규정하고 있다(동법 제12조, 제13조, 제17조, 제18조).

4) 한부모가족복지시설

국가나 지방자치단체는 한부모가족복지시설을 설치할 수 있으며, 국가나 지방자치단체 외의 자가 설치 · 운영하려면 시장 · 군수 · 구청장에게 신고할 수 있다(동법 제20조). 한부모가족복지시설의 종류로는 모자보호시설, 모자자립시설, 부자보호시설, 부자자립시설, 미혼모자시설, 일시보호시설, 여성복지관, 한부모가족복지상담소 등이 있으며 구체적으로 살펴보면 다음과 같다.

(1) 모자보호시설: 생활이 어려운 모자가정을 일시 또는 일정기간 수용하여 생계를 보호하고 퇴소 후 자립기반을 조성하도록 지원하는 것을 목적으로 하는 시설이다.
(2) 모자자립시설: 자립이 어려운 모자가정에 대하여 주택편의만을 제공하는 시설이다.
(3) 부자보호시설: 생활이 어려운 부자가정을 일시 또는 일정 기간 수용하여 생계를 보호하고 퇴소 후 자립기반을 조성하도록 지원하는 것을 목적으로 하는 시설이다.
(4) 부자자립시설: 자립이 어려운 부자가정에 대하여 주택편의만을 제공하는 시설이다.
(5) 미혼모자시설: 미혼모자가족과 출산 미혼모 등에게 안전하게 분만하여 심신의 건강을 회복할 때까지 일정 기간 보호하는 시설이다.
(6) 일시보호시설: 배우자(사실혼 관계에 있는 사람을 포함한다)가 있으나 배우자의 물리적 · 정신적 학대로 아동의 건전한 양육이나 모의 건강에 지장을 초래할 우려가 있을 경우 일시적 또는 일정 기간 동안 모와 아동 또는 모에게 주거와 생계를 지원하는 시설이다.
(7) 여성복지관: 모자가정과 미혼여성에 대한 각종 상담을 실시하고 생활지도, 생업지도, 탁아, 직업보도를 행하는 등 모자가정과 미혼여성의 복지를 위한 편의를 종합적으로 제공하는 시설이다.
(8) 한부모가족복지상담소: 한부모가족에 대한 위기 · 자립 상담 또는 문제해결 지원 등을 목적으로 하는 시설이다.

3절 영유아보육법

1. 제정배경

우리 사회는 예로부터 자녀의 양육을 전통적인 가정의 기능으로 여겨 왔으며, 실제로 자녀의 양육문제는 가정 내에서 해결이 가능하였다. 그러나 급속한 도시화 · 산업화의 과정을 거치면서 여성의 사회참여 증가와 핵가족화의 심화로 자녀양육 문제를 더 이상 가정 내에서 해결하는 것이 어렵게 되었다. 경우에 따라서는 부모의 질병이나 장애로 인해 자녀들을 보호하고 교육시키기 어려운 가정도 있다. 또한 경제발전에 따른 생활수준 향상 등 시대적 여건에 맞는 전문적인 아동보호로 부모가 안심하고 사회활동을 수행할 수 있도록 하기 위해 사회적 · 국가적 차원에서의 접근이 필요하게 되었다. 이에 따라 정부는 영유아보육문제를 사회문제로 간주하고 「영유아보육법」을 제정하여 영유아의 심신보호와 건전한 교육을 기하고, 보호자의 경제적 · 사회적 활동을 원활하게 하고자 하였다.

2. 법제정의 연혁 및 기본이념

「영유아보육법」은 사회복지서비스법의 일환으로 실시되는데, 그 주된 대상은 6세 미만의 취학전 아동인 영유아이다. 「영유아보육법」은 이 가운데에서도 보호자가 근로 또는 질병, 기타 사정으로 인하여 보호하기 어려운 영아와 유아를 그 대상으로 함으로써 법의 적용을 받는 대상이 협소한 편이다. 따라서 모든 영유아를 대상으로 하는 적극적인 면이 결여된 소극적인 특징을 나타내는 법률이다. 「영유아보육법」은 영유아보육에 관한 한 특별법으로서 특별법 우선의 원칙이 적용된다.

「영유아보육법」은 1991년 1월에 제정되고 2010년 2월에 개정 시행되었으며, 2016년 2월 3일 일부개정이 되어 2016년 8월4일부터 시행되고 있고 최근 8차례에 걸쳐 개정되었다. 입법목적은 영유아의 심신을 보호하고 건전하게 교육하여 건강한 사회 구성원으로 육성함과 아울러 보호자의 경제적 · 사회적 활동이 원활하게 이루어지도록 함으로써 가정복지 증진에 이바지함을 목적으로 한다(「영유아보육법」 제1조).

이러한 「영유아보육법」의 목적에 따라 보육은 영유아의 이익을 최우선적으로 고려하여 제공되어야 하고, 영유아가 안전하고 쾌적한 환경에서 건강하게 성장할 수 있도록 하여야 하며, 영유아는 자신이나 보호자의 성, 나이, 종교, 사회적 신분, 재산, 장애 및 출생지역 등에 따른 어떠한 종류의 차별도 받지 아니하고 보육되어야 한다(동법 제3조).

3. 영유아보육법의 주요 내용

1) 영유아, 보육에 대한 정의

「영유아보육법」에서의 보육이란 영유아의 이익을 최우선적으로 고려하여 제공되어야 하며 보육은 영유아가 안전하고 쾌적한 환경에서 건강하게 성장할 수 있도록 하여야 한다. 자신 또는 보호자의 성 · 연령 · 종교 · 사회적 신분 · 재산 · 장애 및 출생지역 등에 따른 어떠한 종류의 차별도 받지 아니하고 보육되어야 한다고 법이념에 명시되어 있으며 구체적인 정의는 다음과 같다(동법 제2조 제1항, 제2항).

(1) "영유아"란 6세 미만의 취학 전 아동을 말한다.

(2) "보육"이란 영유아를 건강하고 안전하게 보호 · 양육하고 영유아의 발달 특성에 맞는 교육을 제공하는 어린이집 및 가정양육 지원에 관한 사회복지서비스를 말한다.

(3) "어린이집"이란 보호자의 위탁을 받아 영유아를 보육하는 기관을 말한다.

(4) "보호자"란 친권자 · 후견인, 그 밖의 자로서 영유아를 사실상 보호하고 있는자를 말한다.

(5) "보육교직원"이란 어린이집 영유아의 보육, 건강관리 및 보호자와의 상담, 그 밖에 어린이집의 관리 · 운영 등의 업무를 담당하는 자로서 어린이집의 원장 및 보육교사와 그 밖의 직원을 말한다.

2) 책임주체 및 적용대상자

모든 국민은 영유아를 건전하게 보육할 책임을 지며 국가 및 지방자치단체는 보호자와 더불어 영유아를 건전하게 보육할 책임을 진다라고 하였다.

시장 · 군수 · 구청장(자치구의 구청장에 한한다)은 영유아의 보육을 위한 적정한 보육시설을 확보하여야 한다고 책임 주체도 명시한다. 또한 영유아의 보육을 위한 적절한 보육시설을 확보하여야 한다(동법 제4조)고 되어 있다.

여기에서 '보육시설'이란 보호자의 위탁을 받아 영유아를 보육하는 시설을 말하며, '보호자'란 친권자 · 후견인, 그 밖의 자로서 영유아를 사실상 보호하고 있는 자를 말한다(동법 제2조 제3항, 제4항).

3) 보육정보센터

보육에 관한 정보의 수집 · 제공 및 상담을 위하여 보건복지부장관은 중앙보육정보센터를, 특별시장 · 광역시장 · 도지사 · 특별자치도지사(이하 "시 · 도지사"라 한다) 및 시장 · 군수 · 구청장은 지방보육정보센터를 설치 · 운영하여야 한다.

이 경우 필요하다고 인정하는 경우에는 영아 · 장애아 보육 등에 관한 보육정보센터를 별도로 설치 · 운영할 수 있다(개정 2008. 2. 29., 2010. 1. 18.)고 설명하며 제1항에 따른 중앙보육정보센터와 지방보육정보센터(이하 "보육정보센터"라고 한다)에는 보육정보센터의 장과 보육에 관한 정보 제공 및 상담 업무 등을 담당하는 보육전문요원 등을 둔다고 말한다.

보건복지부장관, 시 · 도지사 및 시장 · 군수 · 구청장은 보육정보센터를 보육 관련 법인 · 단체 등에 위탁하여 운영할 수 있으며(개정 2008. 2. 29., 2010. 1. 18.) 보육정보센터의 설치 · 운영 및 기능, 보육정보센터의 장과 보육전문요원의 자격 및 직무, 보육정보센터의 위탁 및 위탁 취소 등의 필요한 사항은 대통령령으로 정한다(전문개정 2007. 10. 17.).

4) 보육개발원

보건복지부장관은 보육에 관한 연구와 정보제공, 프로그램 및 교재개발, 평가척도 개발 및 종사자 연수 등의 업무를 위하여 보육개발원을 설치하거나 그 업무를 관련 연구기관 등에 위탁할 수 있다(개정 2008. 2. 29., 2010. 1. 18.). 동법 제1항에 따른 보육개발원의 설치 · 운영 및 위탁 등에 필요한 사항은 대통령령으로 정한다(전문개정 2007. 10. 17.).

5) 보육시설

보육시설의 종류로는 국공립보육시설, 법인보육시설, 직장보육시설, 가정보육시설, 부모협동보육시설 등이 있다(동법 제10조).

국가 및 지방자치단체는 국공립보육시설을 설치 · 운영하며, 도시 저소득주민 밀집 주거지역 및 농어촌지역 등 취약지역에 우선적으로 설치하여야 한다(동법 제12조). 국공립보육시설 외의 보육시설을 설치 · 운영하려는 자는 시장 · 군수 · 구청장의 인가를 취득하여야 한다(동법 제13조). 대통령령으로 정하는 일정 규모 이상의 사업장의 사업주는 직장보육시설을 설치하여야 하며, 사업장의 사업주가 직장보육시설을 단독으로 설치할 수 없을 때에는 사업주 공동으로 직장보육시설을 설치 · 운영하거나, 지역의 보육시설과 위탁계약을 맺어 근로자 자녀의 보육을 지원하거나, 근로자에게 보육수당을 지급하여야 한다(동법 제14조).

4절 저출산 · 고령사회기본법

1. 제정배경과 입법목적

2005년 제정된「저출산 · 고령사회기본법」은 출산율 하락과 인구 고령화라는 인구사회학적 변화에 직면하여, 자녀의 출산 및 양육이 원활하게 이루어지고 노인이 중요한 사회적 행위자로서 건강한 사회생활을 할 수 있도록 국가의 책임을 정하고, 저출산 · 고령사회정책의 기본방향의 수립 및 추진체계에 관한 사항 등을 규정함으로써 국민의 삶의 질 향상과 국가의 지속적 발전에 이바지할 것을 목적으로 제정되었다.

이는 우리 사회가 2000년에 이미 전체 인구 중 노인인구비가 7%를 넘어섬으로써 고령화사회(aging society)에 도달하였고, 2018년에는 노인인구비가 14%를 초과하는 고령사회(aged society)에 단기간에 도달할 것으로 예측된 반면 출산율은 OECD 국가 중 최저를 기록할 정도로 낮아짐에 따라, 노동력 재생산 및 제반 사회체계의 유지와 발전에 위협적 요소로 인지된 것에 기인한다. 그에 따라 출산율을 향상시키고 노인 인구의 삶을 적극적으로 지원하는 국가의 적극적 책임이 요청되었으며, 따라서 동법의 제정으로 가족복지정책은 출산장려정책 및 고령사회정책과 유기적 관계 속에서 보다 포괄적이고 중첩적인 정책내용을 갖게 되었다.

2. 주요 내용

1) 법의 목적 및 이념

법 제정의 목적으로 제1조에 "이 법은 저출산 및 인구의 고령화에 따른 변화에 대응하는 저출산 · 고령사회정책의 기본방향과 그 수립 및 추진체계에 관한 사항을 규정함으로써 국가의 경쟁력을 높이고 국민의 삶의 질 향상과 국가의 지속적인 발전에 이바지함을 목적으로 한다."고 규정하고 있다. 또 법의 이념으로 제2조에 "이 법은 국가의 지속적인 발전을 위한 인구 구성의 균형과 질적 향상을 실현하고 국민이 건강하고 안정된 노후생활을 할 수 있도록 하는 것을 기본이념으로 한다."고 명시하고 있다.

따라서 인구정책적 목적과 노인복지라는 다중적 목적과 이념하에 가족복지정책의 방향과 내용도 유기적 연관성을 맺을 필요가 있다.

2) 저출산 · 고령사회정책 관련 조직

보건복지부 장관은 매 5년마다 관계중앙행정기관의 장과 협의해 저출산 · 고령사회 기본계획을 수립 · 추진하여야 하며, 중앙행정기관의 장은 기본계획에 따라 소관별로 연도별 시행계획을 수립 · 시행하고 지방자치단체의 장은 기본계획 및 중앙행정기관의 시행계획에 따라 당해 지방자치단체의 시행계획을 수립 · 시행하도록 하고 있다.

2011~2015년 제2차 저출산 · 고령사회기본계획인 '새로마지 플랜 2015' 로드맵을 운용하고 있다. 새로마지 플랜 2015년 점진적 출산율 회복 및 고령사회 대응체계 확립을 목표로 출산과 양육에 유리한 환경조성, 고령사회 삶의 질 향상 기반구축, 성장동력 확보 및 분야별 제도 개선을 중점 추진과제로 설정하였다(대한민국정부, 2011).

그리고 저출산 · 고령사회기본법을 제정하면서 대통령자문기구인 기존 '고령화 및 미래사회위원회'가 대통령을 위원장으로 하는 '저출산고령사회위원회'로 격상되어, 저출산 및 인구고령화에 대비한 출산인구정책에 관한 중요사항을 심의하는 역할을 담당하게 되었다.

3) 주요 정책

동법에 근거한 주요 정책은 크게 저출산대책과 고령사회정책으로 구분된다.

(1) 저출산대책

① 국가는 적정인구의 구조와 규모를 분석하고 인구변동을 예측하여 국가 및 지방자치단체의 지속적인 성장과 발전을 위한 인구정책을 수립 · 시행하여야 한다.

② 국가는 국민이 저출산 및 인구의 고령화 문제의 중요성을 이해하고, 결혼 · 출산 및 가족생활에 대한 합리적인 가치관을 형성할 수 있도록 하는 인구교육을 활성화하여야 하며, 이에 필요한 시책을 강구하여야 한다.

③ 국가는 모든 자녀가 차별받지 아니하고 안전하고 행복한 생활을 영위하며 교육과 인성함양에 도움을 주는 사회환경을 조정하기 위한 시책을 강구하여야 한다.

④ 국가는 자녀를 임신 · 출산 · 양육 및 교육하고자 하는 자가 직장생활과 가정생활을 병행할 수 있도록 사회환경을 조성 · 지원하여야 한다.

⑤ 국가는 자녀를 양육하려는 자에게 양질의 보육서비스를 제공하기 위한 시책을 강구하여야 한다.

⑥ 국가는 임신부 · 태아 및 영유아에 대한 건강진단 등 모자보건의 증진과 태아의 생명존중을 위하여 필요한 시책을 수립 · 시행하여야 한다.

⑦ 국가는 임신 · 출산 · 양육의 사회적 의미와 생명의 존엄성 및 가족구성원의 협력의 중요성 등에 관한 교육을 실시하여야 한다.

⑧ 국가는 임신 · 출산 및 양육에 관한 정보의 제공, 교육 및 홍보를 실시하기 위하여 필요한 기관을 설치하거나 그 업무를 관련 기관에 위탁할 수 있다.

⑨ 국가는 자녀의 임신 · 출산 · 양육 및 교육에 소요되는 경제적 부담을 경감하기 위하여 필요한 시책을 강구하여야 한다.

⑩ 국가는 자녀의 임신 · 출산 · 양육 및 교육에 소요되는 비용의 통계조사를 실시할 수 있다.

(2) 고령사회정책

① 국가는 일할 의욕과 능력이 있는 고령자가 최대한 일할 수 있는 환경을 조성하여야 한다.

② 국가는 연금제도 등 노후소득보장체계를 구축하고 노인에게 적합한 일자리를 창출하는 등 국민이 경제적으로 안정된 노후생활을 할 수 있도록 필요한 조치를 강구하여야 한다.

③ 국가는 연령단계별 건강상의 특성과 주요 건강위험요인을 고려하여 국민의 건강증진을 위한 시책을 강구하여야 한다.

④ 국가는 노인을 위한 의료 · 요양제도 등을 확립 · 발전시키고 필요한 시설과 인력을 확충하기 위하여 노력하여야 한다.

⑤ 국가는 노후생활에 필요한 기능과 설비를 갖춘 주거와 이용시설을 마련하고 노인이 안전하고 편리하게 이동할 수 있는 환경을 조성하는 등 쾌적한 노후생활 환경을 조성하고 재해와 범죄 등 각종 위험으로부터 노인을 보호하기 위하여 필요한 시책을 강구하여야 한다.

⑥ 국가는 노후의 여가와 문화 활동을 장려하고 이를 위한 기반을 조성하여야 한다.

⑦ 국가는 자원봉사 등 노인의 사회활동 참여를 촉진하는 사회적 기반을 조성하여야 한다.

⑧ 국가는 모든 세대가 평생에 걸쳐 학습하고 능력과 적성에 따라 교육을 받을 수 있도록 교육의 기회를 제공하고, 이를 위한 교육시설의 설치 · 인력의 양성 및 프로그램의 개발 등 필요한 시책을 강구하여야 한다.

⑨ 국가는 세대 간 정보의 격차를 해소하기 위하여 정보화교육, 프로그램 개발 및 장비 보급 등 필요한 시책을 강구하여야 한다.

⑩ 국가는 국민이 행복하고 활기찬 노후생활을 설계하기 위하여 재무, 건강, 여가, 사회참여 등 각 분야에서 적절한 상담과 교육을 받을 수 있도록 필요한 시책을 강구하여야 한다.

⑪ 국가는 저출산 · 고령사회정책을 수립 · 시행함에 있어서 여성노인 · 장애노인 등 취약계층의 노인에 대하여 특별한 배려를 하고 도시 · 농어촌지역 간 격차 등 지역의 특수한 상황을 반영하여야 한다.

⑫ 국가는 효행을 장려함으로써 노인이 가정과 사회에서 공경받을 수 있도록 하고 세대 간 교류의 활성화와 세대 간의 이해를 증진함으로써 민주적이고 평등한 가족관계가 형성되도록 필요한 사회환경을 조성하여야 한다.

⑬ 국가는 인구의 고령화에 따른 경제 · 산업구조 및 노동환경의 변화에 부응하는 시책을 수립 · 시행하여야 한다.

⑭ 국가는 인구의 고령화에 따른 상품 및 서비스 수요의 변화에 대비한 새로운 산업을 육성하기 위한 기반을 구축하여야 한다.

⑮ 국가는 노인에게 필요한 용구와 용품 등 연구개발 · 생산 및 보급의 활성화를 위하여 필요한 시책을 강구하여야 한다.

PART 3

가족복지실천 과정

Chapter 06

초기면접과 사정, 계획

학습목표

1. 가족대상 실천 활동의 과정에 대해 이해한다.
2. 가족대상 실천 활동의 각 과정별 그 특징과 내용의 전반을 이해한다.
3. 가족대상 실천 활동의 과정별 필요 전문지식과 기술 및 실천방법에 대해 탐색하고 이해한다.

개 요

가족대상 사회복지실천 활동은 가족 전체, 즉 가족구성원 모두의 욕구에 대응하여 그들 삶의 기능적 향상을 기대한다. 인간은 단독으로 기능하는 존재가 아니라는 점에서 가족에 대한 다양성 및 가족의 변화에 대해 사회복지사로서의 관점을 정립할 수 있어야 한다. 또한 가족을 대상으로 펼치는 실천 활동은 해당 가족의 특수성, 즉 개별성에 대해 주목하여야 한다. 가족의 역사와 구성, 가치관 및 문화가 다르고 이들의 복잡한 관계성에 대해 이해하는 노력은 가족대상 실천 활동의 질적인 측면에 도움이 될 수 있다.

전문가로서 사회복지사는 가족대상 실천의 과정과 단계별 주요 내용에 대해 인식하고 있어야 한다. 이러한 가족대상 실천에 대한 기본개념과 과정 및 특성에 대해 이해하는 노력이 요구된다.

가족대상 실천에 관한 전반적인 이해를 통해 실천 현장에서 전문가로서 사회복지사의 역할에 대해 탐색할 수 있다. 이 장에서는 가족대상 실천 활동의 과정과 과정별 특성 및 내용 그리고 과정별로 필요지식과 기술에 대해 제시하였다.

이와 같은 가족대상 사회복지실천기술을 이해함으로써 가족복지실천 개입의 중요성을 강조하고자 하였다.

1절 초기면접 및 접수

가족대상 사회복지실천이라 함은 가족을 대상으로 구성원 전체에 대한 관심으로 출발한다고 볼 수 있다. 기본적으로 가족복지 실천은 전문가와 가족이 함께 파트너십을 형성하고 가족이 지니고 있는 문제를 해결하고 예방하는 차원의 기능을 포함하는 것으로 보아야 할 것이다.

가족복지 실천의 과정에서 첫 관문으로 초기면접 및 접수단계는 사회복지사와 가족이 처음으로 관계를 형성하는 단계로 서비스에 대한 접수와 계약이 이루어지는 단계이다. 이 단계에서 무엇보다 중요한 것은 가족에 대한 정보수집이다. 대부분의 가족은 이 초기단계에 자발적이기보다 누군가에 의해 또는 기관의 의뢰 등으로 연결된다. 때문에 이 단계에서 사회복지사는 가족구성원들과 관계를 맺는 일에 관심을 기울이는 것이 무엇보다 중요하다고 할 수 있다. 이는 진행되는 앞으로의 과정에 초기의 잘 맺은 관계형성이 도움이 되기 때문이다. 가족의 문제에 대한 본격적인 사정 및 개입계획 수립과 개입에 있어 원만한 진행은 관계형성으로부터 시작된다고 할 수 있다.

또한 가족의 문제에 대해 초점화하고 명확화하는 노력이 요구된다. 가족이 전문가를 찾아올 때 주로 자발적이고 적극적인 자세로 오는 경우가 드물기 때문에 이들의 문제에 대해 무엇이 해결하여야 할 문제인지를 정확하게 탐색하는 것은 아주 중요한 과업이다. 이 단계에서 사회복지사의 주된 과업은 문제의 명확화와 관계형성 그리고 계약으로 제시할 수 있다.

1. 문제의 명확화

가족은 문제 상황에서 전문가를 만나게 되고 이때 사회복지사는 가족들이 겪은 과거의 일들 속에서 문제 상황이 전개되어 왔고, 복잡한 정황으로 인해 가족 당사자 자신들의 문제에 대해 정확하게 인지하고 있지 못하거나 그들에게 있어 가장 우선시되는 문제가 무엇인지에 대해서도 혼란스러운 경우가 있다. 이러한 상황에서 사회복지사의 과업은 우선적으로 무엇이 문제인지를 정확하게 파악해야 하는 일과 그 문제들에 대한 개입의 우선순위를 정하는 것이라 할 수 있다. 예를 들면, 장애인가족이라고 가정해 볼 때 경제적 빈곤의 문제와 장애아동 양육에 대한 신체적 · 심리적 부담, 아버지의 실직, 어머니의 만성질환 등의 문제가 있는 심각한 상태라고 보면 이러한 문제가 모두 동시에 존재하므로 해당 가족들은 혼란 그 자체에 빠져 있을 수 있다.

2. 관계형성

초기면접 및 접수과정에서 중요한 또 한 가지는 사회복지사가 가족구성원 모두를 대상으로 복합적이고 만성적인 문제에 대해 확인하고 평가할 수 있어야 한다는 점이다. 이때 사회복지사는 첫 면담에 참여하지 못한 가족구성원들을 고려하고 꼭 차후 면담을 잡아 가능한 모든 가족구성원의 입장과 관점에서 문제를 바라볼 수 있어야 한다. 이것은 전문가로서 사회복지사가 문제와 욕구를 파악함에 있어 균형을 유지하고 가족구성원들에게 신뢰를 얻는 중요한 부분으로 생각할 수 있다. 무엇보다 가족구성원 전체에 대한 만남에 대해서는 사전에 구성원들에게 알려 공유하고 이렇게 하는 것이 가족의 문제에 효과적으로 대응할 수 있는 방안이라는 것을 제시하는 것이 필요하다. 만약 이러한 내용에 대해 합의가 이루어지지 않으면 가족구성원 중에 누군가는 상담으로부터 벗어나려고 할 수도 있을 것이다. 이러한 초기단계는 한 번에 이루어지는 것보다 두 번 또는 세 번 정도의 회기를 두고 최대한 가족구성원 전체를 대상으로 면담을 실시하고 그들 가족의 문제를 확인하는 것이 요구된다. 물론 이 시기 회차의 간격은 너무 길면 문제의 양상이나 초점이 흐려질 수도 있다는 우려가 있기 때문에 너무 길지 않은 것이 좋겠다.

이와 같은 과업 수행을 위해 사회복지사는 초기상담에 있어 의사소통기술을 원활하게 적용할 수 있어야 한다. 특히 처음 만나는 가족구성원들의 언어적 · 비언어적 소통에 민감하게 반응하고 그것을 통해 드러나는 가족의 문제를 알아차릴 수 있어야 한다. 또한 초기의 가족 내담자들은 심리 · 정서적으로 불안이나 초조, 수치심 등의 감정이 복잡하게 얽혀 있을 수 있기 때문에 이러한 긴장과 불안을 다루는 능력도 요구된다. 이러한 초기면접과 접수단계에서 사회복지사는 자유로운 대화의 분위기 조성, 가족구성원들의 개별적 입장에 대한 경청, 격려와지지, 가족구성원의 주장 또는 입장, 생각이 치중되지 않도록 유도할 수 있어야 한다.

아울러 관계형성에 있어, 첫 번째, 상담을 위한 철저한 사전준비와 상담실 환경의 조성을 통해 가족구성원들의 거부감을 최소화하는 노력이 요구된다. 두 번째, 진솔한 응대와 관심을 통해 신뢰를 형성하는 기본으로 삼을 수 있어야 한다. 이는 무엇보다 우선적인 것으로 여겨지는데 가족은 자신들의 문제를 누군가에게 털어놓는다는 것이 두려움이나 불편감과 같은 정서로 무척 어려운 결심을 하게 되는 것이기 때문으로 이해할 수 있다. 이때 정성 어린 태도와 따뜻한 눈길, 배려와 같은 요소를 통해 이들의 불안정감을 낮출 수 있다. 세 번째, 신뢰를 형성하기 위해 가장 중요한 것은 그들 가족에 대한 존중으로 볼 수 있는데 가족이 현재는 문제를 가지고 있더라도 그들 가족의 형성과 삶의 여정에 대해 있는 그대로를 수용하는 존중의 태도는 무엇보다 신뢰롭게 받아들여질 것이다. 네 번째, 가족의 이야기에 대해 감정이입을 통한 공감능력을 중요한 부분으로 제시할 수 있다. 공감은 가족이 처한 상황에 대한 깊은 이해차원으로 볼 수 있으며 이때 사회복지사는 객관성을 유지하며 전문가로서의 적정 거리도 지켜야 한다. 다섯째, 가족과 대화하는 내용 속에서 의미 있는 것들을 확인하여 소통의 내용이 명확하고 간결하게 정리되고 전달될 수 있어야 한다. 이 외에도 추가적으로 전문가로서의 책임을 인식하고 권위를 지키는 것도 중요한 부분으로 제시할 수 있다.

3. 계약

계약은 가족의 욕구가 확인되었다는 전제로 기관에서 제공 가능한 서비스나 프로그램이 가족의 문제해결에 도움이 될 것이라는 전문가적 판단과 가족의 동의로 체결하게 된다. 이와 같은 계약은 이후 어떤 방식으로 얼마간의 시간 동안 가족의 문제나 욕구에 개입하게 될지에 대한 내용에 합의를 하는 것으로 이해할 수 있다.

계약의 중요성은 가족의 문제에 개입하기 위한 전제 조건이면서 상호 간의 노력을 명시하는 효과와 함께 공동의 목표를 설정하고 각각의 역할을 합의하는 것이다. 또한 가족에게 연결할 수 있는 자원 등에 대해서도 양측이 공식적으로 인식하고 그 책임과 의무를 명확하게 한다는 측면에서도 그 필요성이 제기된다. 아울러 행정적인 절차로 가족문제의 개입에 대한 기관의 서비스 시작과 종결 및 서비스 이용부담금, 비밀보장의 원칙 등에 대한 부분도 명시할 수 있기에 계약은 중요한 내용으로 인식할 수 있겠다. 하지만 우리나라의 사회복지 서비스와 관련해서 계약의 내용을 살펴보면 아직 실질적인 계약의 단계로 진행되는 것에 미미한 점이 있는 것으로 볼 수 있다. 우리나라의 실천현장에서는 계약서보다는 동의서와 같은 문서로 계약을 대체하는 것으로 보인다.

2절 사정

1. 가족대상 실천의 사정

사정은 접수 단계의 다음 과정으로 가족에 대한 기본적인 정보수집이 이루어졌다면 이것을 토대로 적극적이고 정확한 사정을 통해 개입의 목표가 세워질 수 있다. 이 시기에는 초기의 접수단계에서 형성된 신뢰로운 관계 속에서 이루어져야 함은 당연한 부분이며 가족의 상세한 정보가 확인되는 단계라고 볼 수 있다. 가족복지실천의 성패는 바로 사정의 정확성에 기초한 개입의 목표와 개입계획이 수립된다는 점에서 그 중요성을 강조할 수 있다. 가족대상 사정은 가족을 하나의 개입대상의 단위로 바라보는 것으로 가족의 내적 · 외적 환경과 요인 등을 확인하여 이들의 작용을 파악함으로써 가족에 대한 개입계획을 수립하는 과정으로 인식할 수 있다. 즉, 가족대상 사정은 개인이 아니라 가족 단위가 되는 것이다. 따라서 가족사정은 그 가족이 가지고 있는 문제와 욕구에 관한 정보의 수집이며 수집된 정보에 대한 정확한 분석이 요구된다.

사정은 수집된 자료를 바탕으로 문제의 원인을 해석하고 추론하는 지적 활동으로 이해할 수 있다(Timberlake et el., 2002; 최정숙 외, 2020 재인용).

2. 사정도구의 활용

가족에 대한 사정은 문제의 양상에 따라 가족과의 의사소통 및 면집에 있어 활용가능한 기술이 적용되어야 한다. 또한 해당가족에 대한 가족력과 가족의 자원 및 그들이 가지고 있는 강점 및 약점을 파악할 수 있어야 한다. 더불어 가족구성원들의 정서와 심리상태, 구성원의 역할, 문제에 대한 대처 방식 등에 대해 파악하고 평가할 수 있어야 한다.

가족에 대한 사정은 면접 및 의사소통기술 이외에도 가족에 대한 구제적인 사항을 파악하기 위해 도구를 적절하게 활용할 수 있다. 이러한 기술과 도구를 통해 가족의 정서와 분위기, 가족 간의 역할, 가족의 역사, 가족의 사회적 자원 등에 대한 사항을 파악하게 되는 것이다.

가족사정은 가족을 하나의 단위로 바라보며 가족의 외부 및 내부 요인, 양자 간의 상호작용을 파악하고 개입을 계획하는 데 필요한 자료를 수집, 분석, 종합하는 일련의 과정이다(박귀영 외, 2017).

가족사정은 면담, 가계도 및 생태도, 사회적 관계망 등 구조화된 사정 도구를 활용하게 된다.

1) 가계도

가계도(genogram)는 보웬이 제시한 다세대 가족체계이론에 근거한 사정도구로 가계 구성원들을 3대 이상에 걸쳐 도표로 작성하여 가족구성원들의 출생과 사망, 연령, 학업, 직업, 별거 등 서로 간의 관계에 관한 기본적인 정보를 기록하는 방식이다. 이러한 가계도는 일선의 사회복지기관에서 전문가로서 사회복지사들이 클라이언트로 가족을 대상으로 할 때 가계도를 작성하고 기록하는 능력이 요구된다. 이는 필수적인 요건으로 인식할 수 있으며 가계도는 한눈에 볼 수 있도록 작성되어야 한다.

클라이언트 가족을 중심으로 작성하고 양가(친가, 외가 포함)를 포함하며 제시된 욕구나 문제를 중심으로 출발한다. 질문을 할 때에는 쉬운 것부터 시작하고 부담이 되거나 어려운 질문은 충분한 관계형성이 이루어진 시기에 하는 것이 좋다.

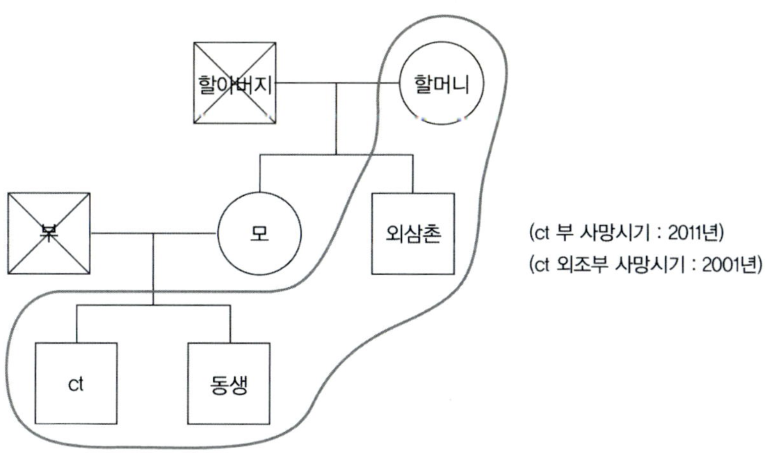

그림 6-1 가계도

출처: 권진숙(2013: 203).

가족놀이 가계도는 가족의 역사와 놀이, 상상, 창조성 등을 조합하여 가족이 구조화된 면담에서 발생할 수 있는 방어와 저항을 낮추고 흥미를 가지고 가족에 대해 탐색하도록 돕는 방법이다. 이러한 가족놀이 가계도에서 가족구성원들이 활용하는 대체물은 무의식적인 감정을 드러내고 가족의 이야기에 직면하도록 하여 현재의 문제와 상황에 대해 변화의 필요성을 제기하는 것으로 강압적이지 않고 구체적인 도구로 이해할 수 있다(McGoldrick et al., 2011; 최정숙 외, 2020 재인용).

표 6-1 가족놀이 가계도의 절차

1단계: 큰 종이에 가족이 직접 가계도를 그린다.
2단계: 가족구성원은 각자 인형, 동물, 사물 등에서 가족구성원을 가장 잘 상징하는 모형을 고른다. 모형은 사람이나 동물모양의 피겨, 미니어처, 작은 장신구, 잡지의 그림 등을 활용할 수 있다.
3단계: 사회복지사는 가족구성원에게 모형을 선택한 이유에 대해 질문함으로써 가족관계에 대한 가족구성원 간의 시각을 파악할 수 있다(예: 아버지를 고양이로 오빠를 쥐로 선택한 이유에 대해 "아버지는 엄격했으니까요."라고 답)
4단계: 가족구성원이 고른 모형이 서로 다를 때, 사회복지사는 가족관계에 대한 가족구성원의 인식의 차이 및 갈등의 양상을 알 수 있고, 가족 스스로도 파악할 수 있도록 한다.

출처: McGoldrick et al. (2005); 최정숙 외(2020), 재인용.

2) 생태도

생태도(eco-map)는 가족과 환경과의 관계 속에서 드러나는 상호 간의 관계를 그림으로 제시한다. 이러한 생태도는 사회복지사가 가족을 면담할 때 해당 가족이 환경과 어떤 관계를 형성하고 있는지 한눈에 볼 수 있도록 제시해 준다. 즉, 가족과 환경이 상호작용을 통해 서로에게 어떤 영향을 끼치고 있는지를 확인할 수 있는 것이다. 또한 환경 속에 자리매김하고 있는 가족의 위치를 살펴볼 수 있으며 긍정 및 부정의 영향관계도 파악할 수 있다. 또한 가족구성원이 환경과 어떤 상호작용을 하고 있는지도 보여 주기 때문에 이런 측면에서 가족구성원들의 개별적인 환경과의 상호작용이 가족

차원에서 나타나는 환경과 상호작용과의 차이점도 알아볼 수 있다.

생태도는 가족에 대한 생태적 관점을 제시하는 도구라고 볼 수 있는데 무엇보다 생태도를 통해 주목할 것은 바로 가족을 지지하고 지원하는 다양한 차원의 자원에 초점을 두는 것이다. 가족이 현재 가지고 있는 자원을 평가하여 더 강화할 자원과 새롭게 개발해야 할 자원을 파악하는 것이다.

생태도를 그림으로 표현할 때는 먼저 핵가족 중심으로 가계도를 그린 후 가족구성원들의 나이나 성별 등 간략한 정보를 적는다. 그다음 이것을 감싸는 커다란 원을 그리고 큰 원의 외부에 가족구성원들 한 사람 한 사람이 맺고 있는 관계를 작은 원으로 그리며 그 관계 유형, 즉 일과 여가 또는 문화 활동, 동료, 친구, 이웃, 병원, 기관 등 다양한

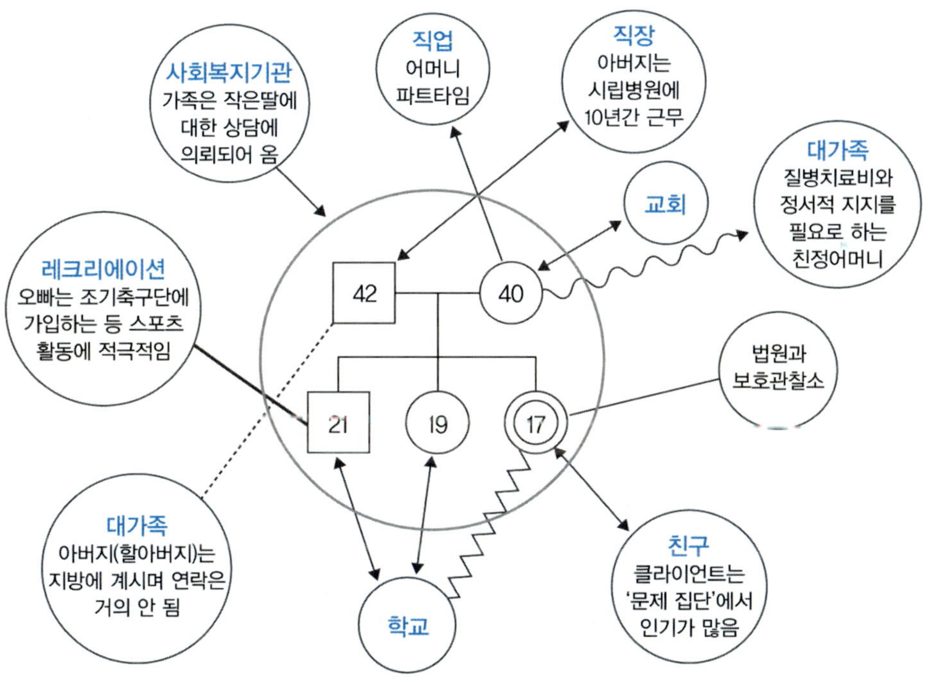

그림 6-2 생태도

출처: 최정숙(2020: 224) 참고.

연계의 내용을 작성한다. 이런 그림이 완성되면 다음으로는 가족구성원 개인과 이들 관계의 양상을 화살표의 굵기로 표시하고 에너지의 방향도 일방성인지 쌍방성인지에 따라 그려 넣는다. 아울러 연계하는 기관이나 관계들에 대한 약간의 정보를 기입하는 것은 전문가로서 가족의 사례를 관리하고 전문기록으로 보관, 활용하는 데 필요한 부분이다. 생태도의 예시는 〈그림 6-2〉를 참고할 수 있다.

3절 개입

1. 목표설정

목표설정은 개입단계의 시작으로 볼 수 있는 단계로, 이미 접수단계에서 형성된 가족과의 관계를 바탕으로 정보를 수집하고 사정단계에서 가족의 상황과 문제에 대해 면밀하게 파악하였다면 이후 가족의 변화를 위한 목표를 세우고 실천하는 단계이다. 이때 사정을 통해 얻은 정보들을 토대로 구체적인 실천의 방법을 설계하는 것으로 이해할 수 있다. 나아가 기관에서 제공할 수 있는 서비스와 외부에 연계를 통해 의뢰할 수 있는 서비스로 구분하여 결정하는 일도 필요하다.

목표는 가족구성원들이 수용하는 공통의 목표가 세워져야 하고 가족의 자원 등에 의해 달성 가능하고 측정 가능한 형태로 구체적인 제시가 되어야 한다. 또한 가족구성원 모두의 합의에 의해 정해진 목표에 대해서는 모두가 참여하여 함께 노력할 수 있어야 한다.

목표설정은 개입단계의 시작으로 여겨지는데 이때 사정을 통해 획득한 정보를 토대로 가족 지원을 위한 구체적인 개입계획을 수립하게 된다. 올슨(Olson)이 제시한 가족체계의 다섯 가지 수준을 통해 가족에 대한 지원의 종류나 유형을 결정할 수 있다. 개인수준의 정신장애증상, 부부체계는 부부갈등, 부모–자녀체계는 부모와 자녀 사이의 문제, 가족수준은 핵가족 및 확대가족 사이의 문제, 지역사회수준은 지역사회요인 등에 변화를 추구하는 협상과 중재적 원조활동으로 결정할 수 있다.

전문가로서 사회복지사는 가족구성원에 대해 그들이 해결할 문제의 초점이 어디에 있는지를 확인하고 이에 대해 구체적인 변화의 방향을 설정하고 가족구성원들의 동의를 얻고 결정하도록 한다. 나아가 가족구성원들이 자신들의 문제에 대해 깊이 있게 탐색하도록 독려하여 더 좋은 방향으로 개선할 수 있는 긍정의 메시지를 스스로 갖도록 지지해 주는 역할이 요구된다.

2. 주요목표

개입단계의 주요목표는 우선적으로 가족구성원 간의 행동변화 유도, 소통방식의 변화, 상호작용의 방법 등에 대한 변화 및 주변 환경의 변화를 가져오도록 하는 것이다. 이때 사용하는 서비스 방식으로는 직접서비스와 간접서비스로 구분할 수 있다.

직접서비스는 가족구성원들의 변화를 이끌어 내는 데 필요한 서비스로 가족이 드러내는 문제가, 예를 들어 부부갈등과 아동학대가 있는 경우 부부간의 의사소통 방식에 대한 접근과 아동 양육에 대한 교육, 관계개선을 위한 상호 역할에 대한 이해교육 등일 경우 직접서비스 형태로 필요하다고 볼 수 있다.

간접서비스는 가족의 외부체계나 환경의 변화를 유도하기 위해 활용하는 서비스로, 예를 들어 치매노인을 부양하는 가족이 있다고 가정할 때 가족구성원들은 지속적인 돌봄의 역할로 인해 부정적 정서에 대해 호소할 수 있고 이에 대해 직접적인 서비스로 부정적 정서를 회복할 수 있는 상담과 가족구성원의 돌봄 역할에 대한 교육, 상호 간 이해 등에 관한 교육 등을 제공할 수 있다. 하지만 직접서비스뿐만 아니라 관련 정보를 제공한다든지, 이용기관을 연결하는 등의 간접서비스도 제공하여 개입할 필요가 있다.

이러한 맥락에서 볼 때 개입단계에서는 정확한 사정을 통해 가족문제를 파악하고 그 확인된 내용에 따라 개입의 내용 및 사회복지사의 역할 그리고 서비스의 초점이 달라진다는 것을 기억해야 한다.

또한 목표를 세우고 실행하는 본격적인 개입의 단계에서는 가족구성원들이 사회복지사에게 저항을 보일 수 있는데 이는 변화에 대한 확신이 없거나 동기가 약할 때 나타날 수 있다. 이러한 상황에서는 가족구성원들을 개별적으로 접촉하여 저항의 원인을 확인하고 근본적인 대안을 찾는 것이 바람직하다. 그리고 때로는 사회복지사에 대한 의존과 기대를 크게 나타내기도 하는데 이때에 사회복지사는 가족구성원들에게 그들의 변화의지와 적극적인 태도, 인내심을 가지고 참여하는 것이 중요한 부분임을 알려줄 필요가 있다.

3. 실천기술(최정숙 외, 2020)

1) 가족교육

사회복지사의 개입 유형 중 교육은 한국의 문화적 특성에 비교적 잘 받아들여지는 방식으로 상담이나 치료보다 가족의 저항이 없는 실천방법이다. 특히 치매가족이나 정신장애인가족을 대상으로 교육의 방식은 활발히 활용되는 편이다. 가족구성원이 앓고 있는 만성질환에 대한 올바른 지식과 적절한 대처방법 등을 교육하여 환자와 가족구성원들이 보다 안정적인 기반을 가지도록 해 줄 수 있을 것이다. 가족교육시간에는 정신장애에 대한 이해, 증상에 대한 설명, 약물복용의 대한 안내, 가족의 역할, 재활프로그램 소개 등을 진행하게 된다.

치매나 정신질환, 당뇨병과 같은 만성질환에 대해서 가족이 겪는 정서적인 어려움에 대해 다루고, 보호나 간병의 방법 등 환자와 함께 생활하면서 갖게 되는 다양한 측면의 문제를 구체적으로 교육하여 보호의 효과성을 높이고 가족의 안정성을 높일 수 있다는 점에서 유용하다고 할 수 있다. 질환에 대한 이해 외에도 구체적인 기술을 전달하는 것도 교육적으로 접근할 수 있다. 대표적인 예로는 의사소통의 기술을 교육하는 것으로 경청, 공감, 메시지 전달 등의 기술을 구분하여 교육할 수 있다.

2) 가족치료

가족치료 기법은 가족구성원이 드러내는 문제행동에 대해 개인의 문제가 아니라 가족 전체의 구조 안에서 발생하는 문제로 보고 가족관계의 변화를 위해 사용하는 방법이다. 가족구성원의 문제 즉 일탈행동이나 외도 등에 대해 개인의 문제로 국한하는 경우가 흔하지만 이러한 문제들은 가족 관계의 문제로 바라보아야 할 것이다. 이러한 사실은 사회복지사가 가족 면담을 통해 드러나는데, 예를 들면 엄마의 잔소리가 자녀를 자극하고 자녀와 엄마의 관계가 틀어져 일탈의 문제로 확장되는 경향이 있을 수 있는 것이다.

가족치료는 가족을 치료의 단위로 두고 가족의 문제에 대해 가족을 중심으로 하기 때문에 우리나라 임상사회복지 실천현장에서 유용한 도구로 활용하고 있다. 이와 같은 가족치료는 각각 다양한 이론을 중심으로 이론의 주요 개념과 기법을 제시하고 있는데 경험적 가족치료, 구조적 가족치료, 해결중심 가족치료, 다세대 가족치료 등이 있다.

3) 가족 자조집단

가족 자조집단은 비슷한 어려움을 겪는 사람들이 모여 서로를 지지하는 모임으로 대표적인 가족 알코올중독자의 자조집단 알아넌(Al-Anon)을 들 수 있다. 만성질환을 대상으로 하는 의료사회복지 분야에서는 자조집단 모델이 만성질환자들의 심리사회적 재활을 위해 활발하게 적용되고 있다. 치매, 당뇨병, 암, 조현병 등 다양한 질환에 대해 환자 당사자뿐만 아니라 가족들이 모여 상호 정보를 교환하고 지지를 제공하는 자조집단이 운영되어 왔고, 만성질환자의 심리사회적 적응을 돕는 효과적인 실천방법으로 인식되어 있다(김진숙, 2005; 최정숙 외, 2020 재인용). 이러한 가족 자조집단 모델은 아동을 양육하는 부모모임, 치매노인 부양가족 모임, 한부모가족 모임 등에 적용성이 높을 것이다.

자조집단은 그 단어에서 표현되는 것과 같이 지지를 위한 집단으로 운영이 되지만 초기 형성단계에서는 사회복지사의 지원이 필요하다. 모임에 동기를 가지는 가족을 발견하고 그중에 리더를 세우고 자조집단 조직화 과정에 관여하며 자문의 역할을 하게 된다. 아울러 자조집단 모임의 장소나 필요 자원의 지원 등 정착하기까지 사회복지사의 초기 지원이 중요하다.

4) 가족사례관리

사례관리는 생태체계적 관점을 토대로 만성적이고 복합적인 문제를 가지고 있는 개인이나 가족을 대상으로 기능의 향상하여 그들이 처한 환경 속에서 자원의 확보능력을 키우고 사회적 기능을 원활하게 하고자 하는 통합적 접근방법이라 할 수 있다(권진숙, 2006). 이러한 사례관리는 일반적으로 개인 대상의 사례로 시작하여 가족에 대한 개입이 필요한 경우 가족사례를 진행할 수 있다. 이와 같은 가족 대상의 사례관리를 가족사례관리로 개념화하고 가족사례관리에 대해 살펴보고자 한다.

예를 들어, 지역사회복지관에서 알코올중독의 문제를 지닌 가족구성원과 생활하는 가족에게 개입하게 되는 경우이다. 이러한 사례에 가족사례관리를 실시할 때 우선 사회복지사는 그 가족의 알코올중독 문제를 가진 가족구성원을 대상으로 알코올중독의 심각성과 가족들과의 관계, 가족의 의사소통방식, 가족의 대처방안 등 다각적인 사정을 하게 된다. 사정을 통해 얻게 된 정보를 통해 가족을 대상으로 상담이나 교육 등을 실시할 수 있다. 또 사회복지사는 알코올중독 당사자와 다른 가족들 간의 욕구가 상이할 때 이것을 조정하는 역할을 수행할 수 있어야 하고 필요한 경우 입원이나 상담을 위한 전문가를 연계하는 일도 요구된다. 이처럼 가족사례관리자는 교육가, 조정가, 자원연결자 등의 다양한 역할수행이 필요하다.

가족대상 사례관리에서는 복합적이고 만성적인 문제를 가진 가족이 필요로 하는 욕구에 대응하는 자원은 한정적이거나 부족한 경우가 많아서 이러한 문제를 해결하기 위해 사회복지사는 외부의 기관들과 연계하여 지속적인 사례관리 개입을 할 수 있어야 한다. 예를 들면, 지역아동센터에 나오는 아동이 인터넷 중독이 있고 공격성이 심한 행동을 보이고 만성 우울증을 가진 자녀를 방임하는 엄마와 함께 생활한다고 가정해 보자. 이 가족에게 필요한 것은 아동의 인터넷 중독에 대한 행동적 치료이고, 모의 우울증과 자녀 방임의 영향이 아동에게 있었을 것을 감안한다면 정서적인 부분의 파악도 면밀히 사정하여 치료적 접근이 요구될 것이다. 또한 모의 우울증에 대한 진단과 치료가 우선적으로 시행되어야 하겠고 나아가 자녀 방임에 관해서 적절한 양육과 부모역할에 대해 알려 줄 수 있는 서비스의 제공 및 적절한 서비스 기관을 연계하여야 한다.

사회복지사는 지역사회 내에 있는 유관기관 및 다양한 서비스 기관들에 대해 최신의 정보를 가지고 있어야 하며 평소 이러한 기관들과의 원활한 네트워크를 통해 필요시 상호 간에 신속한 연계가 이루어지도록 노력해야 한다.

4절 종결

종결단계는 가족복지실천의 마지막 단계로 사회복지사와 가족이 함께 개입단계를 통해 나타난 변화를 지속하기 위해 잘 마무리하는 단계라고 할 수 있다. 종결의 시기는 가족의 욕구가 충족되었을 때, 가족의 문제가 해결되었을 때 가족이 목표달성을 이루었다고 느낄 때 맞이하게 된다. 하지만 예상하지 못한 상황에서 종결의 시기를 맞이하게 되는 경우도 있다.

종결의 시점에서는 지금까지 진행된 변화의 내용을 뒤돌아보고 가족이 이후에도 유사한 어려움이 닥쳤을 때 어떻게 대처할 수 있을지의 내용을 확인하고 가족이 잘 해나갈 수 있음을 지지하며 강점 및 대처기술 등을 확인시켜 줄 필요가 있다.

1. 종결계획

가족복지실천에 있어 종결의 시점은 초기의 계약 단계에서 계획을 하는 것이 이상적인 종결계획이라고 할 수 있다. 하지만 종결의 시점은 예상보다 빨리 목표가 달성되거나 문제나 욕구가 해결되었을 때 다가오기도 한다. 이 시기는 전체 계획된 회기가 끝나기 2~3회기 전에 종결의 시점을 사전에 예고하고 그 시점에서 아직 미진한 문제의 해결에 대해 다른 기관에 의뢰하거나 가족이 갖고 있는 다양한 감정을 다루는 것도 필요하다.

2. 종결단계(박귀영, 2017)

1) 상담과정 돌아보기와 변화 인식하기

가족은 그동안 상담으로 인해 협상된 목표달성 여부를 다시 검토할 수 있다. 가족구성원들로 하여금 변화된 것에 대해 토론하게 함으로써 프로그램을 통한 어떤 변화가 일어났고 무엇이 이런 변화를 나타냈는지에 대해 이해시킨다. 가족구성원의 변화에 대한 만족이나 불만족을 표현할 기회를 부여하고 나아가 변화를 위한 가족의 노력을 지지하고 평가하는 담당사회복지사의 피드백을 제공한다. 종결을 위한 이슈가 제대로 수행되었는지를 판단하는 체크리스트를 가족이 작성하도록 하는 것도 유용한 방법이다.

2) 진전의 공고화

가족이 이룬 성취에 대해 이것을 유지하고 강화하기 위해 이후에 가족구성원 각자가 할 수 있는 역할과 행동에 대해 이야기하면서 진전을 더욱 단단하게 한다. 종결은 모든 것이 끝난 것이 아니라 개입기간 동안 나타난 변화를 통해 새로운 삶을 시작한다는 의미이다. 또한 가족구성원들은 종결을 맞이하면서 서로가 더 발전하고 새롭게 획득한 지식과 기술 및 지지적 사회망을 얻게 된다. 이 시기에 가족구성원들은 미래의 변화와 도전을 예견하고 그 도전을 이루기 위한 계획을 이야기해 보는 것이 중요하다. 이때 가족의 강점과 새로운 상호작용기술을 강화하여 기존의 프로그램에 대한 의존을 줄이도록 격려할 필요가 있다.

3) 평가와 사후지도

종결은 다양한 의미를 갖는 가운데 무엇보다 중요한 것은 지난 회기 동안에 이룬 목표들에 대한 평가와 사후지도를 통한 미래의 계획도 포함되어야 한다. 또한 평가단계에서는 가족이 그들 스스로의 문제에 대응할 수 있는 방법을 생각해보도록 하는 것이 요구된다. 사회복지사는 가족구성원들이 상호간에 피드백을 주고받을 수 있도록 하며 종결 이후의 준비를 계획하도록 안내한다.

가족의 향상과 사회복지사의 성과를 함께 평가함으로써 사회복지사는 프로그램의 수행능력과 책임성을 향상할 수 있는 기회를 갖게 되며, 가족은 다른 사회복지사로의 이전이나 의뢰, 사후지도를 통해 미래를 계획할 수 있게 된다.

Chapter 07

가족치료

학습목표

1. 가족치료의 개념, 가족치료의 발전과 흐름, 주요개념을 이해한다.
2. 보웬의 다세대가족치료 모델의 주요개념, 치료목표를 이해한다.
3. 구조적 가족치료 모델의 주요개념, 치료목표를 이해한다.
4. 경험적 가족치료 사티어 모델의 주요개념, 치료목표, 치료기법을 이해한다.
5. 해결중심 단기가족치료 모델의 주요개념, 치료목표, 치료기법을 이해한다.
6. 이야기치료 모델의 주요개념, 치료목표, 치료기법을 이해한다.
7. 사회변화와 한국가족, 한국의 가족치료의 현황 및 현장의 변화, 가족상담사 자격제도를 이해한다.

개 요

가족치료는 사회발전에 따라 다양한 가족치료 연구자들과 가족치료 모델이 나오게 되었다. 대표적인 가족치료 모델은 보웬의 다세대가족치료 모델, 구조적 가족치료 모델, 경험적 가족치료 사티어 모델, 해결중심 단기가족치료 모델, 이야기치료 모델과 사회변화와 한국가족, 한국의 가족치료의 현황 및 현장의 변화, 가족상담사 자격제도를 파악하고자 한다.

가족치료는 가족체계의 변화에 초점을 맞추고 가족체계가 변화하면 개인의 삶도 이에 따라 변화한다는 관점에 기초하며, 가족치료 주요 개념은 하위체계, 경계선, 가족항상성, 가족규칙, 가족 삼각관계이다.

보웬의 다세대가족치료 모델과 구조적 가족치료모델, 경험적 가족치료모델, 해결중심 가족치료, 이야기치료의 주요목표와 치료기법과 치료목표 등 각각 공통점과 차이점을 갖고 있으며, 각각 모델에 대한 내용들을 이해하고 있어야 한다.

가족을 둘러싼 사회변화와 탈근대주의 가족으로의 이행과 한국의 가족치료의 현황 및 현장의 변화를 살펴보면 가족치료 현장은 다학제적 영향으로 인하여 의료기관, 정신보건기관, 사회복지기관, 정부지원상담기관, 사설상담기관, 대학부설기관, 종교기관, 교육기관, 건강가정지원센터와 다문화가정지원센터 등에서 상담 및 치료, 교육 등에서 다양한 프로그램을 병행하고 있고, 다양한 한국가족상담사 자격제도 등이 여러 가지 기관에서 실시하고 있으며 앞으로 한국가족상담에 대한 변화가 예측된다.

1절 가족복지실천과 가족치료

1. 가족치료의 개념

1950년대부터 등장한 가족치료는 소집단치료, 아동상담과정에 부모를 포함시킨 아동상담운동, 생태학 관점에서 가족에 대한 접근을 시도한 초기 사회복지사들의 헌신적 노력 등으로 주목받기 시작하였다. 가족치료는 가족체계의 변화에 초점을 맞추고 가족체계가 변화하면 개인의 삶도 이에 따라 변화한다는 관점에 기초한다. 또한 가족체계에 대한 개입은 표면적 상호작용뿐 아니라 가족 전체와 구성원 각자의 내적인 경험을 모두 고려한다.

2. 가족치료의 발전과 흐름

1) 1950~1960년대

1950년대는 가족치료의 초기단계로서 주요 치료대상은 정신분열증 환자였으며, 경제적으로 부유한 상류층이 대부분이었다. 당시에는 정신분열증 환자와 같은 형태 또는 행동유형이 모든 가족에게 있다는 관점이 지배적이었다. 정신과 의사인 보웬(Bowen)을 중심으로 한 연구팀은 특히 모-자녀의 공생관계에 초점을 두고 아동의 정서질환을 어머니의 문제의 산물로 보았다. 또한 정신분열증 환자 가족이 주관적 감정과정과 객관적 사고과정을 구별하는 것이 어렵다는 것을 발견하고, 이를 기초로 자아분화, 삼각관계 등의 개념을 발전시켰다.

바트슨(Bateson)은 잭슨(Jackson), 헤일리(Haley), 위크랜드(Weakland) 등과 함께 정신

분열증 환자에 대한 연구에서 이중구속, 가족항상성, 역설에 관한 개념을 발전시켰다. 1950년대 후반으로 가면서 독립적으로 가족치료를 수행하던 연구자들과 치료자들 간의 정보교환이 활발해지고, 조직적 모임이 이루어졌다. 1960년대의 가족치료는 전문적 영역으로 인정을 받기 시작하였고 다양한 연구모임과 조직의 활동이 활발히 이루어졌다. 기존의 가족치료는 변화의 초점을 정신분열증 환자 가족 개인에게 두었으나 개인을 가족의 맥락에서 보는 관점이 확대되면서 역기능적 가족유형이 변화의 초점이 되었다. 대표적 가족치료자는 애커먼(Ackerman)과 미누친(Minuchin)이며, 주로 빈곤가족의 정신건강을 연구하였다. 특히 미누친은 남자 비행청소년에 대한 성공적 개입을 위한 적절한 임상적 기술을 개발하였으며, 빈곤가족, 부가 없는 한부모가족에 대한 연구를 기반으로 구조적 가족치료 접근법을 발달시켰다.

2) 1970년대

1970년대의 가족치료는 체계론적 관점의 영향을 받아 다양한 변화가 일어나게 되었다. 체계론적 관점의 영향을 받은 대표적 가족치료는 MRI(Mental Research Institute)에서 개발한 전략적 가족치료와 밀워키 단기가족치료센터에서 발전시킨 드 쉐저(De Shazer)와 인수버그(Insoo Berg)의 해결중심 가족치료이다. 이들 접근법은 단기적이고, 실용적이며, 문제해결에 초점을 둔다는 공통점을 가진다. 전략적 가족치료는 일상생활에서 정상적으로 어려움을 적절하게 다루지 못해서 문제를 발전한다는 전제하에 현재의 상호작용체계를 변화시킴으로써 문제해결을 시도한다. 해결중심 단기 가족치료는 문제의 원인이나 문제 사정에 중점을 두기보다 해결과 클라이언트의 잠재능력에 초점을 맞춘다. 문제해결을 위해 과거의 성공적이고 효과적으로 실시되었던 경험과 방법을 찾아내서 클라이언트 스스로 해결방안을 찾도록 원조한다.

3) 1980년대~현재

1980년대 이후의 탈근대주의는 객관적 현실은 없고 단지 관점이 존재할 뿐이며, 인간이 자신의 삶에서 현실을 구성하고 의미를 만들어 가는 과정에 있다고 보기 때문에 기존의 가족치료이론에 대해서 이의를 제기하였다. 기능적 가족체계를 설정하고, 진단과 평가를 하는 치료자 중심의 가족치료에 대해서 회의적이었고, 또한 1980년대의 여권주의 다문화주의 등은 정형화된 핵가족 중심의 가족체계와 남자 중심적 가족구조의 가족치료모델에서 벗어나 다양하고 세분화된 가족치료가 필요함을 주지시켰다. 이러한 영향으로 가족치료이론이 행동변화에서 의미변화로 바뀌면서 이야기치료 등이 등장하고, 기존의 해결중심 치료가 미국의 정신건강기관의 예산 삭감과 함께 단기치료로 활발하게 적용되었다(송성자, 2002).

1990년대에는 관심을 불러일으킨 이야기치료는 자아를 사회적 구성체로 인식하고 다른 사람과의 대화가 내적 대화로 내재화되면서 자아가 발전한다고 보았다. 이 모델은 사회구성주의를 활용하여 가부장제, 이성주의 인종차별, 사회계층, 물질주의가 가족구성원의 자아개념에 영향을 미치는 것을 명백하게 밝혔다.

3. 가족치료 주요 개념

1) 하위체계

체계 내에는 여러 개의 하위체계가 있고 이들 각각은 전체 기능에 영향을 미친다. 모든 체계는 다양한 하위체계로 구성되며, 종속적인 체계로서 큰 체계 속에 있는 더 작은 체계를 하위체계라 한다. 가족구성원은 여러 하위체계에 동시에 소속되어 있기 때문에 어떤 하위체계에 소속되느냐에 따라 다른 상호작용을 일으키며 그 상황에 따라 다른 보완적 관계를 맺게 된다.

2) 경계선

가족구성원 상호 간의 정보와 의사소통을 기초로 하여 접촉의 양과 종류에 따라 다른 가족들과 구별되는 경계를 만들어 간다. 경계선은 가족구성원 간에 정보가 어떻게 흘러가는가에 따라 결정되며 하위체계들은 자신의 경계를 유지하면서 가족구성원 각각의 역할과 책임을 수행하면서 상호 교류한다.

3) 가족항상성

모든 체계는 일정한 상태나 바람직한 균형을 유지하고자 한다. 가족항상성은 가족의 안정을 도모하기 위한 가족활동으로 역동적인 관계를 유지시키려는 가족체계의 상호작용을 말한다. 즉, 가족구성원들은 일정한 경계를 유지하며 피드백과 상호 교류를 통하여 관계의 유형을 유지하고자 한다. 이러한 가족항상성은 가족규칙을 활성화하고 지속적인 관계를 유지시킨다.

4) 가족규칙

가족규칙은 규칙에 의하여 지배되는 체계로 가족구성원을 조직화하고 반복적인 요구에 따라 반복적인 상호작용을 한다. 가족구성원들에게 적절한 행동의 범위와 권리 및 의무 등에 관한 묵시적인 동의가 이루어질 때 가족체계의 항상성이 유지된다. 그러나 지나치게 억제하도록 하는 규칙은 분노와 반발심을 일으키는 역기능을 초래하기도 한다.

5) 가족 삼각관계

가족구성원이 정서적 관계를 맺을 경우 불안정한 이자(二者)관계가 두 사람 간의 갈등을 대치하면서 다른 사람을 끌어들여 안정감을 찾고자 하는 것을 삼각관계라 한다. 예를 들어, 부부간에 문제가 있을 때 관계가 악화되는 것이 불안하여 자녀를 끌어들이고 자녀에게 초점을 맞추면서 부부 사이의 긴장을 완화시키는 것이다. 삼각관계는 가족구성원의 원가족 정서체계를 포함하는 가족의 역사를 탐색하여 이해되어야 한다.

2절 가족치료의 방법

1. 보웬의 다세대가족치료 모델

1) 주요개념

보웬(Bowen)은 가족체계를 하나의 사회체계로 보고 한 부분의 변화는 다른 한 부분의 변화를 초래한다는 상호관계성의 체계이론으로 설명한다. 개인과 가족의 문제를 다세대에 걸쳐 해결되지 못한 정서적 문제들이 영향을 미친 결과로 보고 다세대에 걸친 가족체계의 분석을 통해서 현재 가족의 문제를 파악해 나간다. 이러한 세대 간의 상호 관련성에 대한 보웬의 사고는 매우 혁신적인 것으로 지금까지 가족치료에서 중요한 영향을 미치고 있다(김은영 외, 2009). 보웬의 가족치료이론에 포함된 주요개념은 자기분화, 삼각관계, 핵가족 정서체계, 가족투사과정, 정서적 단절, 다세대 전수과정, 형제자매 위치, 사회적 정서과정 등으로 구성되어 있다. 이 개념들은 서로 간에 모두 영향을 준다.

(1) 자기분화

자기분화(differentiation of self)는 보웬 이론의 핵심개념이다. 보웬은 가족을 감정적으로 얽혀 있는 감정의 덩어리로 보았으며 한 개인의 분화는 그 부모가 원가족으로부터 정서적으로 얼마나 분리, 독립했는가에 따라 영향을 받는다. 개인 내적인 측면에서의 자기분화란 사고와 감정을 얼마나 분리할 수 있는가를 의미하며, 대인관계적 측면에서의 자기분화는 자신과 타인을 분리시켜 기능할 수 있는 능력을 의미한다. 분화된 사람은 거짓된 자아를 발달시키지 않고 자율적이며 독립적인 행동을 한다. 또한 사세럭이 있고 객관적이며 감정반사행동을 적게 한다.

(2) 삼각관계

삼각관계(triangulation)는 세 사람 사이의 관계가 역동적 균형을 가지고 있음을 의미하는 것으로 두 사람이 자신들의 정서적 문제에 또 다른 한 사람을 끌어들이는 형태를 기술하는 개념이다. 두 사람이 갈등이 생길 때 제3자가 들어오면 서로 화해를 시키거나 또는 두 사람의 갈등을 대신 짊어짐으로써 갈등이 줄어들게 된다. 즉, 두 사람 간에 긴장이 발생하면 제3자와의 관계를 맺음으로써 불안을 줄이고 안정을 찾고자 하는 것이다. 예를 들어, 부부 갈등상황에 자녀 중 한 명을 부부의 불안한 정서관계에 끌어들임으로써 긴장을 완화하는 경우이다.

(3) 핵가족 정서체계

핵가족 정서체계(nuclear family emotional system)는 한 세대의 가족 내에서 그들만이 공유하고 있는 공통적인 정서가 강하게 결속되어 가족 간의 분화가 잘 이루어지지 않은 정서적인 힘을 말한다. 핵가족 내에서 한 가족원이 다른 가족원들에 비해 신체적이거나 정서적, 사회적으로 역기능 증상을 나타낸다는 것은 각각의 핵가족 전체 구성원들의 분화되지 않은 기능들을 이 가족원이 모두 흡수한다는 것을 의미한다(김유숙, 2014). 가족들의 분화 수준이 높으면 가족구성원들은 그만큼 자신이 가지고 있는 불편하고 힘든 감정을 처리할 수 있게 된다. 이들은 불안이 높은 상황에서도 목표지향적 활동을 할 수 있기 때문에 다른 사람들과 감정적으로 밀착되거나 융합되지 않는다.

(4) 가족투사과정

가족투사과정(family projection process)은 부모의 미분화를 한 자녀 또는 여러 자녀에게 투사시키는 과정으로 부모가 자신의 미분화를 자녀에게 전달함으로써 세대를 걸쳐서 미분화가 진행된다. 부모의 분화 수준이 낮을수록 부모가 가진 불안이 높고 불안의 일부를 자녀에게 투사할 확률이 크기 때문에 부모의 투사를 받는 자녀는 부모의 투사를 받는 자녀의 부모와 밀착된 공생관계를 갖게 된다. 보웬에 의하면 투사는 어느 가정에서나 일어나는 것이며 분화 수준이 낮은 가정일수록 투사 경향이 심하다.

(5) 다세대 전수과정

다세대 전수과정(multigenerational transmission process)은 한 세대로부터 다음 세대로 계승된 정서, 감정, 주관적 태도, 가치와 신념을 포함한 가족투사가 여러 세대에 걸쳐 계속되는 것이다. 이처럼 다세대 전수과정은 개인의 자기분화 수준이 세대로 전달되는 것을 나타내는데 가족투사를 일으키는 과정이 여러 세대에 걸쳐 계속되면서 그 가족은 전반적으로 낮은 분화 수준을 갖게 된다. 즉, 다세대 전수과정은 핵가족 안에서 개인뿐 아니라, 여러 세대에 걸친 핵가족을 포함하는 정서적 장애를 의미한다.

(6) 형제순위

형제순위(sibling position)에 대한 개념은 보웬이 토만의 형제순위에 관한 연구를 가족체계이론으로 통합한 것이다. 개인의 성격은 그가 성장한 원가족 내에서의 출생순위에 따른 상대적 지위에 의해 결정된다는 것이다. 자녀들이 가지고 있는 출생순위는 부모들의 기대 수준과 관련이 있다. 기대 수준이 높은 자녀 위치를 가지고 있는 장남과 장녀는 분화 수준이 떨어질 가능성이 있다. 반면, 부모의 기대 수준이 낮은 자녀 위치는 부모와 삼각관계에 잘 놓이지 않게 된다.

(7) 정서적 단절

정서적 단절(emotional cut-off)은 세대 간에 이루어지는 정서적 과정에 관한 개념으로 원가족으로부터 미분화된 가족원이 원가족과의 접촉에서 생기는 불안을 줄이기 위해 원가족과의 정서적 접촉을 회피하는 것이다. 부모로부터의 격리, 위축, 부모에 대한 부정, 거부, 멀리 떠남 등의 모습으로 나타나며 세대 간의 정서적 융합이 심할수록 정서적 단절의 가능성이 높다.

(8) 사회적 정서과정

사회적 정서과정(social emotional process)은 환경이 가족에게 영향을 미치는 것처럼, 사회 내의 정서적 과정은 가족 내의 정서적 과정에 영향을 미친다는 개념이다. 가족의 정서과정에 영향을 미치는 배경으로 개인에게 거짓연대감을 갖게 한다. 즉, 사회도 불안이 증가하면 불안, 비행, 폭력, 불신 등의 역기능이 심화되어 가족 내의 기능적 분화 수준을 점진적으로 저하시키게 된다.

2) 치료목표

보웬은 문제행동이 심리적 불안의 산물이며 문제행동의 감소와 제거를 위해서는 심리적 불안을 줄여야 한다고 보았다. 원가족과 정서적으로 매우 밀접하게 얽혀 있는 사람은 원가족과 분화가 잘된 사람보다 훨씬 불안이 심하다는 것이다. 따라서 보웬 가족치료의 목표는 불안을 감소시키고 자기분화 수준을 높이는 것이며 다세대 간에 걸친 삼각관계를 이루고 있는 사람을 가족 삼각관계에서 벗어나게 하는 것이다.

3) 치료적 개입

(1) 가계도

보웬은 가계도(genogram)를 작성하여 최소한 3세대에 걸친 가족의 역사와 문제들을 세대 간의 맥락에서 현재 문제를 이해할 수 있도록 가족 정보를 도식화 하였다. 원가족과의 융합이나 미분화, 삼각관계, 핵가족 정서체계, 정서적 단절 등을 발견해 낼 수 있고 여러 세대에 걸친 정서과정의 역동을 살펴보는 데 유용하다(한인영 외, 2016).

(2) 탈삼각화와 치료적 삼각관계

보웬은 가족 안에서 작용하는 불안과 감정적 융합을 낮추어 자아분화 수준을 높여야 한다고 보고 이를 위한 가족의 체계가 변화하려면 폐쇄된 체계에서 벗어나 개인의 자율성과 책임성이 원활하게 이루어지도록 해야 한다고 보았다. 두 사람의 정서과정에서 적절한 정서적 거리를 유지하면서 객관적이고 중립적인 태도를 유지하는 것이 가족원이 효과적으로 문제해결을 위한 평정을 찾고 관계를 개선할 수 있다. 치료자는 때로는 치료적 삼각관계를 형성하여 탈삼각화를 돕기도 한다.

(3) 과정질문

과정질문(process question)은 지적 체계를 촉진하는 질문으로 가족들의 사고에 초점을 두는 방법이며 가족들이 문제를 어떻게 지각하고 있는 문제를 어떻게 끌어가고 있는지 정보를 얻기 위해 사용한다. 과정질문은 가족원의 감정을 편안하게 하고, 정서적으로 불안을 낮추어 안정감을 갖도록 한다.

(4) '나의 입장' 기법

나의 입장(I-position)은 상대방의 행동을 비난하거나 지적하지 않고 자신의 생각과 감정 상태를 표현하는 것이다. 즉, 다른 사람이 무엇을 '하는가' 대신에 자신이 무엇을

'느끼는가'를 말함으로써 자기 입장을 취하는 것으로서 정서적 반응의 악순환을 깨는 가장 직접적인 방법이다. 충동적인 정서적 반응의 대화를 방지하고 해결방법을 찾을 수 있는 생각을 시작할 수 있으며 가족원뿐 아니라 치료자 자신도 나의 입장을 취하는 자세를 가져야 한다.

2. 구조적 가족치료 모델

1) 주요개념

구조적 가족치료는 1970년대 실천현장을 주도하였다. 미누친(Minuchin)에 의하면 가족구조는 끊임없이 변화하고 있는 개방적 사회문화체계로서 이 구조는 개인이 어떻게 상호관계를 맺고 어떻게 행동하는가를 통제하고 관할한다. 구조적 가족치료의 주요 개념은 가족구조, 하위체계, 경계선, 위계구조 등으로 구성되어 있다.

(1) 가족구조

가족구조(family structure)는 구조적 가족치료의 핵심개념이며 가족구성원이 상호작용하는 방식을 조직화하는 하나의 보이지 않은 기능적 요구(functional demands)이다 (Minuchin, 1988). 즉 가족 간의 상호작용 방식과 연속성, 반복, 예측되는 가족행동 등을 조직한다는 것을 의미한다. 그러나 가족구조는 추상적 개념이므로 가족 간의 인간관계 규칙을 파악해야 하는데 이론적 체계와 가족의 행동에서 비롯되는 실제적인 상호작용을 관찰함으로써 유추할 수 있다. 유형화된 가족구조는 변화에 저항하는 속성을 지니며 기존의 유형을 유지하려는 항상성의 속성을 지닌다.

(2) 하위체계

가족은 다양한 기능을 수행하는 하위체계(subsystem)로 분화된다. 각 개인은 가족의 다양한 하위체계에 속하는데, 각 하위체계에서 각기 다른 권력과 역할을 가지며 고유의 기능을 수행하게 된다. 모든 가족구성원은 여러 개의 하위체계 안에서 많은 역할을 한다.

① 부부 하위체계

부부 하위체계(spouse subsystem)는 성이 다른 두 성인이 가족을 형성하기 위해 결합할 때 형성되며, 부부들에게만 적용되는 규칙들과 기능들을 갖는다. 가족에서 가장 중요한 부부 하위체계는 성이 다른 두 성인이 만나 서로의 성장과 발달에 필요한 정서적 환경을 제공하고 서로의 욕구에 부응하여 상호작용적 만족을 제공할 수 있어야 한다. 부부 하위체계의 주요 과제는 애정과 성적 기능, 친밀감 기능, 의사소통 기능이다. 부부체계의 기능이 잘 수행되려면 부부체계가 부부의 원가족과 독립하여 자율적으로 기능하여야 하며, 동시에 자녀들의 간섭이나 방해에서도 부부체계만의 영역을 확보할 수 있도록 보호되어야 한다. 부부 하위체계는 그들의 부모나 자녀, 외부로부터 분리되는 경계선을 가지고 있어야 한다. 분명한 경계선은 부부 하위체계를 유지해 줄 뿐만 아니라 가족구조 내의 위계질서를 잡아 주어 부모로서의 권위가 존중받을 수 있게 한다(정은, 2012).

② 부모 하위체계

부모 하위체계(parental subsystem)는 세대가 다른 사람으로 구성되는 것으로, 자녀가 생기면 가족 내에 부모-자녀 하위체계가 형성된다. 부모 하위체계는 부부 하위체계의 특징인 상호 지지를 잃지 않으면서, 자녀를 사회화시키는 과업을 수행하도록 분화되어야 한다. 효과적으로 가족이 기능하기 위해서는 부모와 자녀가 분화된 권위를 사용하는 것이 필요하다. 부모 하위체계의 주요 과제는 자녀양육, 지도, 통제이며 자녀의 연령에 따라 부모의 역할과 기능은 달라진다.

③ 형제자매 하위체계

형제자매 하위체계(sibling subsystem)는 가족의 자녀들로 구성되며 자녀들 간의 협동, 경쟁심, 협상, 지지를 배우고 동료관계를 배우는 체계이다. 형제자매 하위체계가 원만하게 기능하기 위해서는 부모의 적절한 개입이 중요하며, 자녀가 부모에게 대항하여 자신들만의 영역을 개발할 수 있어야 한다. 미누친은 외동자녀의 경우 형제자매 하위체계의 경험이 없어서 일찍부터 어른들의 세계에 적응하는 방법만을 배우게 되어 조숙한 발달이 이루어지나 타인과 협력하고 경쟁하는 능력의 발달에 어려움이 있다고 지닥한다(김은영 외, 2009).

(3) 경계선

경계선(boundary)이란 가족의 상호작용 과정에 가족원 중의 누군가가 어떤 방법으로 참가할 수 있는가에 대한 규약이다. 경계선은 가족과 가족 내 하위체계의 자율성과 구별성을 보호하는 역할을 한다(Nichols, 1984). 경계선을 통하여 구성원 간 혹은 구성원과 외부체제와의 정보, 에너지, 자원의 교류 정도와 질을 파악할 수 있다. 경계선은 체계의 분화를 지키는 기능을 하며 하위체계 간의 경계선이 명확할 때 가족의 기능은 원활하게 수행될 수 있다. 가족경계는 다음과 같이 분류할 수 있다.

① 명료한 경계선

명료한 경계선의 가족은 안정을 유지하며 융통성이 있다. 가족구성원들은 서로 지지적이며, 상호 간에 자율성을 존중하는 정상적인 가족이라 할 수 있다. 이들은 서로의 삶에 관여하지만 독립적이고 의사소통이 원활하며, 변화에 잘 적응하며 대처한다.

② 애매한 경계선

애매한 경계선의 가족은 가족체계의 상호작용에 참여하는 규칙이나 한계가 모호하며, 필요 이상으로 구성원의 문제에 관여함으로써 체계 간의 구분이 어려워진다. 이를

'밀착된 가족'이라고 부른다. 이들은 서로 지원하고 염려해 주지만 문제를 자율적으로 탐색하거나 해결할 능력은 부족하다.

③ 경직된 경계선

경직된 경계의 가족은 애매한 경계의 가족과는 대조적으로 경계가 지나치게 굳어져서 가족구성원 간의 상호 교류가 어렵고, 가족의 보호 기능이 손상된다. 이러한 가족 형태는 상호작용이 지나치게 제한적이고 외부체계들과의 접촉이 허용되지 않아 가족이 뿔뿔이 흩어져 버리는 '유리된 가족'이라고 부른다. 가족이 극도로 자율적이고, 독립적이며, 충성심과 소속감이 결여되어 있고 의사소통이 원활하지 못하다.

(4) 위계구조

위계구조(hierarchy)는 하위체계 간의 규칙이며 우선순위를 말한다. 가족의 위계구조는 하위체계의 기능에 의해 발생되는 가족 내의 권력 및 책임과 관련이 있다. 효율적인 위계구조를 갖고 가족구성원이 각자 적합한 위치에 있을 때 가족은 적절한 기능을 보여 주게 된다(한인영 외, 2016). 그러나 위계구조에 문제가 생기면 가족구성원 사이에 역기능적 현상인 제휴가 나타나게 되는데, 제휴에는 연합과 동맹이 있다(Nichols, 1984). 연합은 두 사람이 제3의 구성원에 대항하기 위해서 협력하는 것을 말하고, 동맹은 두 사람이 공동의 이익이나 목적 때문에 제휴하여 제3자와 대항하는 것을 말하는데, 반드시 제3자와 적대적인 것은 아니다.

2) 치료목표

구조적 가족치료는 가족구조의 중요성을 강조한다. 따라서 치료목표는 역기능적인 가족구조를 재구조화하여 가족문제를 해결할 수 있도록 하는 것이다. 즉, 밀착된 가족은 하위체계의 경계선을 강화하여 개인의 분화를 돕고, 유리된 가족은 경계선을 융통성 있게 하여 가족 간의 상호작용을 촉진시키도록 돕는 것이다.

3) 치료적 개입

(1) 합류와 적응하기

가족치료사가 가족구성원들과 관계를 맺고 라포를 형성하여 가족에 합류하고 가족체계에 순응하는 것을 말한다. 합류와 적응을 위해 유지, 추적, 모방 기법을 사용한다. 유지는 의도적으로 가족구조를 지지해 주는 적응기법이다. 추적은 가족치료사가 가족의 의사소통과 행동을 따르고 그것이 지속되도록 격려하는 기법이다. 모방은 가족치료사가 가족이 사용하는 언어 및 비언어적 행동을 그대로 따라하는 방법이다.

(2) 상호작용 다루기

가족구성원 간의 관계 형태는 상호작용을 통해서 드러난다. 구조적 가족치료에서는 실연화 기법을 활용하여 가족에게 실제 문제가 되는 상황을 직접 연기하도록 요구하고 치료사는 가족의 연기를 관찰하고 수정한다. 실연화는 세 가지 상호작용을 통해서 일어나며 세 가지 상호작용은 서로 연속된 행동의 과정 속에 있다. 첫째, 가족치료사는 가족의 지발적 상호작용을 관찰함으로써 가족들의 상호작용 중에 역기능의 상호작용 영역을 결정한다. 둘째, 가족들의 역기능 상호작용을 어디에 초점을 맞추어 실연시킬 것인가를 결정한다. 셋째, 상호작용을 대체할 수 있는 대안을 제시한다(정은, 2012).

(3) 진단하기

가족은 대개 한 구성원에게 문제가 있다고 이해하지만 가족치료사는 가족구성원의 문제를 가족의 역기능적 상호작용의 결과로 이해하고 가족 전체가 변화함으로써 가족구성원 모두에게 도움이 되도록 가족문제를 진단한다.

(4) 상호작용을 강조하고 수정하기

가족의 역기능적 상호작용을 강조하고 수정하기 위해서는 현재의 균형 상태를 깨트리기 위한 자극적 방법이 필요하다. 이를 위해 구조적 치료사는 강도(intensity) 방식을 적용하는데, 강도를 이루기 위해 정서, 반복, 지속 등을 선택적으로 사용한다. 예를 들어, 떼쓰기가 심한 아동에게 부모가 지속적으로 아동이 떼쓰기를 포기할 때까지 기다림으로써 떼쓰기 행동을 수정하는 것이다.

(5) 경계선 설정하기

가족이 건전하게 기능하기 위해서는 전체 체계의 통합과 각 부분의 기능적인 자율성이 보장되어야 한다. 가족의 경계가 지나치게 경직되거나 산만할 때 치료사는 가족이나 가족 내 하위체계의 경계를 재조정하기 위해 개입한다. 즉, 밀착된 가족은 하위체계간의 경계를 강화시키고 각 구성원의 독립성을 키워 주며, 유리된 가족은 경계선의 경직성을 완화시키기 위한 환경을 조성하여 가족의 상호 지지적인 기능을 증가시킨다.

(6) 균형 무너뜨리기

가족이 역기능적인 상태에서 변화하지 않고 가족 관계를 지속하고 있을 때 치료사는 고착된 체계의 균형을 무너뜨려서 가족구성원들 간의 관계를 변화시켜야 한다. 갈등관계에 있는 가족들이 평형 상태를 이루어서 가족들이 종종 궁지에 몰린 채로 고착화된 경우 치료사는 균형을 무너뜨리기 위해 가족과 합류하여 한 개인이나 하나의 하위체계를 지지한다. 이는 고착된 체계의 균형을 무너뜨려서 체계를 재조정하기 위한 것이다.

(7) 가족신념에 도전하기

가족들이 공유하고 있는 구성된 사실들에는 한 가족이 가지고 있는 이해나 편견들이 있다. 구조적 가족치료에서는 가족의 상호작용을 변화시키기 위해 가족구성원들의 현실에 대한 인식을 바꾸는 방법이 사용되기도 한다.

3. 경험적 가족치료 모델

1) 주요개념

경험적 가족치료는 지금-여기에서의 경험을 중시하는 인본주의 심리학에서 시작되었으며 가족 고유의 갈등과 행동양식에 맞는 경험을 가족에게 제공하고자 한다. 경험적 가족치료사는 가족의 결속과 바람직한 의사소통을 강조함으로써 가족구성원이 각자 자신의 감정과 욕구에 민감하고 그것을 가족과 공유하며, 다양한 감정을 대화로 소통하고 수용할 수 있도록 돕는 데 초점을 둔다.

(1) 사티어 모델의 치료적 신념

사티어(Satir)는 인간을 하나의 통합적인 존재로 보고 가족의 변화에 앞서 개인의 변화가 우선되어야 한다고 주장하면서 개인 내면의 변화를 강조하였다. 그녀는 50여 년간 수많은 사례를 통해 인간이 내적 자원을 가지고 있으며 스스로 선택하고 변화할 수 있다는 확신을 갖게 되었고, 이러한 신념을 가족치료에 반영하였다. 즉, 인간은 성취하기 위하여 적절하게 적응할 수 있으며, 기본적으로 선하다는 철학적 신념하에 수많은 내담자를 관찰하고, 치료를 위한 가설을 검증하고, 접근법을 개발하면서 가족치료모델을 발전시켰다(정은, 2012).

사티어 모델의 치료적 신념과 원칙은 다음과 같다(한국버지니아사티어연구회 역, 2004). 첫째, 변화는 가능하다. 비록 외부 환경의 변화가 제한되어도 내적 변화는 가능하다. 둘째, 우리는 모두 성공적으로 대처하고 성장하는 데 필요한 내적 자원을 지니고 있다. 셋째, 우리는 스트레스 상황에 반사적으로 반응하는 대신 적절하게 선택하여 대처할 수 있다. 넷째, 치료는 병적인 것보다 건강함과 가능성에 초점을 맞추어야 한다. 다섯째, 희망은 변화의 매우 중요한 구성요소이다. 여섯째, 인간은 유사점을 바탕으로 관계를 형성하고 차이점을 바탕으로 성장한다. 일곱째, 치료의 주요 목표는 스스로 선택할 수 있게 하는 것이다. 여덟째, 문제 그 자체가 문제가 아니라 대처하는 방법이 문제이다. 아홉째, 우리는 과거를 변화시킬 수 없다. 단지 그것들이 우리에게 끼치는 영향만을 변화시킬 수 있다. 열째, 과거를 감사히 여기고 받아들일 때 현재를 다룰 수 있는 능력이 생긴다.

① 자존감

자존감은 자신의 가치에 대한 판단, 믿음, 느낌을 말한다. 자신과의 긍정적인 관계를 맺어 자신을 인정하고, 수용하고, 사랑할 수 있을 때 자존감은 향상되는데 이러한 자존감 형성은 어린 시기에 부모와의 관계가 중요하다. 사티어의 성장모델에서는 개인의 낮은 자존감을 회복시켜 자신의 가치를 인정하고, 자신의 장점과 자원을 발견하며 이를 활용하도록 함으로써 문제 상황에 잘 대처할 수 있게 한다(김은영 외, 2009).

② 성숙

사티어가 말하는 성숙은 개인이 자기 자신을 책임지는 것을 말한다. 즉, 성인으로 도달되어 있는 상태로서 자신과 타인의 맥락을 정확히 지각하고 선택과 결정을 할 수 있다. 그리고 그 선택과 결정에 따른 결과를 책임지는 사람이다. 이러한 성숙은 자아존중감이 획득되어야 가능하다.

③ 가족규칙

가족규칙은 일종의 명령으로서 인간이 원가족 삼인군의 경험에서 획득되어 내재화된 것이다. 가족규칙은 매우 강한 힘을 갖고 있기 때문에 인간의 성장과 학습에 커다란 영향을 미친다. 가족규칙은 가족들이 지킬 수 있을 정도로 인간적이어야 하며, 변화하는 상황에 맞게 변동 가능한 융통성을 지녀야 한다. 또한 가족규칙과 관련된 정보는 모든 가족구성원에게 공유되어야 하며, 경험과 감정은 표현되어야 한다.

④ 의사소통과 대처 유형

사티어는 정보를 주고받는 과정으로서 의사소통을 중요시하였고, 언어적 · 비언어적 의사소통 과정, 메시지의 일치성과 불일치성에 관심을 두었다. 사람들은 일반적으로 스트레스가 있는 상황에서 스트레스를 역기능적으로 처리하는 방법과 대인관계에서 거절당할 가능성을 느낄 때 자신을 역기능적으로 보호하는 방법을 사용한다. 사티어는 역기능적인 의사소통 유형을 회유형, 비난형, 초이성형, 산만형으로 분류하고 개념을 발전시켰으며, 기능적 의사소통 유형을 일치형이라고 하였다. 그러나 역기능적 대처방식에도 각각의 긍정적 자원이 있으며, 이러한 자원을 활용함으로써 일치성을 가질 수 있다고 보았다(김영애, 2014). 이들 의사소통과 대처 유형을 살펴보면 다음과 같다.

㉠ 회유형

회유형은 자신의 내적 감정이나 생각을 무시하고 타인의 비위에 맞추려는 성향이다. 애원하는 행동을 보이지만 내면은 상처받고 억눌린 분노가 있다. 이들의 자원은 남에 대한 배려이며 이들에게 필요한 것은 자기를 돌보고 표현하는 것이다.

㉡ 비난형

비난형은 타인을 무시하는 성향으로 공격적인 행동을 보인다. 내면으로는 자신이 소외되어 있으며 외로운 실패자라고 느낀다. 이들의 자원은 자기 주장을 할 수 있는 힘이며, 이들에게 필요한 것은 타인에 대한 배려이다.

㉢ 초이성형

초이성형은 자신과 타인을 무시하고 상황만을 중시한다. 규칙과 옳은 것만을 절대시하는 극단적인 객관성을 보인다. 내면으로는 쉽게 상처받고 소외감을 느낀다. 이들의 자원은 상황에 대한 객관적 인식과 문제해결 능력이며 이들에게 필요한 것은 자신과 타인의 감정을 자각하고 수용하려는 노력이다.

㉣ 산만형

산만형은 자신, 타인, 상황 모두를 무시하고 마치 위협이 존재하지 않는 것 같이 행동하여 주위를 혼란시킨다. 내면으로는 아무도 자신을 받아들이지 않는다고 생각하여 커다란 고독감과 무가치감을 느낀다. 이들의 자원은 분위기를 즐겁게 만드는 유머감각, 기발한 착상 등이며 이들에게 필요한 것은 그 상황에 버티고 있고자 하는 노력이다(김영애, 2014).

ⓜ 일치형

일치형은 자신, 타인, 상황을 모두 고려하는 이상적인 유형이다. 의사소통의 내용과 내면의 감정이 일치하므로 생동적이고 창조적이다. 자존감이 높고 심리적으로나 신체적으로 건강하며 충만한 삶을 산다.

2) 치료목표

경험적 가족치료는 가족문제가 정서적 억압에 있다는 전제하에 발달하였다. 정서적으로 건강하게 되는 방법은 과거의 경험을 통해 우리 내면의 깊은 곳에 잠재되어 있는 충족되지 못한 욕구와 기대를 드러내 놓는 것이다. 따라서 치료사의 역할은 치료과정을 통하여 이와 같은 잠재력을 쉽게 표현할 수 있도록 도와주는 것이다(이원숙, 2016). 즉, 경험적 가족치료는 가족구성원 개인의 자기표현을 격려함으로써 가족을 강화시키고자 한다. 구체적으로 사티어 가족치료의 목표는 다음과 같다. 첫째, 자아존중감이 증진되도록 돕는다. 둘째, 좀 더 나은 선택을 할 수 있도록 돕는다. 셋째, 책임을 지는 사람이 되도록 돕는다. 넷째, 일치적인 존재가 되도록 돕는다.

3) 치료기법

(1) 가족조각

가족조각은 어느 시점을 선택하여 그 시점에서의 인간관계, 타인에 대한 느낌과 감정을 공간을 사용하여 표현하는 비언어적 기법을 말한다. 가족구조 내에서 가족이 가지고 있는 위치를 배열하는 것이다. 가족구성원은 물리적 위치나 몸짓을 통해서 서로의 친밀도나 의사소통과 같은 관계를 나타낸다. 특정한 시기의 어려웠던 사건을 선정하고 정서적 가족관계를 언어를 사용하지 않고 신체적으로 상징화하기 위하여 사람이나 대상물들을 배열하는 것이다.

(2) 가족재구성

가족재구성은 원가족의 부모와 관련된 왜곡된 신념을 바로잡게 해 준다. 어렸을 때 잘못 지각한 정보의 수정 및 왜곡된 세상에 대한 관점을 바로잡도록 도와준다. 사람들의 행동보다는 기저의 의도를 보게 하여 자신의 삶을 살아가는 데 집중할 수 있도록 도와준다.

(3) 원가족 삼인군 치료

원가족 삼인군이란 부모와 한 명의 자녀로 구성된 집단을 말한다. 원가족 삼인군 치료의 목적은 역기능적인 원가족 삼인군 가족(어머니, 아버지, 아동) 관계에서 전달되어 온 쟁점들을 현재 상황에서 이해하는 것이며, 이 쟁점들을 현재의 삶에서 긍정적인 것으로 변화시키는 것이다. 자녀에게 문제가 있는 경우 부모와 삼인군 관계를 고려하여 자녀보다는 부모의 심리 내적 역동과 삼인군 맥락에서 문제를 이해할 것을 강조한다.

4. 해결중심 단기가족치료 모델

1) 주요개념

해결중심 가족치료는 문제가 해결된 상황에 초점을 두고 해결책을 구축하는 접근법으로 이론에 기초한 것이 아니라 실용적인 방법으로 만들어졌다. 해결중심치료에서는 치료를 받으러 오는 사람은 이미 효과적으로 행동할 수 있는 능력을 갖춘 사람이며 단지 부정적 마음자세가 그들의 행동을 방해하고 있을 뿐이라고 가정한다. 문제 원인을 규명하는 것보다 가족이 가진 자원을 활용하면서 해결방법에 중점을 두는 해결중심 가료치료의 기본철학은 문제해결을 위해 치료사가 해결책을 제시하기보다 내담자를 중심으로 상담을 이끌어 나가야 한다는 것이다.

(1) 건강한 측면을 탐색

해결중심 가족치료사는 인간에 대한 긍정적인 철학을 가지고 있다. 내담자가 자신의 문제를 다루는 데 있어서 성공했던 경험과 내담자의 강점과 자원, 능력에 일차적인 초점을 둔다.

(2) 활용

내담자의 강점, 자원, 능력, 성공적인 경험을 끌어내고, 확인하며, 지지함으로써 제시된 문제해결에 활용한다. 내담자가 이미 가지고 있는 자원, 지식, 믿음, 행동, 사회적 관계, 환경, 개인적인 특성과 증상까지도 활용하여 내담자가 원하는 결과를 이루도록 한다.

(3) 탈이론적 성향

내담자가 경험하는 문제에 대해 특정한 이론적 틀에서 해석하거나 설명하지 않으며 어떠한 가정도 하지 않는다. 내담자가 호소하는 문제에 대해 표현하는 그대로 수용하며 내담자의 특성에 기초하여 개별화된 해결책을 발견하고자 한다.

(4) 작은 변화의 필요성

내담자가 달성할 수 있는 작은 목표를 설정하는 것이 중요하며 치료적 개입은 가장 단순한 것에서 시작한다. 해결중심모델은 치료목적을 달성하기 위해 사용되는 치료방법의 경제성을 추구하며, 이러한 경제성은 단순한 것에서부터 복잡한 것으로 치료를 함으로써 성취된다.

(5) 변화의 불가피성

인간의 삶 속에서 변화는 끊임없이 일어나고 있는 연속적인 과정이며 치료는 변화를 확인하고 그 변화를 해결책으로 활용하는 것이 필요하다. 문제가 발생하지 않는 예외적 상황을 탐색하고 발견함으로써 그것이 작은 것일지라도 예외는 작은 변화를 만드는 데 활용될 수 있다.

(6) 현재와 미래 지향성

내담자로 하여금 현재와 미래의 상황에 적응하도록 돕는 데 일차적인 관심을 갖고 내담자가 미래의 모습을 시각화, 구체화하고 해결책을 찾을 수 있도록 하는 데 초점을 둔다.

(7) 협력적 관계

해결중심 가족치료사는 가족과 치료사가 함께 해결방안을 발견하고 구축하는 과정을 중시한다. 진정한 협력저 치료관계는 내담자가 치료사에게 협력할 때뿐 아니라 치료사도 내담자에게 협력할 때 이루어진다고 믿기 때문에 내담자가 치료에 협력할 수 있도록 치료사도 의식적인 노력을 기울인다.

(8) 중심철학

첫째, 내담자가 문제 삼지 않는 것은 건드리지 않는다. 둘째, 일단 무엇이 효과가 있는지 안다면 그것을 더 많이 한다. 셋째, 그것이 효과가 없다면 그것 대신 다른 것을 한다.

2) 치료목표

해결중심치료사는 내담자에 대해 어떠한 판단도 하지 않으며, 그들의 소망이나, 욕구 그리고 행동의 이면에 있는 의미에 대해 어떤 해석도 하지 않는다. 치료사의 역할을 선택에 제한을 가하는 것이 아니라 이를 확대하기 위해 애쓰는 것이라고 본다(Berg & Dolan, 2001). 치료사는 내담자가 아직 잘 사용하지 못하는 능력을 찾아 주어야 하며, 나아가 그들의 문제를 다루는 데 있어 보다 나은 기술을 찾아내고 활용할 수 있도록 도와야 한다. 따라서 분명한 표현을 통해 치료의 목표를 분명하게 설정하는 것이 필수적이다.

3) 치료적 개입

(1) 치료적관계 유형

① 방문형

방문형 관계는 내담자가 치료에 비자발적으로 참여한다고 생각하고 치료목표, 과업, 해결책이 자신이 원하는 것과는 다른 것들이라고 생각할 때 형성된다. 내담자는 다른 사람에게 문제가 있다고 생각하여 자신이 치료사와 함께 다뤄야 하는 문제가 있다고 생각하지 않는다. 치료사는 이들을 보낸 사람과의 관계와 방문목적을 인식하도록 하고, 자신의 문제에 대한 인식을 자각하여 문제해결을 위한 치료에 협조하도록 하는 것이 중요하다.

② 불평형

불평형 관계는 다른 사람을 위한 목표를 가지고 있을 때 발생하며, 불평이나 치료목표를 상세하게 말한다. 불평이나 문제를 함께 확인하지만 그 문제해결을 위한 실마리를 자신이 쥐고 있다고는 생각하지 않고 치료사가 문제를 일으킨다고 생각되는 사람을 변화시켜 주기를 원한다. 치료사는 내담자를 이해하고 그동안의 노력에 지지를 보내며 문제와 해결에 대한 내담자의 지각을 바꾸도록 하여 내담자가 변화에 대한 방향성을 찾도록 한다.

③ 고객형

고객형 관계는 문제를 해결하기 위해서 어떤 것이든 시도하려는 동기가 있으며 내담자는 자신과 관련된 치료목표를 표현하고 행동을 변화시킬 준비가 되어 이들은 상담선에 어떤 변화나 의도적 예외가 있으므로 치료사는 그 예외를 지지하고 강화해야 한다. 고객형 내담자는 매우 긍정적인 협력적인 치료관계로 발전시킬 수 있지만 상대적으로 적은 편이다.

(2) 해결지향적 질문기법

① 면담 전 변화에 관한 질문

해결중심 가족치료의 기본가정은 '변화는 불가피하며 계속적으로 일어난다'는 것이다. 그러므로 내담자가 면담을 약속한 후 상담소에 오기까지 경험한 변화에 대해 알아보는 것은 문제해결에 매우 중요한 단서를 제공해 줄 수 있다.

② 예외질문

예외란 내담자가 문제로 생각하고 있는 행동이 일어나지 않는 상황이나 행동을 의미한다. 내담자가 행한 우연적인 성공을 찾아내어 내담자의 성공을 강화시켜 주고 의도적으로 계속 실시하도록 격려한다. 예외질문은 매회 사용하며, 첫 회 이후 면담부터는 성장하고 변화한 것을 탐색하는 것에 초점을 두고 사용한다.

③ 기적질문

기적질문은 문제 자체를 제거하거나 감소시키지 않고 문제와 떨어져서 해결책을 상상하게 하는 것이다. 문제중심적인 사람들이 문제가 해결된 상태를 상상하고 변화된 행동을 상상하는 과정에서 자기 문제를 인식하고 해결책을 탐색하게 된다. 즉, 기적질문은 내담자가 해결하기 원하는 것들을 구체화하여 현실적이고 구체적인 상담목표 설정을 위해 사용된다.

④ 척도질문

척도질문은 내담자에게 자신의 문제, 문제의 우선순위, 성공에 대한 태도, 정서적 친밀도, 자아존중감, 치료에 대한 확신, 변화를 위해 투자할 수 있는 노력, 진행에 관한 평가 등의 수준을 수치로 표현하도록 하는 방법이다. 즉, 1점부터 10점까지의 척도 위에 내담자가 인식하는 문제의 정도, 해결가능성, 상담의 진정 정도를 숫자로 표시하도록 질문한다.

⑤ 대처질문

대처질문은 자신의 미래를 매우 절망적으로 보아 아무런 희망이 없다고 하는 내담자에게 주로 사용된다. 즉, 내담자가 어려움과 위기를 어떻게 극복하고 생존해 왔는지, 희망을 버리지 않고 유지해 올 수 있었는지에 관하여 질문하는 동시에 생존능력을 인정하고 간접적으로 칭찬하는 것이다.

⑥ 관계성 질문

관계성 질문은 내담자와 중요한 관계에 있는 사람의 생각, 의견, 가치관, 반응 등에 관하여 질문하는 것이다. 사람이 자신의 희망, 힘, 한계, 가능성 등을 지각하는 방식은 자신에게 중요한 타인이 자신을 어떻게 보고 있을 것이라는 생각과 밀접한 관계가 있다.

⑦ 메시지 전달

메시지는 내담자가 자신의 장점과 성공적 경험에 대한 확신을 가지도록 하고, 상담목표를 명확히 하도록 돕는다. 치료사가 내담자의 말을 주의해서 듣고 있다는 것, 내담자 자신의 문제에 대한 견해, 자신의 생활을 보다 만족스럽게 하기 위해 내담자가 취하고자 하는 행동에 동의한다는 것을 내담자에게 알리기 위한 것이며, 칭찬, 연결문, 과제의 세 부분으로 구성된다. 칭찬은 진술된 목적이나 문제해결 과정을 중심으로 내담자가 문제를 해결하기 위해 노력을 해 왔음을 긍정적으로 평가하고 치료사가 내담자에게 찬사와 지지를 하는 것이다. 연결문은 칭찬과 제안 또는 과제를 연결해 주는 메시지의 한 부분으로 과제를 제시하는 이유를 자연스럽게 설명하고 내담자에게 적절한 과제를 선택하여 부과한다.

5. 이야기치료

1) 주요개념

이야기치료(narrative therapy) 주창자는 오스트레일리아와 뉴질랜드 출신의 가족치료자들인 마이클 화이트와 데이비드 엡스턴(White & Epston, 1990)이다. 이들은 가족치료에 탈근대주의 사상을 기초로 접근기술을 발달시킨 연구방법론을 주로 다루고 있으며 1980년대에 개발된 이야기치료는 동시대에 나타난 구성주의자 치료기법과 포스트모던 문화의 영향을 받아서 발전하게 되었다. 이야기치료는 어떤 경험은 다른 위치에 있는 또 다른 자신의 경험과 관계가 있으며, 그것이 어떠한 의미를 가지느냐는 자신의 이야기가 결정하며, 자신의 경험 속에서 어떤 것을 버리고 어떤 것을 선택하느냐도 이야기가 결정한다고 본다. 그리고 이야기치료는 경험을 어떻게 표현하는가도 이야기가 결정하고, 이야기는 삶의 방식이나 인간관계에 영향을 주는 방향을 결정한다고 주장하고 있다(White, 1990). 이야기치료의 주된 개념은 크게 사회구성주의, 포스트모더니즘의 철학적 전제인 이야기 모호성, 이야기를 만드는 주체로서의 인간경험 해석 등이 있다(Nichols & Schwartz, 2002; White & Epston, 1990; White, 1990; 이영실 외, 2010).

(1) 사회구성주의

이야기치료에서는 클라이언트가 현실을 깨닫게 되는 것은 그 클라이언트가 둘러싸고 있는 문화적 힘의 역동에서 나오고 있음을 강조하고 있다. 즉, 인간의 자아는 사회관계 속에서 그리고 이야기 속에서 구성하고 있다는 것이다. 따라서 이야기치료의 목적은 인간 자신의 삶의 주인공이 되는 길을 함께 찾는 데 있다.

(2) 이야기 모호성(포스트모더니즘의 철학적 전제)

시대적 사조와 흐름을 같이하는 포스트모더니즘의 특징은 전통과 단절, 불확실성과 모호성, 중심을 거부하고 주변성 강조, 행위 자체 중요시, 개방성과 가변성 등으로, 이야기치료의 기본전제는 이러한 포스트모더니즘의 특징을 기반으로 개인의 경험을 통해 나타나는 이야기의 세계는 근본적으로 모호성을 지니고 있다는 것이다.

(3) 인간경험 해석(이야기를 만드는 주체)

인간은 자신의 삶을 문화와 환경의 배경 맥락 안에서 해석하며, 자신의 삶에 의미를 만들어 가는 인간, 역사적 진실에 관심 있는 인간이 아니라 이야기 진실에 관심 있는 인간에 의미를 둔다. 다시 말하면 이야기를 만드는 주체가 어떤 경험을 했느냐가 중요한 것이 아니라 그 사실을 어떻게 해석하느냐가 중요하다.

2) 치료목표

이야기치료의 목표는 클라이언트가 지역사회에서 문화적 배경, 자신의 지식과 기술을 근거로 대화의 준거틀을 새롭게 만드는 것을 돕는 것이다. White(1990)가 제시한 이야 치료의 목표는 다음과 같다.

첫째, 클라이언트가 자기 자신에 대한 부정적 사실을 다시 구성하도록 돕는다.

둘째, 클라이언트가 자신의 생활과 정체성에 대하여 갖고 있는 허술하고 빈약한 결론을 깨고 벗어나도록 하고 예외적인 풍성한 자신의 이야기를 하도록 한다.

셋째, 클라이언트의 생활에서 오는 풍성한 이야기를 클라이언트가 말하도록 지지한다.

넷째, 클라이언트가 누구였는지보다는 다른 사람이 되도록 선택권을 준다.

다섯째, 클라이언트와 협력하면서 클라이언트와 다른 사람들을 연결시키는 데 도움이 되는 방법을 강조한 새로운 이야기를 공동 저작한다.

여섯째, 클라이언트가 능력을 가진 사람으로 삶의 이야기를 발전시킬 수 있도록 협력한다.

3) 치료기법

이야기치료의 기법은 잃어버리고 있던 이야기를 끄집어내고 사람들을 지배하는 문제로부터 그들을 분리하여 힘을 부여하도록 고안되었다. White(1990)는 치료면접과정에서 어떤 것도 주장하거나 해석하지 않고 단지 질문과 대답을 반복하였다. 이야기치료의 다양한 기법을 통하여 자신과 문제, 관계에 대한 클라이언트의 이야기를 다시 만드는 과정을 촉진한다. 이야기치료기법의 가장 큰 특징은 질문형식에 있으나 정형화된 범주를 가지고 있는 것은 아니다. 다음은 이야기치료의 주된 기법이다(White, 1990; 정문자 외, 2007; 김규수 외, 2006; 손병덕 외, 2008; 이영실 외, 2010).

(1) 문제의 외재화

White(1990)가 이야기치료의 구체적 기법으로 개발한 문자 그대로 문제의 외재화(표출화)는 문제의 내면화를 뒤집는 방식이라고 할 수 있다. 문제의 외재화란 문제를 외부로 추출해 낸다는 의미를 가진다. 이것은 문제에 의해 지배되는 이야기로부터 해방되기 위해 문제를 외부로 표출시키는 의인화 기법이다. 이러한 대화를 통해 사람들에게 문제가 자신의 모두를 표현해 내고 있지 않다는(자신은 곧 문제다) 희망을 가짐으로써 그 문제를 해결할 수 있는 희망을 주는 것이다. 이 방법은 클라이언트에게 강요되기보다는 그들이 자신의 딜레마를 말해 가는 가운데 그들 자신의 언어에 의해 채택된 대안이라고 볼 수 있다. 즉, 클라이언트의 문제를 외재화 한다는 것은 내면화된 증상을 인격화하는 것이다. 이야기치료자는 문제의 외재화를 통하여 클라이언트로 하여금 문제를 충분한 거리를 두고 바라볼 수 있도록 도와야 한다.

(2) 문제이야기와 상반되는 독특한 결과 찾아내기

외재화(표출화) 대화를 통해 예외적인 것을 끄집어내어 '독특한 결과(unique outcome)'를 형성하는 것은 이야기치료의 과정이며 기술이다. 독특한 결과는 현재 클라이언트가 하고 있는 이야기가 불완전하다는 점을 전제로 하는 것이다. 이야기치료는 삶의 경험이란 그 경험으로부터 만들어 낸 이야기보다 훨씬 더 풍부하고 많은 재료를 가지고 있지만 이야기로 만들어지는 것은 극히 일부분에 지나지 않는다는 가정을 갖고 있다. 즉, 이야기 경험을 조직해 나가는 과정에서 빠트린 경험을 찾아내는 것이다.

(3) 전체 이야기 다시 쓰기(인정예식)

치료자는 새로운 이야기를 공동저작할 때, 클라이언트에 대하여 자신들의 특별한 형태의 질문을 통해 무엇인가를 끄집어낼 수 있다고 생각하기보다는 클라이언트 스스로가 새로운 자기 이야기로 문을 열 수 있는 능력을 가진 사람이라고 보는 것이 중요하다. 때로는 치료자가 새로운 자기 이야기를 뒷받침하기 위한 보다 많은 증거를 찾기 위해 문제와 관계된 사건들을 넘어 클라이언트의 역사적 시야로 범위를 확대할 수 있다. 또한 새로운 자기 이야기가 윤곽을 잡아 나감에 따라 초점을 미래로 옮길 수 있으며 새로운 이야기를 채울 수 있는 변화를 계획하도록 돕는다. 희망적 미래의 이야기를 만들어 내게 함으로써 이야기는 과거, 현재, 미래를 포함한 완성된 이야기가 된다.

(4) 클라이언트 자신의 목소리 찾기

클라이언트가 자신과 환경 가운데서 자신의 목소리로 자신의 경험을 이야기한다는 것이 효과적이며 건강한 관계망 형성에 가장 중요한 출발점이다. 클라이언트가 자신의 목소리를 찾기 위해 치료자는, 첫째, 신뢰성 회복시키기, 둘째, 지배적 목소리에 저항할 수 있는 힘을 실어 주기, 셋째, 클라이언트의 이야기에 주의 깊은 관심을 가지고 경청하기, 넷째, 사람과 문제를 분리하기(해체적 경청), 다섯째, 클라이언트는 자신의 삶에 창조적 저자가 될 수 있다는 시각을 가지게 해 주기 등을 강화시켜야 한다.

(5) 새로운 이야기의 강화

새로운 이야기를 끌어내기 위해 작은 변화에 대해 질문하는 것에서 시작한다. 예를 들면, "지난 주 술은 당신을 얼마나 통제했고 당신은 얼마나 많이 통제 속에 있습니까?" 라고 묻는다. 이와 같은 질문을 통하여 클라이언트는 자신에게 문제를 넘어선 힘이 있다는 사실을 깨닫게 되며, 비관적 이야기로부터 거리를 둘 수 있으면 덜 속박당한다. 치료자는 각 회기 종결 부분에서 외재화하는 언어를 사용하여 작은 것이라도 독특한 성과를 강조하면서 그날의 면접을 정리한다.

(6) 재진술을 통한 이야기의 풍부화

이야기치료자들은 중요한 청중에게 새로운 이야기를 말하는 것과 다시 이야기하는 힘을 점차적으로 강조하였다. 이야기를 각각 다시 말하는 것은 더욱 풍성하게 하고 점차 살아 있고 참된 것이 되게 한다. 진술과 재진술, 재진술에 대한 재진술을 통하여 긍정적 자아정체감에 대한 결론을 내릴 수 있도록 돕는다.

(7) 재저작대화

재저작대화(re-authoring conversation)는 새로 찾아진 독특한 결과들을 가지고 이야기를 만들어 가는 과정으로, 새로운 의미를 형성하는 과정이며, 치료의 후반기에는 이러한 재저작대화의 과정으로 이루어진다. 즉, 이야기치료는 재저작대화를 위한 탐구와 대안적 이야기를 연출해 가는 과정이라고 할 수 있다. 재저작대화과정에서 이야기를 들어주고 현실의 삶에서 그 이야기를 실현하는 데 도움이 되는 외부증인집단(outsider witness group)이 동원되기도 한다. 이 외부증인집단은 새로 나타나기 시작하는 클라이언트의 증인이 되어 주고, 자신들의 삶과 이야기를 함께 엮어서 새로 시작된 이야기를 클라이언트의 삶을 더 굳건하게 만드는 데 크게 기여한다.

3절 가족치료 현장의 실태와 전망

1. 사회변화와 한국가족

1) 가족을 둘러싼 사회변화

① 여성의 경제활동 참가율 꾸준히 증가, 전통적 가족의 돌봄기능 약화, 전통적 성역할 인식으로 기혼여성의 일-가정양립의 어려움과 불균형 경험, 저출산 문제와도 관련

② 평균수명의 연장으로 인한 전 세계적 현상으로 노인과 가족관계 문제의 이슈(노인케어와 부양, 정신건강, 생활의 질 등의 영향요인), 조손가정의 증가

③ 결혼시장에도 영향을 미쳐 가족의 문화와 인종 구성을 변화시킴

④ 혼인율의 지속적인 감소와 이혼율의 증가로 근대 부부중심가족은 정서적 기능에 문제가 생길 때 해체의 가능성이 높아지고, 이혼연령 증가, 20년 이상 부부의 이혼 증가

2) 탈근대주의 가족으로의 이행

① 가족생애주기의 변화: 평균수명의 연장과 출산율 저하에 따른 가족주기의 변화. 자녀출산과 양육기간의 감소, 탈 양육기의 중노년 부부만의 '빈둥우리 시기' 증가. 가족생활에서 부부관계의 질에 대한 비중이 더욱 중요해짐
② 가족구조의 변화: 소(小)가족화 경향에 따른 가족규모 축소, 다양한 가족형태의 증가
③ 결혼에 대한 가치관 변화: 혼전동거나 이혼, 국제결혼에 대한 수용성 증가. 자발적인 무자녀 선택 증가, 노부모 부양에 대한 인식 변화

2. 한국의 가족치료의 현황 및 현장의 변화

가족치료 분야의 다학제적 성격으로 아동학, 간호학, 사회복지학, 목회학, 교육학, 상담학, 정신의학, 심리학, 가족학, 가정의학의 분야와 통합하여 이루어지고, 가족치료 현장은 이러한 다학제적 영향으로 인하여 종전의 가족치료를 한정된 기관에서 하던 것을 벗어나서 의료기관, 정신보건기관, 사회복지기관, 정부지원상담기관, 사설상담기관, 대학부설기관, 종교기관, 교육기관, 건강가정지원센터와 다문화가정지원센터 등에서 상담 및 치료, 교육 등 다양한 프로그램을 병행하고 있으며, 가족치료 모델로는 해결중심 모델, 보웬 모델, 사티어 경험주의 모델 등의 여러 가족치료 모델을 사용하고 있다.

3. 한국의 부부·가족상담사 자격제도

1) 한국가족치료학회: 부부가족상담전문가 2급, 부부가족상담전문가 1급, 부부가족상담 슈퍼바이저
2) 한국상담학회: 2급 전문상담사, 1급 전문상담사, 수련감독급 전문상담사(부부가족상담)
3) 한국가족관계학회: 가족상담사 2급, 가족상담사 1급, 가족상담 슈퍼바이저

Chapter 08

빈곤가족

학습목표

1. 빈곤의 개념을 이해한다.
2. 빈곤가족의 실태를 이해한다.
3. 빈곤가족에 대한 서비스의 현황을 이해한다.
4. 빈곤가족 현황에 대한 문제점을 이해한다.
5. 빈곤가족에 대한 사회복지정책을 이해한다.

개 요

빈곤가족은 가족복지 대상자 중에서 가장 중요한 기본적인 대상으로 시회복지사들은 빈곤가족에 대한 전문적인 이해가 요구된다. 빈곤가족의 개념, 빈곤가족의 실태, 서비스의 현황과 빈곤가족 현황에 대한 문제점과 빈곤가족에 대한 사회복지정책을 이해하고 실천적인 개입을 파악하고 개입해야 한다.

빈곤의 개념은 개인의 생물학적 생존을 유지하는 데 필요한 최소한의 물질적 자원이 결핍된 상태를 말한다. 빈곤의 유형은 절대적 빈곤, 상대적 빈곤, 주관적 빈곤, 능력빈곤 등이 있으며, 빈곤을 문화적인 조건에 입각하여 정의하고자 한다.

빈곤가족의 발생요인을 살펴보면 개인적 원인, 사회구조적 원인으로 알 수 있으며, 빈곤가족의 실태는 기초생활보장수급자 현황, 기초생활수급자 가구원 수별 현황, 기초생활수급자 가구 유형, 기초생활수급자 취업 현황을 중심으로 파악할 수 있다.

빈곤가족에 대한 서비스의 현황을 살펴보면 국민기초생활보장제도, 급여 지원, 긴급복지지원서비스, 자활지원서비스, 의료보장서비스를 실시하고 있으며, 빈곤가족 현황에 대한 문제점은 빈곤율의 지속적 증가와 상대적 빈곤율의 악화, 빈곤의 여성화, 빈곤의 노령화, 지역 간의 격차, 단독가구의 빈곤화로 볼 수 있다. 빈곤가족에 대한 사회복지정책은 국민기초생활보장제도에 의한 빈곤가족 지원, 가족유형별 저소득가정에 대한 지원, 빈곤아동의 보육 및 교육지원 등이 있다.

빈곤가족에 대한 개선방안은 빈곤실태와 원인에 대한 정확한 파악, 국민기초생활제도의 개선과 보완, 빈곤의 조기탈출을 위한 제도적 지원과 빈곤단계에 따른 맞춤형 지원, 빈곤가족을 위한 법과 제도의 지속적인 보완, 조세제도와 고용 및 시장정책의 개선을 통한 소득재분배, 빈곤가정의 아동교육 및 유아보호정책의 개선으로 나아가고자 한다.

1절 빈곤가족의 개념

1. 빈곤가족의 개념

빈곤의 개념은 시대, 사회, 기준에 따라 다양하게 정의되어 왔다. 빈곤을 보편적 관점에서 논하기는 어렵지만 일반적으로 '욕구가 충분하지 않은 상태'라고 정의할 수 있다. 그러나 인간의 욕구는 인간의 수만큼이나 다양하며, 다양한 욕구에 대한 만족에 있어서 어느 정도가 충분한 정도인지에 대해서는 사회적 합의가 결코 쉽지 않다.

통상적으로 빈곤은 개인의 생물학적 생존을 유지하는 데 필요한 최소한의 물질적 자원이 결핍된 상태를 말하며, 나아가 문화적 생활에 의한 욕구가 결여되어 있는 상태까지를 포함한다. 즉, 빈곤은 물질적 자원의 부족만을 의미한다기보다는 교육 · 의료 · 계층 이동의 기회 등 여러 가지 사회적 가치의 분배에 있어서 불평등을 포함하는 동시에 개인의 심리적 차원에 있어서의 박탈과 문화적 가치로부터의 소외 등을 의미하는 포괄적인 개념이다.

빈곤에 대한 개념은 학자마다 다른 준거틀과 관점을 가지고 접근되어 왔기 때문에 완전하게 일치할 수 없지만 일반적으로 절대적 빈곤과 상대적 빈곤으로 구분하여 설명하며, 최근에는 주관적 빈곤으로 구분하여 설명하기도 한다. 우리가 흔히 언급하는 절대적 빈곤과 상대적 빈곤은 객관적 빈곤에 해당되며, 주관적 빈곤은 객관적 기준 없이 주관적 판단에 근거한 빈곤을 의미한다.

1) 절대적 빈곤

절대적 빈곤은 최저생활을 유지하는 데 필요한 생계비를 충족시키지 못하는 상태를 의미하며, 인간이 살아가는 데 절대적으로 필요한 최소한의 자원이 부족한 상태를 말한다. 절대적 빈곤은 기본적인 생존에 대한 욕구 충족이라는 측면에서 파악하며, 이러한 생활을 유지할 수 있는 최소한의 소득을 빈곤선으로 추정하게 된다. 절대빈곤 인구는 한 가구의 최저생활을 추정하고, 가구소득이 기초생계비에 미달되었을 경우로 정의한다(노인철 외, 1995).

빈곤의 개념을 개별가구의 경제적 능력이 기본적인 물질적 욕구를 충족하지 못하는 상태라고 정의할 때(Drewnowski, 1976; Watts, 1968; 김미곤 외, 2007 재인용), 개별가구의 능력과 기본적·물질적 욕구에 대한 조작적 정의가 필요하다. 일반적으로 개별가구의 경제적인 능력을 나타내는 지표로는 소득수준, 재산수준, 소득인정액, 소비수준 등이 있다. 실제로 개별가구의 능력은 소득과 재산을 모두 고려하는 것이 바람직하나, 우리나라의 경우 관련 자료가 미흡하여 엄격한 적용에 한계가 있다(김미곤 외, 2007).

2) 상대적 빈곤

상대적 빈곤은 개인 또는 한 가구가 생존유지는 할 수 있는 소득이 되어도 소속되어 있는 사회 내의 평균소득에 비하여 상대적으로 낮아 상대적인 박탈감을 갖게 되는 상태를 의미한다(Brady, 2003; 윤석범, 2000; 구인회, 2003).

빈곤은 개인과 가족이 속한 사회에서 관습이 되어 있는 수준에 미달되거나 물리적 기준이 결핍되어 있고 가족활동이나 사회적 활동에 참여할 수 없는 경우라고 정의하였다. 따라서 상대적 빈곤 개념은 소득, 권력, 기회 등의 포괄적인 가치의 상대적 박탈을 포함하며, 빈곤을 물질적 개념에만 국한시키지 않고 그 사회의 구성원들이 통상적으로 참여하는 사회, 문화, 경제적 활동 참여 여부까지 빈곤의 개념에 포함하고 있다. 비교적 저개발 국가의 수준에서는 절대적 빈곤과 경제적 빈곤이 더 중요한 빈곤개념으로 인식된다. 그러나 전반적인 경제사회적 수준이 향상될수록 상대적 빈곤과 심리적 빈곤에 대한 국가적 관심이 증가된다.

상대적 빈곤은 다음과 같은 방법으로 측정한다. 첫째, 가장 보편적인 방법으로 그 국가 전체 성원 혹은 가족의 중위소득 50% 이하를 빈곤층으로 간주하는 것이다. 둘째,

한 사회의 소득분배 분포상 가장 낮은 일정 비율(예: 10% 혹은 20% 이하)의 사람들을 빈곤한 것으로 간주하는 것이다. 셋째, 통상적인 소득 이외의 기타 요건들을 고려하여 빈곤을 복합적으로 측정하는 것인데, 어느 지역의 통상적인 생활양태에 속하지 못하는 경우를 빈곤으로 간주하는 것 등이다. 이러한 방법들은 빈곤층과 그 이외의 다수 사회 성원들 간의 차이를 쉽게 반영해 주는 동시에 국가 간의 빈곤층 소득 및 생활상을 비교하는 데 도움을 준다. 또한 사회적 박탈, 결핍 또는 불평등이라는 빈곤의 한 측면을 잘 반영하고 소득 자료로부터 쉽게 계산할 수 있고, 한 사회의 경제수준의 변화를 자동적으로 반영해 준다는 장점이 있다(구인회, 2003; 김환준, 2002).

3) 주관적 빈곤

주관적 빈곤은 자신이 충분히 갖고 있지 않다고 느끼는 것을 말하며, 제3자의 판단에 의한 어떤 객관적인 수준이 정해지는 것이 아니라 개인의 주관적인 판단수준에 의해 결정된다. 상대적 빈곤과 주관적 빈곤은 비슷한 개념이지만 기준의 유무에 따른 차이점을 가지고 있다. 즉, 주관적 빈곤은 빈곤을 정의함에 있어서 자신의 생각과 느낌 외에 어떠한 기준도 두지 않으며, 현재 자신이 빈곤하다고 느끼는 상태 그대로를 빈곤으로 인정하는 개념을 의미한다. 자기집이 없거나 자녀에게 사교육을 시키지 못하는 상태를 빈곤으로 생각하는 경우가 그 예이다. 이에 반해, 상대적 빈곤은 어떠한 정해진 객관적 기준을 적용함으로써 빈곤을 정의하는 것을 말한다. 예를 들면, 큰 차를 가지고 있는 사람에 비해 작은 차를 가지고 있는 사람은 상대적으로 가난하다고 말하는 경우와 전체 평균소득이 50% 수준을 빈곤선으로 규정한 OECD의 빈곤개념은 상대적이면서도 객관적인 의미의 빈곤을 의미하고 있다(김종일 외, 2005). 한 사회가 전반적으로 빈곤한 수준에 머물러 있을 때에는 절대적 빈곤과 경제적 빈곤이 더 중요한 사회문제로 대두되지만 경제적 · 사회적으로 어느 정도 발전되는 사회에 있어서는 오히려 상대적 빈곤과 주관적 빈곤이 더 크게 작용될 수 있다.

4) 능력접근

경제학자인 아마르티아 센(Sen)에 의해 제시되었고, 개개인이 처한 조건은 서로 다르기 때문에 이를 고려하여 빈곤의 기준을 설정하고 측정하는 것이 타당하다고 주장한다. Sen(1982)은 물질적 자원의 풍부함은 단지 빈곤을 해소할 수 있는 가능성을 나타낼 뿐, 실제 개인과 가구의 빈곤을 결정하는 핵심적인 요소는 '인타이틀먼트(entitlement)'라고 하였으며, 인타이틀먼트는 개인 또는 집단의 일정한 권리 혹은 자격으로 이해될 수 있으므로 빈곤은 민주적 권리의 결여를 의미하였다. 센의 능력접근 개념의 장점은 빈곤층을 지원하는 데 현금급여 이외에 일자리를 포함한 사회에 참여할 수 있는 능력을 제고하는 것이 중요하다는 것을 일깨웠다는 점이다.

5) 빈곤에 대한 문화적 정의

사회과학자들은 빈곤을 경제적 의미로만 해석하는 것은 빈민들을 위한 대책을 수립하기 불충분하며 빈곤을 문화적인 조건에 입각하여 정의할 것을 주장하고 빈곤문화에 대한 이론을 발전시켰다(Lewis, 1959; 최일섭, 최성재, 2000: 92 재인용). Lewis(1966)는 빈곤이 그 나름대로의 구조, 이론적인 근거, 방어장치가 있다는 점에서 빈곤을 적극적인 개념으로 정의하였다. 즉, 빈곤은 단절된 세대에서 나타나는 단편적인 현상이 아니라 사회화를 통하여 대대로 전수되는 하나의 생활양식으로 동적인 과정이라는 것이다. 이러한 독특한 생활양식은 사회의 지배문화와는 질적으로 다른 하위문화—빈곤문화를 형성하게 되는데, 일반적으로 주거공간의 부족, 사생활 보장의 불가능, 알코올중독, 폭력적 행동, 이른 성경험, 권위주의적 경향 등의 특유한 가치, 행동, 태도로 나타난다(김진원, 2007).

빈곤이 그 나름대로의 구조, 이론적인 근거, 방어장치가 있다는 점에서 빈곤을 적극적인 개념으로 정의하여, 빈곤문화의 특징으로는 사회의 지배적 가치를 수용할 기회가 단절, 내적 · 외적 위험요인이 많아 불안정한 가족관계를 유지하는 경우가 상대적으로 많다. 빈곤문화는 쉽게 체념하고 운명주의자가 되며 출세동기가 약하고 충동적이다. 또한 현재 중심의 무책임한 생활을 하는 경향이 크고, 세대 간에 전승되며 따라서 빈곤은 악순환된다. 빈곤문화론은 빈곤대책을 모색하는 데 있어서 부적절한 아동양육방법의 개선이나 아동의 조기교육 프로그램 등의 구체적인 사회적 서비스를 개발하는 데 이론적 근거를 제공해 주었다(한국여성복지연구회, 2005).

빈곤가족은 대부분 경제적 빈곤뿐만 아니라 다양한 문제가 결부된 다중적 위기가족의 복잡한 현실을 보여 주고 있다. 빈곤가족에 대한 접근방법은 기본적으로 두 가지 원리가 있는데, 하나는 가족에 초점을 맞추는 것과 또 다른 하나는 개입방법에서의 체계지향적인 접근으로 나눌 수 있다. 따라서 빈곤가족은 통합적이고 체계적이며, 지지적인 접근이 강조된다.

빈곤개념은 물질적 결핍, 심리적 박탈, 문화적 가치로부터의 소외 등을 포함하고 있는 것으로 빈곤가족은 가족 전체 또는 가구원들이 인간으로 생활해 나가는 데 있어서 기본적으로 필요하다고 인정되는 자원이나 경제적 능력을 갖추지 못한 가족을 의미한다.

우리나라의 경우 빈곤은 절대적 빈곤 기준에 입각하여 규정하고 있으며 ① 노동력이 없는 거택 · 시설보호대상 가구, ② 근로능력이 있는 가난한 자로서의 자활보호대상 가구, ③ 잠재적으로 가난한 자로서 불의 사고나 사업실패 및 실직 등으로 빈곤에 떨어질 가능성이 있는 한계대상 가구로 구분하고 있으며, 일반적으로 우리나라에서 빈곤가족이라 하면 구 「생활보호법」을 대체한 「국민기초생활보장법」에 근거하여 최저생계비 이하인 대상을 의미한다.

2. 빈곤가족의 발생요인

빈곤에 대한 다양한 차원의 관점들은 빈곤의 요인을 크게 '자원의 결핍', '개인적 속성의 결여', '제도적 측면의 결핍'으로 구분하고 있다(Kzrz, 1989; 이상록, 백학영, 2008 재인용). 즉, 빈곤은 물질적 결핍과 개인적 속성의 결여, 심리·사회·문화·제도적 박탈과 소외 등으로 인한 개인과 사회의 총체적 결과로 볼 수 있다. 따라서 빈곤가족은 물질적 결핍, 심리정서적 손상, 사회문화적 소외와 제도적 배제로 인하여 가구 전체 또는 가구원들이 인간으로 생활해 나가는 데 있어서 기본적 욕구가 충족되지 못하여 가구원 개인과 가족 전체의 안녕이 깨어진 상태의 가족으로 정의할 수 있다. 빈곤의 원인은 매우 다양하며 각각의 원인이 서로 상호의존적이고 복합적으로 작용하고 있으며, 여기서는 빈곤의 원인을 크게 개인적 요인과 사회구조적 요인으로 나누어 고찰하고자 한다.

1) 개인적 원인

(1) 자발적 원인

개인의 부적절한 생활태도나 도덕적 해이 등과 같은 개인적 결함에 기초

(2) 비자발적 원인

개인적 요인이기는 하지만 사회구조적 요인들과 밀접히 연관, 빈곤의 악순환을 초래하게 하는 원인

2) 사회구조적 원인

(1) 사회적 요인

법적 제도의 잘못된 구조, 조세제도에서의 재분배 기능을 제대로 수행하지 못할 때 불로소득이나 비정상적인 부의 축적이 만연하며, 사회보장제도를 포함한 사회복지정책의 부실과 태풍이나 해일, 지진, 화산폭발 등의 천재지변을 말한다.

(2) 윌슨의 주장

사회구조적인 고립과 소외로 인해 기회구조에서 배제되기 때문이며, 빈곤층 밀집지역에서 자활사슬반응이 경감하고 범죄, 중독, 복지의존도 등이 증가하며 지역사회에 대한 관심이 적어져 상호보호 어려움과 고용기회의 제한, 중산층의 도심 이탈, 성공적인 역할 모델 부재 등이 발생한다.

3. 빈곤가족의 특성

1) 인구사회학적 특성

(1) 빈곤의 노령화와 여성화

가족 해체 및 이혼율의 증가, 노동 시장적 요소와 가족적 차원의 요인들이 복합적으로 연결되는 빈곤화 과정으로, 빈곤의 노령화는 급속한 고령화와 생산양식의 변화, 가족해체 및 부양의식의 약화 등 가치관의 변화로 보고 있다.

(2) 만성적 건강문제

건강과 직접적인 관련이 있는 여러 가지 물질적 조건의 악화, 가족기능의 약화, 경제적 · 심리적 자원 고갈과 빈곤화를 초래한다.

(3) 낮은 교육수준과 불안정한 직업

일반 가족보다 교육수준이 낮으며, 불안정한 직업 및 낮은 소득과 밀접한 관련이 있다.

2) 심리사회적 특성

많은 연구가 빈곤가족들은 신체적 건강뿐 아니라 정신적 건강도 좋지 않다고 밝히고 있다. 빈곤은 스트레스를 주는 환경적 조건과 사건과 관련이 높고, 이는 심리적 스트레스의 위험을 증가시켜서 우울, 불안, 기타 정신과적 증상을 일으키는 요인이 된다(김인숙, 1992; 박상규, 2001). 대부분의 연구에서 빈곤가족의 가족원들은 일반가족원들에 비하여 자존감이 낮고, 정신증, 공포불안, 대인예민성, 우울, 불안, 적대감, 강박증 등을 보이는 경향이 컸다(박상규, 2004; 이민규, 2000; 이웅표, 2000).

특히 개인과 가족이 빈곤화되는 과정에서 직면하게 되는 스트레스 상황은 가정폭력, 자살, 알코올이나 기타 약물중독 등의 복합적인 문제와 더불어 가족과 사회에 부정적 영향을 미친다. 따라서 실업기간이 오래된 사람, 가계의 생계유지를 위한 취업의지에 반하여 취업기회가 박탈된 사람들일수록 불안감과 우울감, 적대감이 더 많은 것으로 나타났다.

3) 가족관계적 특성

빈곤가족은 다양한 이유로 가족해체를 경험한 가족이거나 반대로 빈곤화되는 과정에서 가정이 해체된다. 통계청 자료(2010)에 의하면, 가정의 경제문제는 2009년에는 두 번째로 주된 이혼사유였다. 경제문제로 인한 이혼은 2000년에 10.7%에서 2003년에는 16.4%에 도달하여 빈곤은 가족해체의 주된 원인 중의 하나라는 것을 보여 준다. 그 밖에 가족해체의 원인이라고 인식되는 특성들(부모의 이혼이나 별거, 가출, 자녀양육의 포기, 가족원의 자살, 가족폭력, 가족불화와 질병 등)은 모두 빈곤과 밀접한 관련이 있어서 가족해체와 가족갈등은 빈곤의 원인인 동시에 빈곤의 결과라고 할 수 있다(김인숙 외, 2000; 장성자, 김승권, 1999).

2절 빈곤가족의 실태와 문제점

1. 빈곤가족의 실태

우리 사회에서 빈곤가족 실태 파악은 절대적 빈곤을 기준으로 하는 최저생계비를 적용, 추정하여 발표한다. 1999년에 제정된 「국민기초생활보장법」 제2조 제6호에서는 최저생계비를 "국민이 건강하고 문화적인 생활을 유지하기 위하여 소요되는 최소한의 비용"으로 정의하였다. 이는 우리 사회의 공식적 빈곤선은 최저생계비로, 공식적 빈곤율은 개인이 최소 수준의 생활을 영위하는 데 필요한 최저생계비를 기준으로 측정되는 것이다. 현재는 국민기초생활보장수급권을 가진 가족(최저생계비 이하인 가족)과 최저생계비의 120%에 속하는 차상위계층까지 포함하여 빈곤가족으로 인정한다. 최저생계비 계측은 1969년 전국섬유노조에서 최초로 이루어진 것으로 파악되고 있으나, 공식적인 최저생계비 계측은 1973년 당시 보건복지부 산하 사회보장심의위원회에서 실시한 것으로 본다.

한국의 빈곤계층은 어느 정도나 되는가? 그 규모를 살펴보기 위해 먼저 OECD 국가들의 수준과 비교해 보자. 가처분소득 기준 상대적 빈곤율의 경우, OECD 국가의 평균은 11.1%, 한국은 14.6%로 하위권에 속한다. 한국 내 빈곤율 추이는 시장소득 빈곤율과 가처분소득 빈곤율 간 차이가 크며, 절대적 기준이나 상대적 기준 모두 시장소득 빈곤율은 상승하는 추이를, 정부의 공적 이전소득이 고려된 가처분소득 적용 빈곤율은 하락하는 추이이다.

1) 기초생활보장수급자 현황

소득인정액이 최저생계비 이하인 사람을 말하며, 2015년 12월말 기준으로 국민기초생활수급자는 약 165만명(110만 6천 가구)으로 총 인구 수 대비 국민기초생활수급권자의 비율인 수급률은 3.2%이다. 수급자의 종류별로 보면, 일반수급자가 대부분 차지하는 94.4%이며, 시설수급자는 5.6%이다.

2) 기초생활수급자 가구원 수별 현황

기초생활수급자의 가구원 수별 현황을 살펴보면, 과반수 이상이 1인가구(61.5%)이며, 그다음이 2인가구(18.8%), 3인가구(11.8%)의 순서로 나타나고 있다.

3) 기초생활수급자 가구 유형

기초생활수급자의 가구 유형은 대부분 노인, 장애인, 모·부자가구 등 취약계층 세대(61.2%)이며, 일반 세대는 34.1%에 속한다.

4) 기초생활수급자 취업 현황

기초생활수급자 10명 중 7.8명이 비경제활동인구이며 2.2명만이 경제활동인구이다. 인구 유형별로 살펴보면, 빈곤의 노령화와 여성화 현상이며, 빈곤율은 노인가구와 1인가구, 여성가구주와 한부모가구에서 높게 나타나고, 여성의 빈곤은 이혼이나 별거, 사별 등과 같은 개인의 생애과정 및 가족 차원 요인, 고용불안정성, 성차별 및 여성의 주변화 현상의 노동시장적 요인들이 복합적으로 연결되어 빈곤의 만성화가 우려된다.

지원규모를 통해 현황을 살펴보면 2016년 수급자 수는 1,630,000명으로, 수급률은 3.2%이다. 연령별로 살펴보면, 20대 미만이 가장 많아 45만 명, 다음으로 70대 이상(32만 명), 50대(24만 명) 순으로 수급자 비율이 높게 나타났다. 연령과 성을 교차하여 살펴보면, 70대 이상에서 여성의 비율이 매우 높게 나타나 71.5%이고, 서울특별시와 경기도의 수급자 수가 26만 명으로 가장 많으며, 수급률을 기준으로 하면 전북과 광주, 전남, 대구 순으로 높게 나타나고 있다.

2. 빈곤가족의 문제점

1) 경제적 문제

인간이 누릴 수 있는 기본적인 생활을 유지하기 위해서는 최소한도의 의식주가 필수적이지만 이는 재화를 어느 정도 보유할 때만 가능하다. 이러한 기본적인 생리적 욕구가 충족되지 못하였을 때는 생존 자체를 위협받게 된다. 이러한 관점에서 볼 때 빈곤가족은 경제적으로 취약하기 때문에 생존의 어려움을 겪고 있다고 할 수 있다.

빈곤가족이 경제적으로 어려움을 겪는 이유는 다양하나, 가장 중요한 요인 중 하나로 실업을 들 수 있다. 저소득층 세대주의 학력은 일반계층 세대주보다 매우 낮으며, 저소득계층 남성 실업률은 일반계층 남성 실업률에 비해 높다. 이러한 저학력과 실업은 빈곤가족의 결정적인 원인인 동시에 특성이라 할 수 있다(노대명 외 2003; 김기원, 2004 재인용). 특히 경제활동의 불안정성을 안고 있는 여성의 경우, 남성에 비해 상대적으로 더 빈곤할 수밖에 없는 사회구조적 환경이어서 빈곤의 여성화로 이어질 수 있다.

2) 건강 문제

빈곤은 건강과 직접적인 관련이 있는 여러 가지 물질적 조건, 즉 깨끗하지 못한 주변환경, 영양부족, 비위생적 식수관리, 부적절한 주택 등의 악화를 가져오기 때문에 빈곤가족은 일반가족에 비해 만성적 질병률이 높게 나타난다(김창엽, 2002). 이러한 만성질병은 높은 의료비 부담을 초래하여 결국 가족을 더욱 빈곤화시킨다. 특히 빈곤가족은 정신질환이나 약물남용의 의존성이 두드러져 정신질환자나 약물남용 및 중독자가 빈곤층으로 전락하는 것으로 알려져 있다. 빈곤으로 인해 가구구성원에게 건강상의 문제가 발생하면 적절한 치료와 서비스를 받아야 함에도 불구하고 빈곤가족은 의료에 대한 접근성이 떨어지기 때문에 건강악화가 가속화된다. 이는 가족의 경제적 어려움을 가중시키고 배우자나 자녀가 가출하는 등 가족해체의 요인이 되기도 한다.

3) 심리사회적 문제

빈곤가족은 물질주의가 만연한 현대사회에서 무력감과 열등감을 갖고 대인관계를 유지할 수밖에 없는 경우가 많아 자신감과 자아존중감 등이 결여되어 있다. 빈곤은 물질적 결핍을 통해 인간다운 삶을 살고자 하는 개인의 욕구를 제한하며 교육기회의 박탈, 다양한 정보를 가진 인간관계망 단절, 정보수집 도구의 결핍, 정보수집 능력 부족을 동반한다. 정보화 사회에서 이러한 빈곤은 곧 정보로부터의 소외를 의미한다. 권력, 기회, 금전, 정보로부터 소외된 빈곤가족의 구성원들은 물질만능과 권력지향적 현대사회에서 상대적인 불평등과 박탈감을 학습하게 되며, 자신의 권리를 당당히 주장하지 못하고 결국 사회의 모든 부분으로부터 소외되고 배제되기 때문에 위축감을 경험하게 된다(한국여성복지연구회, 2005).

4) 가족갈등 · 해체 문제

통계청(2017) 자료에 의하면, 2016년 주된 이혼사유는 성격 차이(15.0%) 다음으로 경제 문제(10.2%)가 차지하였다. 경제 문제로 인한 이혼은 2000년도에 10.7%, 2001년도에 11.6%, 2002년도에 13.6%로 증가하다 2003년도에 16.4%에 도달하여 경제 문제로 인한 이혼이 급증하고 있음을 보여 주었다. 그러다가 2004년에는 14.7%로 다소 주춤하였으며, 2005년 14.7%, 2006년 14.6%, 2016년 10.2%로 2000년도 수준을 유지하고 있다. 이처럼 경제 문제인 빈곤이 가족해체의 주요 변수로 작용하고 있으며, 해체된 가족의 자녀들 또한 빈곤의 세대계승인 악순환에서 벗어나기 어려운 상황에 놓여 있다.

5) 자녀의 양육 · 교육 문제

빈곤가족의 경우 생계유지를 위해 맞벌이를 하는 경우가 많으나 보육시설을 활용할 수 없는 미취학자녀의 경우 돌보는 사람이 없어 아동이 열악하고 위험한 주거환경에 방치되기 쉽다. 따라서 자녀방임과 유기는 빈곤가족에게 더 많이 발생하며, 교육이나 문화체험을 접할 수 있는 기회가 제한되기 때문에 문화실조 내지 학습부진을 경험하기 쉽다. 또한 전반적인 교육비의 상승으로 인해 학비조달의 어려움과 생계문제 등으로 상급학교의 진학을 포기하는 경우가 발생하게 된다. 빈곤가족 자녀는 교육을 통한 성취감과 사회지위의 보장에 대해 취약하기 때문에 비교적 자존감이 낮은 편이며, 이로 인해 사회적 부적응은 물론 좌절을 겪으면서 비행에 쉽게 노출될 가능성이 크다. 이렇듯 교육의 중단과 저학력은 빈곤가족 자녀의 안정된 노동시장 진입의 기회를 제한하게 되어 결국 빈곤이 대물림되는 악순환을 가져온다.

3절 빈곤가족에 대한 서비스 현황과 대책

1. 빈곤가족에 대한 서비스의 현황

우리나라는 2015년부터 국민기초생활보장제도의 운영을 맞춤형 급여제도로 개편하면서(보건복지부, 교육부, 2015) 중위소득과 연동한 상대적 빈곤 개념의 급여별 선정기준을 도입하여 최저보장수준으로 삼고 있다.[1)]

1) • 차상위계층이란 국민기초생활보장 수급자에는 해당되지 않지만 경제적 어려움을 겪고 있는 계층으로, 소득인정액(개별가구의 소득평가액과 재산의 소득환산액을 합산한 금액)이 기준 중위소득의 100분의 50 이하인 계층을 말한다(「국민기초생활보장법」 시행령 제3조).
• 취약계층이란 소득기준에 의해 사회서비스 구매능력이 부족한 저소득층과 노동시장 여건상 취업하기 어려운 취업취약계층을 말한다. 가구 월평균 소득이 전국 가구 월평균 소득의 60% 이하이거나, 55세 이상의 고령자, 장애인, 실업기간이 6개월 이상의 장기실업자, 신용불량자, 노숙자 등이 이에 속한다(한경 경제용어사전).
• 취약위기가족이란 한부모가족, 조손가족, 미혼모부자가족, 다문화가족, 북한이탈가족 등 가족기능 및 역량강화를 위해 지원이 필요한 가족 중 기준 중위소득 72% 이하이면서 (손)자녀를 둔 가족을 말한다(한국건강가정진흥원 홈페이지, 2019).

표 8-1 국민기초생활보장제도의 기준 중위소득 및 급여별 선정기준과 최저보장수준

※ 보건복지부장관과 소관 중앙행정기관의 장은 매년 8월 1일까지 법령에 의거해 중앙생활보장위원회의 심의·의결을 거쳐 다음 연도의 수급자 선정기준 및 최저보장수준을 공포해야 한다.

- 최저보장수준: 국민의 소득지출 수준과 수급권자의 가구 유형 등 생활실태, 물가 상승률 등을 고려하여 급여의 종류별로 공표하는 금액이나 보장 수준
- 기준중위소득: 「국민기초생활보장법」에 따라 급여의 종류별 최저보장수준의 기준이 되는 소득

〈예〉 2017~2018년 기준 중위소득(단위: 원/월)

가구원 수		1인	2인	3인	4인	5인	6인
기준 중위소득	2017년	1,652,931	2,814,449	3,640,915	4,467,380	5,293,845	6,120,311
	2018년	1,672,105	2,847,097	3,683,150	4,519,202	5,355,254	6,191,307

1) 국민기초생활보장제도

「국민기초생활보장법」은 구(舊) 「생활보호법」을 대체한 법률로 1999년 9월 7일에 제정되었고, 2000년 10월 1일부터 시행되었다. 「국민기초생활보장법」의 실시로 인하여 시혜적 단순보호차원의 생활보호제도로부터 저소득층에 대한 국가책임을 강화하는 복지시책으로 전환을 하는 계기가 마련되었다.

2) 급여 지원

「국민기초생활보장법」에 의하여 기초생활수급자에게 보장되는 7종 급여는 생계급여, 의료급여, 주거급여, 교육급여, 해산급여, 장제급여, 자활급여로, 저소득계층이 인간으로서 기본적인 생활을 유지할 수 있도록 돕고 있다.

- 긴급위기가족이란 가정폭력, 이혼, 자살, 사망, 사고, 경제·사회적 위기사건들에 직면한 가족을 말한다(한국건강가정진흥원 홈페이지, 2019).

3) 긴급복지지원서비스

2005년 「긴급복지지원법」이 제정됨에 따라, 긴급복지 요청이 있을 경우 시 · 군 · 구 긴급지원 담당공무원은 실 근무시간 기준 8시간 이내에 직접 현장을 확인한 후 필요성이 인정되면 긴급복지지원을 시행한다.

4) 자활지원서비스

근로의욕 고취를 위하여 노동능력이 있다고 판단되는 기초생활보장 수급자들은 반드시 노동을 하도록 규정하고 있는데 이것이 자활사업이다.

5) 의료보장서비스

의료급여는 저소득층 국민이 저렴한 비용으로 의료서비스를 받을 수 있도록 국가가 지원하는 제도인데 1977년에 최초로 도입되었다. 도입 당시에는 시혜차원의 보호개념이 강하였으나 2000년 10월 국민기초생활보장제도가 도입되고 2001년 5월 「의료보호법」이 「의료급여법」으로 전면 개편되면서 국민의 권리로 보장받게 되었다.

2. 빈곤가족 현황에 대한 문제점

1) 빈곤율의 지속적 증가와 상대적 빈곤율의 악화

전반적으로 1960년대 이후 지속적인 고도성장을 이루어 온 한국사회는 평균소득과 소비수준이 꾸준히 높아지고 1996년까지 절대빈곤율과 상대빈곤율은 지속적으로 감소하여 왔다. 그러나 1997년 말 외환위기와 더불어 대량실업사태와 근로빈곤층이 급증하면서 절대빈곤율과 상대빈곤율은 모두 상승하였다(김태성, 손병돈, 2002). 우리나라의 공식적인 절대빈곤율은 외환위기가 발생한 1998년 7.4%에서 1999년 10.7%로 급상하였으며, 그 이후 2000년 8.9%, 2003년 5.2%로 감소하는 경향을 보였다. 그러나 2003년 이후 경기침체 및 기타 사회경제적 요인의 변화에 따라 다시 조금씩 상승과 하락을 반복하고 있다. 절대빈곤율의 변화폭에 비하여 우리나라의 상대빈곤율의 증가추세는 더 현저한 것으로 나타나고 있다. 1999년 11.2%이던 상대빈곤율은 2005년 12.4%, 2010년 12.0%로 나타났으며, 기준(중위소득 40~60%)에 따라 약 4%에서 22%까지 차이가 크게 나타나고 있다.

이는 외환위기 극복 후 절대빈곤규모가 안정되어 가는 것에 비하여 비정규직 증가 등 불안정 일자리 확대와 소득양극화로 인한 상대빈곤층의 구조가 확대되고 있음을 보여 주는 것이다(김교성, 2010; 송승숙, 장승옥, 2011; 이혜숙 · 임은이, 2009).

2) 빈곤의 여성화

여성의 빈곤화 원인으로는 1998년 경제위기 때 남편(가장)의 실직, 가족해체(이혼)가 증가하고 노년기(독거노인)로 인해 발생하는 경우가 많다. 아직도 여성이 빈곤문제에 방치되어 있는 원인에는 '낮은 학력', '여성의 결혼'과 '노동시장의 성차별' 등이 있다.

3) 빈곤의 노령화

2005년 기준 전체 기초생활수급대상자 가운데 노인 세대는 약 32%에 달하였다. 이같이 우리나라 빈곤가정의 문제 중 하나로 '빈곤의 노령화 현상'이 대두되고 있다. 빈곤위험도는 여성일수록, 농촌과 학력이 낮을수록 더 높으며, 노인 빈곤가구는 비노인 빈곤가구에 비해 지속성이 높다.

4) 지역 간의 격차

우리나라 빈곤가구는 지역의 특성에 따라 차이가 심하여 지역에 따른 빈부격차를 보이고 있다. 서울특별시와 울산광역시는 가장 낮은 수준이었으며, 전라남도와 전라북도는 가장 높은 기초생활 수급률로 최대 3배 이상의 차이를 보여 주었다.

5) 단독가구의 빈곤화

2011년 가처분소득 기준의 평균 빈곤율은 16.5%이며, 4인 이상 가구의 빈곤율 8.4%에 비하여 단독가구의 빈곤율은 50.1%로 나타났으며, 가구원 수가 증가할수록 빈곤율은 감소하였다(통계청, 2012, 가계금융 복지조사결과). 전체 기초생활수급자 중에 1인 가구의 비율은 65.8%로 나타나 단독가구의 빈곤율이 높음을 시사하고 있다. 단독가구의 빈곤화는 노인독거율의 증가, 독신여성 및 가족해체로 인한 독거가족의 증가 등의 인구사회학적 변화에 영향을 받는 것으로 사료되어, 향후 빈곤 단독가구의 증가에 대한 다각적인 복지대책이 요구된다.

3. 빈곤가족에 대한 사회복지정책

1) 국민기초생활보장제도에 의한 빈곤가족 지원

2000년 10월 1일부터 시행된 국민기초생활보장제도는 1997년 이후 경제위기와 구조조정에 따른 대량실업으로 근로능력이 있는 빈곤인구가 급증하고, 사회문제가 확대되면서 근로능력에 관계없이 최저생계비 이하의 저소득층에게 국가가 기초생활을 보장하되 종합적 자립자활서비스 제공으로 생산적 복지를 구현해야 할 필요성을 인식하면서 국민의 최저생활을 보호하기 위하여 시행되었다.

2) 가족유형별 저소득가정에 대한 지원

(1) 소년소녀가장세대에 대한 지원

지원대상은 국민기초생활보장수급자 중에서 18세 미만의 아동으로만 구성된 세대이거나 18세 미만의 아동이 부양능력이 없는 부모와 동거하는 세대이며, 부양의무자와 동거하는 경우에는 대리양육가정으로, 부양의무자가 아닌 경우에는 가정위탁으로 선정하여 지원한다. 15세 미만의 아동으로만 구성되어 있는 경우에는 시설입소, 가정위탁을 권장하고 있으며 아동이 18세가 넘었지만 중·고등학교에 재학 중일 경우에는 졸업까지 연장한다.

(2) 기초노령연금과 노인가족 지원

1997년 「노인복지법」이 개정되면서 과거 노령수당이 경로연금제도로 전환되었다. 그러나 2007년 4월 「기초노령연금법」의 제정 공포에 따라 소득과 재산을 기준으로 65세 이상 전체 노인 중 약 60%인 약 300만 명에게 매달 국민연금 전체 가입자 월 평균소득의 5%를 지급하는 기초노령연금제도가 실시되었다.

(3) 장애인가족지원

장애 수당은 장애인의 생활 안정을 위해 「장애인복지법」에 따라 장애인으로 등록한 자 중 「국민기초생활보장법」에 따른 수급자 또는 차상위 계층으로서 장애로 인한 추가적 비용 보전이 필요한 18세 이상의 자에게 지급되는 급여이다.

기초수급 중증장애인 월20만 원, 기초수급 경증장애인 월10만 원, 차상위 중증장애인 월15만 원, 차상위 경증장애인 월10만 원, 보장시설 입소 중 장애인 월7만 원, 보장시설 입소 경증장애인 월2만 원 등이다.

3) 빈곤아동의 보육 및 교육지원

(1) 보육 및 교육에 대한 제도적 지원정책

첫째, 여성부는 2004년 6월 보건복지부로부터 유아보육업무를 넘겨받아 기존의 '가족위임형' 보육에서 부모와 국가가 책임을 나누는 '책임공유형'으로 전환하고 정부는 보육료를 차등하여 지원하고 있다. 정부지원보육료는 원칙적으로 부모가 아이사랑 카드로 결제를 하면 어린이집으로 입금이 되는 방식으로 이루어지고 있다. 또한 「영유아보육법」 및 「영유아보육법 시행령」에 근거하여 유아보호업무를 관리한다. 유아보육시설은 국·공립 보육시설, 직장보육시설, 법인보육시설, 가정보육시설, 부모협동보육시설, 민간보육시설을 의미하며, 「국민기초생활보장법」에 의한 수급자와 여성부령이 정하는 일정소득 이하의 가구자녀의 보육비를 전부 혹은 일부 보조한다. 둘째, 교육부는 「유아교육법」 및 「유아교육법 시행령」에 근거하여 유아교육업무를 관리한다. 셋째, 보건복지부는 「국민기초생활보장법」과 「한부모가족지원법」에 근거하여 빈곤가정의 아동을 지원한다. 「국민기초생활보장법」에 의한 급여는 생계급여, 주거급여, 해산급여, 장제급여, 의료급여를 제공하며, 급여원칙은 최저생활보장 원칙, 보충급여원칙, 자립지원원칙, 개별성원칙, 가족부양 우선원칙, 타법우선원칙을 지향한다. 「한부모가족지원법」 제12조 제1항은 복지급여로 생계비 이외에 아동교육지원비 및 아동양육비 지원을 규정하고 있다.

(2) 교육·문화·복지지원서비스

첫째, 지역아동센터는 2004년부터 민간 공부방이 지역아동센터로 제도화되어 초·중생의 방과후 보호, 학습지원, 급식제공 등의 기능을 담당하고 있다.

둘째, 학교사회복지는 민간단체, 사회복지 공동모금회, 지역교육청 등의 지원으로 지속되어 온 학교사회복지가 2004년부터 교육부를 통하여 시범적으로 시행되고 있다. 학교 현장에 전임사회복지사를 배치하여 학교폭력을 포함한 다양한 학생문제를 예방,

치료하며, 빈곤가족 아동의 문제에도 통합적으로 접근하고 있다.

셋째, We-Start 사업은 저연령에서부터 예방적으로 통합적인 개입을 통하여 빈곤탈피를 목적으로 하고 있는 '빈곤대물림 끊어주기' 사업으로 0~12세 빈곤층 아동들에게 교육, 보건, 주거, 복지서비스를 통합적으로 제공하는 것을 목적으로 한다.

넷째, 교육복지투자 우선 지역사업은 지역사회 교육전문가라는 명칭을 가진 전문인력을 학교에 배치하여 빈곤아동들에게 교육, 복지, 문화서비스를 총괄적으로 제공하고 있다.

4. 빈곤가족에 대한 개선방안

1) 빈곤실태와 원인에 대한 정확한 파악

현대사회의 빈곤은 개인적 요인과 사회구조적 요인이 서로 상호 복합적으로 연계되어 발생하는 경향이 더욱 커지고 있다. 우리 사회는 과거에 비하여 빈곤자들의 빈곤탈출률이 낮아지고 있는데, 이는 빈곤이 악순환되는 사회구조가 견고해지고 있기 때문으로 분석할 수 있다. 따라서 빈곤문제를 해결하기 위해서는 빈곤양상에 대한 동태적·정태적 파악과 빈곤가정에 대한 심도 있는 이해와 분석이 필요하다. 빈곤의 현상과 유입과정, 빈곤탈출의 노력과 기제에 대한 이해에 대한 종합적이고 심도 있는 조사와 연구를 통하여 빈곤의 악순환의 영향을 극복하고 보호요인을 강화할 수 있는 방안을 모색해야 한다.

2) 국민기초생활제도의 개선과 보완

빈곤가구의 경제적 안정성에 대한 최근의 연구(심영, Emery, 2010)는 공공부조는 가구의 단기 및 장기 경제적 안정성에 부정적인 영향을 미치고 사회보험은 정적인 영향을 미치는 것으로 밝히고 있다. 이에 국민기초생활보장제도의 순기능을 강화할 수 있는 합리적인 개선이 필요하다. 예를 들면, 차상위계층에 대한 적절한 보호를 제공할 수 있도록 수급권자 자격기준에 대한 재평가가 필요하다. 또한 현행법이 부양의무자 판별에 대한 기준이 너무 엄격하고 가구원 수와 상관 없는 단일한 재산기준을 근거로 하고 있으며, 소득 기준 설정상의 비합리성 등으로 상당수의 빈곤가족이 보호대상에서 제외되어 있다. 이에 수급권자를 선정할 때 탄력적인 선정기준을 적용할 필요가 있으며, 급여수준도 강화되어야 할 필요가 있다.

3) 빈곤의 조기탈출을 위한 제도적 지원과 빈곤단계에 따른 맞춤형 지원

빈곤은 갑자기 이루어지기보다는 일정한 과정을 통하여 이루어지는 사회과정이다. 일반적으로 빈곤화 단계는 빈곤진입단계, 빈곤탈출 희망과 노력 단계, 빈곤의 심화단계, 빈곤의 장기화와 대물림 단계로 나누어지며, 일단 빈곤의 심화 단계에 접어들면 빈곤을 탈출하기가 매우 어렵다(이혜숙, 임은이, 2009). 실제로 많은 연구(구인회, 2005, 김아래, 2006; 정익중 2005)가 절대빈곤층의 소득이 상승하여 차상위계층 이상으로 빈곤율을 벗어나는 빈곤탈출률은 불과 6%로 빈곤을 벗어나기가 매우 어렵고, 빈곤유입기간이 길어질수록 빈곤탈출률이 현저히 저하되고 있으며, 25%를 넘어서고 있음을 지적하고 있다. 이혜숙과 임은이(2009)는 빈곤가정들의 빈곤유형은 사회적 지원 정도와 빈곤극복의지를 중심으로 의지형, 의존형, 좌절형, 희망형으로 분류하며, 희망형에서 빈곤탈출 가능성이 높다고 주장하였다. 따라서 빈곤가정에 대한 지원은 빈곤단계와 원인의 특성에 대한 분석을 근거로 하여 차별적으로 이루어질 필요가 있다. 즉, 빈곤진입 초기는 빈곤탈출에 대한 희망과 의지가 높고 빈곤요인이 비교적 단순한 경우가 많기 때문에, 이때에 적극적인 직업알선, 심리정서적 지원 등의 사회적 지원을 집중할 필요가 있다.

특히 빈곤가족 아동들의 경우 학습부진과 또래관계의 어려움 등 학교부적응이 심하고 정서적 불안정과 심리적 위축 등이 심하여 빈곤이 장기화될수록 그 악영향이 심화되므로 빈곤가정의 아이들을 위한 조기지원이 매우 시급하다. 한편, 장기빈곤가정에 대하여는 통합적인 접근의 서비스가 이루어져야 할 것이다. 구인회(2005)의 연구에 의하면, 장기빈곤층의 대표적인 집단은 노인과 여성가구주 가구임을 지적하고 있어서 우리나라 장기빈곤문제를 해결하기 위해서는 노인빈곤층, 특히 여성가구주에 대한 대책이 시급함을 알 수 있으며, 비노인 여성가구주에 대한 예방적 대안을 모색해야 함을 강력히 시사하고 있다.

4) 빈곤가족을 위한 법과 제도의 지속적인 보완

현대사회의 빈곤문제가 사회구조적인 복합성을 내포하고 있어 빈곤문제 해결을 위한 법과 제도의 탄력적이고 유연한 적용이 요구된다. 「국민기초생활보장법」을 비롯한 관련 법과 제도들은 지속적으로 보완·수정되어 왔다. 그럼에도 부정수급자는 매년 증가하고 있으며, 차상위계층을 비롯한 사각지대에 있는 빈곤가정 혹은 위기가정에 대한 안전망은 제대로 마련되지 못하고 있는 실정이다. 수급권자의 자격기준에 대한 현실성 있는 평가제도, 재산과 소득에 대한 합리적인 설정과 판단 등에 대한 지속적인 점검이 요구된다.

또한 빈곤가족에 대한 현재 서비스의 분질현상을 파악하여 통합적인 서비스를 전달할 수 있는 서비스 전달체계의 점검도 필요하며, 바우처제도 등은 변화하고 있는 사회서비스 유형에 대한 적극적인 홍보도 필요하다.

5) 조세제도 및 고용 및 시장정책의 개선을 통한 소득재분배

과거에 비하여 근로빈곤층의 문제가 심각하게 대두되고 있는 시점에서 효과적인 노동시장정책의 수립을 통하여 근로소득을 빈곤선 이상으로 증대시키는 노력이 장기빈곤의 예방 차원에서 중요하게 부각된다. 저숙련층 노동시장 여건이 악화하는 상황에서 저소득층 근로지원 세액공제제도 도입과 최저임금수준의 현실화가 요구되고 있으며, 저소득층 인적자본 향상을 위한 취업교육과 알선대책이 다각적으로 모색되어야 한다.

또한 소득 창출능력이 떨어지는 빈곤계층의 여성, 고령자들에게 적합한 효과적인 자활프로그램을 개발 · 보급해야 할 필요가 있으며, 창업지원정책의 보완도 요구된다.

6) 빈곤가정의 아동교육 및 유아보호정책의 개선

현행 빈곤가정 유아 및 아동보호정책은 프로그램 간의 대상 연령, 서비스 내용 간의 연계가 부족하고 분절되어 있으며, 프로그램의 다양성이 빈약하며 수혜자 비율이 낮다고 지적되고 있다. 특히 건강 관련 서비스체계나 유아학대의 예방과 관리체계 등은 매우 미비한 상태이다. 또한 빈곤가정의 부모들을 대상으로 하는 교육 및 지원서비스가 빈약하며, 이러한 서비스를 전달하는 행정적 지원체계 및 재정도 넉넉지 못하다는 총체적인 지적을 받고 있다. 따라서 앞으로 유아교육, 보호서비스는 수혜범위를 확대하고 가족에 대한 지원서비스를 강화하며, 교육기능과 보호기능을 통합하여 종합서비스체계를 구축해야 할 것이다. 또한 0~2세의 영아를 위한 가정방문제도를 통하여 조기관여를 실시하고, 유아교육, 보호서비스를 제공하는 기관들 간에 협력체계를 구축하며, 국고재정을 확충하고 지방자치단체와 산업체 등의 재원을 활용할 수 있도록 보완해야 한다(권기욱, 2005).

빈곤가족의 아동들이 빈번하게 접할 수 있는 학대, 부적응, 가족해체, 비행 및 범죄 등에 대한 예방적 차원의 개입과 상담 프로그램이 확대되어야 하며, 학교사회복지사업을 적절히 활용 · 확대해야 할 것으로 보인다.

PART 4

가족복지 실천의 대상과 영역

Chapter 09

한부모가족

학습목표

1. 한부모가족, 사별과 이혼, 미혼모, 미혼모가족, 조손가족 정의를 이해한다.
2. 한부모가족의 실태와 문제를 이해한다.
3. 한부모가족에 대한 서비스의 현황과 서비스의 대책을 이해한다.

개 요

한부모가족은 가족복지 대상자 중에서도 전통적인 가족복지 대상자에 속하며, 자녀들을 양육하고 돌보는 한부모가족은 다양한 유형으로 이루어져 있다. 대표적인 한부모가족 유형은 사별한부모가족, 이혼한부모가족, 미혼모와 미혼한부모가족, 조손가족 등으로 분류되며, 이들 각각의 유형에 대한 정의, 실태, 문제점, 서비스 현황과 서비스 대책은 공통점 및 차이점을 동시에 가지고 있으므로 이들의 특성을 고려한 한부모가족 대책이 요구된다.

사별한부모가족, 이혼한부모가족, 미혼모와 미혼한부모가족, 조손가족의 실태를 살펴보면 이혼율 증가와 결혼율 감소가 가장 공통적인 요인으로 나타난다. 또한 한부모가족의 문제점은 공통적으로 경제적 문제, 심리정서와 건강문제, 사회적 편견과 부정적 인식, 자녀돌봄(양육) 및 역할 재조정 문제 등으로 나타났다.

사별한부모가족과 이혼한부모가족에 대한 정부지원서비스의 현황은 「한부모가족지원법」과 「국민기초생활보장법」에 의해 국가지원을 받을 수 있다. 조손가족의 복지현황도 「국민기초생활보장법」 수급자와 「긴급복지지원법」의 대상자로 선정된다. 미혼한부모가족의 정부지원서비스의 현황은 아동양육비 월 5만 원과 중 · 고등학생 자녀에 대해 연 5.41만 원 학용품비를 지원, 생활보조금으로 한부모가족복지시설에 입소한 가구에 대해 월 5만 원을 지원하고 있다.

사별한부모가족, 이혼한부모가족, 조손가족에 대한 정부지원서비스 대책의 제한점 및 개선방안이 요구되며, 미혼모의 학업지속을 위한 제도적 뒷받침, 정책적 지원과 법적 제도의 합리화, 시설 중심의 미혼모 지원정책과 생계비지원 및 자녀양육지원, 주거지원, 청소년한부모 지원 등이 앞으로 정부의 지원이 요구되는 한부모가족복지정책이라고 볼 수 있다.

1절 한부모가족의 개념

1. 사별과 이혼 한부모가족의 정의

한부모란 우리말의 '한'(하나이며 동시에 하나로도 충분하며 온전하다)의 의미를 포함한 것으로 결손의 의미를 나타내는 '편부모'란 용어보다 긍정적인 의미라고 설명한다. 한편 영어로는 single-parent family, one parent family, single mother family/single father family 등으로 표현한다. 「한부모가족지원법」에 근거해 '배우자와 사별 또는 이혼하거나 배우자로부터 유기(遺棄)된 자', '정신이나 신체의 장애로 장기간 노동능력을 상실한 배우자를 가진 자', '미혼자[사실혼(事實婚) 관계에 있는 자는 제외한다]' 등으로 아동을 양육하는 자로 정의한다.

모자가족은 배우자와 사별 또는 이혼했거나 배우자로부터 유기된 여성, 사실혼 관계에 있는 자를 제외한 미혼여성 및 기타 사유(정신 또는 신체 장애로 인하여 장기간 노동능력을 상실한 경우, 배우자의 생사가 분명하지 않은 경우, 배우자의 해외거주, 장기복역 등으로 인해 부양을 받을 수 없는 경우)에 의해 실질적으로 세대주가 된 여성이 18세 미만의 자녀를 양육하는 가족을 의미(「한부모가족지원법」 제4조)한다.

부자가족은 부가 세대주(세대주가 아니더라도 세대원을 사실상 부양하는 자를 포함한다)인 가족(「한부모가족지원법」 제4조 제4항)을 의미한다. 모자가족에 대한 이러한 법적 규정은 가족의 구조적인 결손뿐만 아니라 가족관계와 가족의 기능적 결손까지 포함하는 보다 포괄적인 규정이며 복지제도적 측면에서는 한부모가족을 정의함에 있어 여성가장가족을 포함하는 보다 포괄적인 측면을 선호함에 따라, 모자가족이 여성 가구주 가족과 혼용되어 사용하는 경우가 있지만, 기본적인 개념상으로는 약간의 차이가 있다. 즉, 여성 가구주 가정은 전체 가족원이 인식하고 있는 실질적인 가구주가 여성이거나, 실질적인 생계를 책임지고 그 가구를 대표하는 자가 여성인 경우로서 유 배우자나 미혼여성까지 포함하는 보다 포괄적인 개념이다.

2. 미혼모와 미혼모가족의 정의

미혼모(unwed mother: unmarried mother)의 사전적 정의는 "합법적이고 정당한 결혼 절차 없이 아기를 임신 중이거나 분만한 여성"(NASW, 1965)으로 혼전에 분만한 여성뿐 아니라 앞으로의 분만 여부와 관계없이 현재 혼전 임신 중인 여성과 사실혼 관계에서 자녀를 가진 여성들 모두를 포함한다. 이 정의는 미혼의 상태에서 혼전 임신 및 출산, 인공임신중절을 하거나, 별거 · 이혼 · 사별 상태에서 배우자와 관계없는 아이를 가진 경우 모두를 포함한다. 그러나 현재 우리나라 법률에서의 미혼모란 정당한 혼인관계에 의하지 않고 성관계를 통해 자녀를 분만한 여성만을 의미하고 있어 출산하지 않은 임산부는 법률적으로 미혼모의 범주에서 제외되고 있다(한국여성정책연구원, 2010).

최근에는 자발적인 미혼모가 증가하고 있는데, 자발적 미혼모는 법적으로 혼인하지 않은 상태에서 의도적으로 임신과 출산을 한 여성을 말한다. 즉, 법적으로나 문화적으로 결혼을 안 한 여성은 어머니 자격이 없는 것으로 간주했던 우리 사회에 이를 '자발적으로 거부'하는 여성이 늘고 있는 것이다. 여성학계에서는 '미혼모'라 용어에는 '현재는 결혼을 하지 않았지만 이후 결혼이라는 제도 안으로 흡수되어야 하는 존재'로 보는 시각이 담겨 있는 반면에, '비혼모'라는 용어를 사용하고 있으며(김혜경 외, 2012), '두리모'(둘이 둘레가 되어 험한 세상을 둥글게 살아간다는 뜻인 우리말 두리에 어미 모를 합친 신조어)라는 말도 만들어져 사용되고 있다(한국두리모지원협의회, 2013).

3. 조손가족의 정의

조손가족은 일반적으로 조부모와 손자녀로 구성된 가족을 의미하는 개념이며 그 용법과 개념 정의에 있어서는 연구자에 따라 유사하지만 약간씩 다른 차이를 보이고 있다. 김정은(2002)은 조부모가 일차적인 손자녀양육 책임자로서 부모역할을 대신 수행하는 가족이고, 옥경희(2005)는 조손가족을 가족해체 등의 원인으로 인해 아동의 부모가 아동과 실제로 동거하지 않는 상태에서 조부모가 아동과 함께 살면서 아동의 기본적인 의식주 및 생활 전반을 일차적으로 책임지고 있는 가족으로 정의하고 있다. 즉, 부모가 아동의 양육을 책임지지 못하거나 함께 살지 않고 조부모가 아동의 양육을 책임지는 경우를 포괄적으로 조손가족이라고 부른다. 조손가족이란 일반적으로 부모가 아동을 양육하지 못하는 상황에서 조부모가 아동과 함께 동거하면서 양육을 책임지고 있는 가족형태를 지칭한다(박옥임, 2009).

현재 조손가족은 「한부모가족지원법」의 연장선에서 지원하고 있는데 소득수준에 있어서 한부모가족보다 낮은 수준인데도 불구하고 조손가족 지원을 위한 별도의 지원법이나 제도 등이 마련되어 있지 않아 복지의 사각지대에 놓여 있다고 할 수 있다.

2절 한부모가족의 실태와 문제점

1. 한부모가족의 실태

1) 사별과 이혼 한부모가족의 실태

이혼율 증가와 결혼율 감소는 전 세계적으로 한부모가족의 증가를 초래하였다. 우리나라도 최근 들어 이혼율이 증가하면서 이혼이나 별거로 인한 한부모가족 발생비율이 높아지고 있다. 한부모가족의 규모 및 변화추이를 보면, 전체 일반가구 중 한부모가구가 차지하는 비율이 2000년 7.9%, 2005년 8.6%, 2010년 9.2%, 2015년 9.5%, 2016년 9.6%로 지속적으로 증가하였다.

2세대 가구만을 기준으로 보았을 때에도 한부모가구 수는 1990년 12.7%에서 2010년 19.4%, 2015년 22.1%로 대폭 증가하고, 우리나라 2세대 가구 중 가장 대표적인 가족형태인 '부부+자녀' 가구는 2015년 6,150천 가구로 2010년에 비해 감소한 반면, '한부모+자녀' 가구는 19.2% 증가하였다.

유배우자를 포함하여 통계적으로 등록된 여성가구주 수는 전체 일반가구 대비 1990년 15.7%에서 2015년 29.2%로 증가하였고, 미혼가구를 제외한 비율을 보면 2015년도 기준 총 가구에서 차지하는 비율이 22.4%로 향후 증가 추세를 감안해 본다면, 핵가족 네 가족 중에서 한가족은 한부모가족이 될 가능성이 높다 하겠다.

한부모가족 중 23%가 부자가족, 77%가 모자가족으로 모자가족이 약 3배이고, 부자가족 비율은 2000년 19.6%에서 2016년 23.2%로 증가하였으며 모자가족은 전체 한부모가족 대비 그 비율이 다소 감소하는 추세이다. 따라서 모자가족 못지않게 부자가족의 복지에도 관심을 더욱 기울여야 할 필요가 있다.

한부모가구가 된 원인을 보면, 이혼(32.8%), 배우자 사망(29.7%), 배우자 가출 및 유기(25.9%), 미혼(11.6%)의 순으로 이혼으로 인한 비율이 점차 증가하며, 질병 이외 교통사고와 산업화의 산물로 인한 중년남성의 사망률이 증가하고 있어서, 사별 가구주 수도 1966년에서 2010년 사이에 455천에서 169만 6천으로 3.7배 정도 증가하였다. 이러한 추세로 본다면 한부모가족의 증가문제는 이제 주요한 사회현상으로 대두되고 있어, 이들 한부모가족의 적응과 문제해결을 위한 다양한 접근 역시 더욱 요구된다고 할 수 있다.

전체 한부모가족 중 저소득층을 위한 공적부조 성격의 법률에 적용을 받아 보호받고 있는 저소득 한부모가구는 현재 전체 한부모가구의 7% 정도에 해당되며, 저소득 한부모가구 중에서도 82% 정도가 여성한부모가구로 이들 가구의 대부분을 차지하고 있다.

복지대상별로는 한부모복지대상 가구 42.1%, 생활보호대상 가구 31.2%, 한시적 생활보호대상 가구 26.4%, 국가보훈대상 가구 0.3%의 분포로 한부모복지대상 가구의 비율이 가장 많은 것으로 나타나고 있다.

2) 조손가족의 실태

전국 조손가족 현황은 1995년 35,194가구에서 2000년도 45,225가구로 5년간 28.5%로 증가추세이다. 조손가구 비중이 급속하게 증가하고 있다는 점은 농촌지역뿐만 아니라 도시지역까지 확산되어 전국적으로 나타나는 공통적인 현상이다. 현재는 도시와 농촌 모든 지역에 있어서 조손가족의 증가는 피할 수 없는 가족복지서비스의 주요 대상임을 반증하고 있다.

3) 미혼모가족의 실태

(1) 미혼모가족 아동의 수

보건복지부(2018)의 통계에 따르면, 보호를 필요로 하는 아동 발생 수 중 미혼모 아동은 2009년 이후 줄어들고 있으며, 2016년의 경우 19%에 달한다.

(2) 미혼모의 연령

우리나라의 보건복지부 통계(2017)에 따르면 2003년에서 2007년 동안 16~20세의 미혼모가 3,805명으로 가장 많고, 21~25세가 3,474명, 26~30세가 1,304명으로 나타났다.

15세 이하의 미혼모도 256명이나 차지하고 있었는데, 10대 학생미혼모가 사회문제화되고 있다. 이러한 미혼모의 저연령화 현상은 전 세계적 추세로 프랑스의 경우 매년 1만여 명, 영국도 이와 유사하여 양국에서는 양호실에서 피임약을 나누어 주고, 프랑스는 중학교 교과과정에 학기당 30~40시간씩 성교육과 피임방법에 대한 교육을 하고 있을 정도로 그 정도는 심각하다(중앙일보, 2000. 5. 10.).

(3) 미혼모의 사회인구학적 요인

① 미혼모의 직업

미혼모의 직업은 1990년대에는 무직이 48.7%, 학생이 8.7%에서, 2000년대로 오면서 무직이 48.2%로 감소하고, 학생이 16.7%로 증가하였으며, 다양한 직업으로 확대되고 있다(이명순, 박주현, 2010).

② 미혼모의 학력

미혼모의 학력은 고등학교 이상이 1990년대 74.9%, 2000년대는 84.9%로 증가하였고, 대학생 이상도 19.2%로 미혼모의 고학력화 현상이 보인다(이명순, 박주현, 2010). 그러나 10대의 경우 연령 자체가 낮기 때문에 교육수준이 낮고, 학업을 중단하고 가출을 하는 경우도 많아 학업 지속이 곤란하므로 자연스럽게 저학력으로 연결된다. 그리고 청소년 미혼모의 87.6%가 학업을 지속하기를 원했지만 71%가 학업을 중단한 것으로 나타났다(국가인권위원회, 2008). 또 다른 연구에서는 43개 미혼모시설 입소자의 교육수준을 보면 고등학교 졸업자와 대학 재학 이상의 학력비중이 적지 않다고 나타났다. 즉, 고등학교 퇴학 졸업(재학, 휴학 포함)이 1,401명(62.9%)으로 가장 많았고, 대학교 퇴학 졸업(재학, 휴학 포함)이 426명(19.1%) 중학교 퇴학 졸업(재학, 휴학 포함 등)이 401명(18.0%) 순으로 나타났다(김혜영 외, 2009). 이는 청소년 미혼모들은 학교로부터 자퇴나 휴학을 권유받거나 스스로 학업을 포기하는 상황이고, 특히 중학생의 경우 의무교육으로 인해 자퇴나 휴학을 학교에서 권고하지 못하지만 '유예처리'로 실제 휴학이 종용되기도 하여 이러한 학업중단은 학생미혼모의 학습권과 인격권이 박탈되고, 미혼모로 하여금 실업과 빈곤의 악순환으로 빠져들게 하는 이유가 된다.

③ 미혼부와의 관계

미혼모들은 미혼부를 친구 소개(37%), 우연히(16.4%), 직장동료(13.4%)로서 만나 이성교제 중에 자연스럽게 성관계를 갖게 된 것으로 나타났다(여성가족부, 2005). 미혼모의 상대자로 애인, 친구나 일시 교제가 높은 비율을 차지하고 있는 것은 이들의 성활동은 활발한 데 반하여 피임 등에 대한 지식이 부족하여 나타나는 결과로 볼 수 있다.

그러나 임신 후 미혼부와의 관계를 보면, '헤어졌다'가 62.1%, '가끔 왕래'가 10.8%인데 반해, '결혼 예정'은 6.0%, '교제 중'인 경우가 19.4%로 나타나 관계가 유지되는 경우는 25.4%에 불과하였다(여성가족부, 2005). 이는 미혼부들이 이성교제 시 혼전 성관계에 대해서는 자유로운 사고를 가지고 있으나, 예상치 못한 임신에 대한 책임은 주로 미혼모 혼자서 감당해야 하는 상황임을 보여 주고 있다.

④ 임신의 이유

실제 보호시설 미혼모 중 16%가 '피임 실패', 66%가 '교제 중 원치 않게 임신'이라고 답한 것을 보면 82%가 원하지 않는 임신을 했으며, 성에 대한 무지의 결과로 임신한 것으로 나타나고 있다. 한편, '아기를 갖기 위해서'라는 이유는 7.5%로 일부 자발적 미혼모의 사례도 보여 주고 있다.

2. 한부모가족의 문제

1) 사별과 이혼 한부모가족의 문제

(1) 경제적 문제

2015년 한부모가족의 실태에서 제시된 바와 같이 저소득 한부모가족 지원을 받는 가구는 증가하고 있으며, 특히 저소득 한부모가구 중 어린 자녀가 있는 모자가족의 비중이 매우 높다. 저소득 한부모가구 비율 중 모자가구가 많다는 점은 배우자 상실로 인한 소득의 감소와 자녀양육으로 인해 안정된 취업을 하기가 어렵고, 경력단절여성과 같이 우리나라 고용시장에서 여성 한부모 가장의 취업 어려움이 클 수밖에 없음을 시사한다. 한부모가족의 경우, 저소득 가구의 비율이 높아 자녀교육비, 의료비 등 생계유지가 어려운 경우가 많다. 특히 부자가정보다는 모자가정이 경제적으로 더 어려우며, 한부모가족의 가장 큰 어려움이 경제적 어려움임을 알 수 있다. 또한 경제적인 어려움이 있는 한부모가족의 경우 친인척 지원, 사회적 관계망의 지원 등이 거의 없고, 외부 지원 체계가 거의 없어 생리 · 신체적 어려움으로 인해 극빈가족으로 전락할 소지가 있다(도미향 외, 2018).

(2) 심리정서와 건강문제

한부모가족이 형성되는 과정에서 경험하게 되는 이혼, 사별, 별거 등으로 심리적으로 혼란스러운 상태에 놓이며 분노감, 상실감, 배신감, 좌절감, 우울감, 실패감, 등과 불안, 높은 스트레스, 사회적 고립감, 자존감 상실 등의 문제를 경험한다. 상실감과 소외감은 주변 사람들과의 인간관계를 원만히 지탱하기 어렵게 하고 폐쇄적으로 만들기도 한다.

여성 한부모의 경우 이중역할에 대한 긴장과 스트레스가 높다고 볼 수 있다. 배우자의 부재로 인해 단독으로 부양자로서 부의 역할을 해야 함은 물론 자녀에게 아버지의 역할까지도 해내야 하는 과정에서 이들 여성 한부모는 정서적 · 심리적 부담을 매우 크게 경험한다. 이러한 정서 · 심리적 부담이 가중될 경우 무력감과 세상에 대한 자신감의 결여, 절망감, 사회로부터의 거부감, 부양자로서 자신의 역할에 대한 부정적인 평가, 무능력하고 부적절한 존재로 간주하게 되는 과정을 통해서 우울과 불안, 소외감에 빠져들 수 있다. 반면, 한부모가 된 여성이 삶에 대한 의욕을 가지고 자녀와 친밀한 관계를 유지하게 되면 경제적 자립뿐만 아니라 여성과 자녀 모두 스트레스 상황에 잘 적응하는 경우도 있다(도미향 외, 2018).

(3) 사회적 편견과 부정적 인식

우리 사회는 핵가족을 정상가족으로 규정하고 그 범주에서 벗어나는 가족에 대해 비정상적인 가족으로 보는 시각이 여전히 존재한다. 이로 인해 한부모가족은 비정상가족으로 사회의 편견과 부정적 인식, 사회적 낙인으로 어려움을 경험한다. 한부모가족의 대다수가 한부모가족이라는 이유만으로 편견이나 차별을 경험하고, 주변 사람들이 '인생 실패자', '낙오자' 등으로 보는 것 같은 스트레스를 경험하기도 한다(동아닷컴, 2018). 한부모가족으로서 경험한 차별과 편견의 내용을 보면, 학교에서 가족을 주제로 하는 과제, 군대에서 한부모가족 자녀라는 이유로 관심사병으로 분류, 취업 면접에서 한부모가족이 된 사유에 대한 집중적인 질문 등 일상생활에서 차별과 편견에 부딪힘으로써 받는 스트레스가 많다. 정부에서는 2018년부터 5월 10일을 '한부모가족의 날'로 제정하고 차별근절을 위한 노력을 지원하고 있다.

(4) 자녀돌봄 및 역할 재조정 문제

2015년도 한부모가족 실태조사에 따르면, 자녀가 어느 연령대에 있든 한부모들의 가장 큰 어려움은 '양육비 · 교육비용 부담'을 들고 있다. 이들은 경제적 활동으로 인해 자녀들과 함께하는 시간이 적으며, 미취학 자녀를 둔 경우에는 '자녀를 돌봄 시간의 부족', '자녀를 돌봐줄 사람을 구하는 어려움', '학업성적' 등 교육과 관련된 어려움을 호소하고 있었다. 한부모들은 '부와 모의 역할을 혼자서 감당(4.1)'하기 힘들고, '집안일 부담 증가(4.0)'와 '미래에 대한 부담증가(3.9)', '경제적 어려움(3.8)' 등 돌봄과 가사로 인한 역할 과중과 경제적 부담 등 생활에서의 어려움을 호소하고 있는 것으로 보고되고 있다. '집안일 부담증가'의 경우 부자가구가 어려움을 상대적으로 크게 느끼는 반면, 나머지 영역은 모자가구의 어려움이 더 큰 것으로 파악되고 있다. 한부모들의 과반수가 집안일, 돈이 필요할 때 본인과 아이가 아플 때, 생활과 관련한 도움이 필요할 때 등 일상생활에서 부모 및 친인척의 도움을 얻고 있는 것으로 나타나고 있다(여성가족부, 2015).

그러나 최근에는 한부모가족이라는 가족구조나 경제적 요인 자체보다는 한부모-자녀 간의 관계와 한부모의 양육행동, 가족응집력 등에 따라 자녀의 우울, 적응, 비행 등 부정적인 문제를 약화시킨다는 보고가 있다(정소희, 2006; 홍순혜, 2004; 양세정, 2013

재인용). 실제로 한부모가족은 한부모가족이 되는 과정에서부터 생활의 변화와 자녀양육에 대한 심리적 부담감 등으로 자녀와의 의사소통이 줄어들게 되며 이로 인해 자녀들의 생활적응에도 영향을 미치게 된다(하정옥, 2010).

2) 조손가족의 문제

(1) 조손가족의 조부모 문제

① 경제적인 측면

조손가족의 조부모는 노화나 신체적 질병으로 인해 직업이 없는 경우가 많아 70%가 직업을 갖고 있지 않으며, 정부의 지원금으로 생계를 꾸려 나가고 있는 실정이다(이상현, 2005).

젊은 세대와 달리 상대적으로 직업의 취약성을 가지고 있는 노인들은 손자녀를 양육하게 되면서 직업전선에서 물러날 수가 없는 상황에 놓이거나 직업이 없는 경우는 새로운 직업을 찾아 나서야 한다. 그러나 이들이 종사할 수 있는 직업에는 한계가 있어 취업이 어렵고, 취업이 된다 하더라도 저임금일 확률이 높다. 영유아기의 손자녀를 맡게 되는 경우는 그나마 하던 일도 지속할 수 없게 되거나 손자녀를 혼자 두고서 일을 해야 하므로 손자녀방임의 문제도 함께 발생하게 된다. 이러한 경제적 문제는 단순히 경제적 어려움으로 끝나는 것이 아니라 가족구성원들의 정서적 · 사회적 측면 및 가족관계에도 영향을 미치게 된다.

② 양육 부담감

조부모가 손자녀의 양육을 전담하기 전에는 가족 내의 부모역할이나 배우자 역할에서 어느 정도 벗어나 있었다. 그런 상황에서 이들에게 주어진 손자녀의 양육은 새로운 역할이 생기는 것과 동시에 누군가에게 얽매이는 상황에 놓이게 된다. 손자녀로 인해 일상생활에 제약을 받고 자유롭지 못하게 된 현실은 안락한 노후를 꿈꾸던 조부모에게 있어 커다란 부담감이 아닐 수 없다. 손자녀를 돌보는 조부모들은 주관적으로 느끼는 신체건강 상태를 크게 인식하고 있기(최혜경, 2002) 때문에 양육의 부담감이 증가하고, 심적 스트레스를 가중화시킨다.

③ 정서적 문제

조손가족의 조부모는 자녀의 상실로 인한 비애나 자녀가족의 위기나 해체에 따른 슬픔을 극복하기도 전에 손자녀의 양육을 떠맡게 되고, 그동안 조부모의 역할에서 벗어나 부양자로서 부모의 역할까지 대신해야 하는 긴장감에 따른 스트레스가 가중된다고 할 수 있다. 경제적 부담감에서 오는 스트레스는 건강악화를 고려할 새도 없이 직업전선에서 벗어날 수 없게 만들 뿐만 아니라, 힘겨운 육체노동으로 인한 과로는 손자녀를 제대로 돌볼 정신적 여유를 갖지 못하게 한다. 이러한 생활의 연속은 결국 손자녀와의 유대감 형성에 장애요인으로 작용하고, 편안해야 할 노후를 손자녀와의 불화로 인해 자신의 처지를 비관하게 되며 그에 따라 고독감과 외로움을 경험하게 된다. 또한 사회적 지원의 불충분으로 인한 절망감을 느끼게 되고 사회로부터의 거부감으로 인해 소외감에 빠져들 수 있다.

④ 사회적응 문제

조손가족 조부모들은 손자녀를 양육함으로써 사회적 관계망 위축과 관계 단절로 인한 고립을 경험한다. 손자녀에게 자신의 시간, 돈, 에너지를 쏟기 때문에 친척, 이웃을 함께 만나 여유를 즐기거나 자신을 위해 투자할 시간과 비용이 부족하다. 또한 친구는 물론 친인척과의 접촉도 상대적으로 빈약하여 그동안 구축해 왔던 관계망이 훼손되고 이로 인해 사회변화에 지체되기도 하며, 정보취득에 있어서도 한계를 많이 느끼게 된다.

⑤ 건강문제

조손가족 조부모의 신체상태는 노화로 인해 이미 쇠약해져 있거나, 질병을 가지고 있는 경우가 대부분이다. 손자녀를 전담·양육한 이후 육체적으로 현저히 쇠퇴하였으며, 손자녀양육 부담이 없는 홀가분한 조부모에 비해 신체적 건강과 기능이 낮게 나타나고 있다. 또한 조손가족 조부모에게 흔하게 관찰되는 신체적 질병은 고혈압, 심장질환, 당뇨, 관절염 등으로, 다른 수발집단에 비해 평균 2개 더 많은 만성질환으로 고통받는 것으로 드러나고 있다(Strawbide, Walhagen, Shema & Kaplan, 1997).

(2) 조손가족의 손자녀 문제

조손가족의 조부모는 손자녀를 돌보는 데 필요한 적절한 자원이나 기능을 갖지 못하는 경우가 많기 때문에 돌봄의 질이 부족하다고 할 수 있다. 이로 인해 손자녀의 정서적 · 행동적 · 발달적 · 적응적 문제가 심각한 수준으로 보고되고 있다(김정은, 2002). 조부모의 심리상태 혹은 고통은 조부모 자신뿐만 아니라 손자녀에게도 부정적인 영향을 미치게 되며, 때로는 조부모들이 손자녀를 학대하고 방임할 수 있는 가능성도 크다고 할 수 있다.

① 경제적인 문제

조손가족은 대부분 가족해체의 최후의 보루로 형성된 가족의 특성상 빈곤한 경우가 대부분이다. 따라서 조부모는 손자녀를 돌보는 데 있어 자원과 재화가 충분하지 않으며, 부족한 재화로 인한 손자녀들은 일찍 직업전선에 참여해야 하는 어려움에 처해 있다. 경제적 이득이 되는 일이라면 아무리 힘들고 어려워도 일할 수밖에 없는 조부모 밑에서 성장하는 손자녀들은 시간이 나는 대로 조부모의 일을 도와야 하며, 경제적 부족으로 인해 고비용을 필요로 하는 사교육의 현장에서 거의 배제되고 있는 실정이다. 이처럼 자원이 한정되어 선택의 기회가 부족하고, 하고 싶은 것을 제대로 할 수 없는 조손가족 손자녀의 경제적 현실은 이들을 일탈, 비행은 물론 심지어는 가출로까지 이어지게 하고 있다. 이들은 또한 진학을 포기하고 고령의 조부모 대신 가장의 역할을 떠맡아야 하는 경제적 부담감마저 안고 있다.

② 정서적인 문제

조손가족의 손자녀는 갑작스러운 부모의 부재로 인한 가족 내 구성원 변화에 따른 심리적 갈등과 정서적 문제를 경험하게 된다. 부모의 부재로 인한 슬픔을 견뎌 내야 하고, 가족구조의 변화로 새로운 환경에 적응해야 하는 이중의 긴장감을 안고 있으며, 이전의 역할이 단절되고 새로운 역할에의 적응이 새롭게 요구된다. 이들은 달라진 부양자와의 적응에서 오는 어려움과 자신이 선택하지 않은 상황을 수용해야 하는 부담감으로 인해 많은 갈등을 경험하게 된다. 또한 이들은 부모의 부재로 인해 감정적 · 정서적 안정에 지장을 받고 있으며 자긍심과 신뢰감에도 손상을 입게 되어 혼란한 감정을 겪게 된다. 이로 인해 가정 · 학교 · 사회에서 부적응 현상을 초래할 경향이 높으며, 조부모와의 세대차이로 인해 의사소통의 어려움을 호소하고 있다. 이러한 의사소통의 어려움은 가족구성원 간 불화와 단절을 유발시키고 가출이나 비행 등의 문제가 발생할 개연성을 높이는 요인이 되므로 조손가족 손자녀의 정서적 안정과 삶의 질 향상을 위한 지원대책이 절실히 요구된다.

③ 사회적응 문제

조손가족 손자녀의 사회적응은 조부모의 양육태도의 영향을 받으며, 학교 적응력에 있어서도 상관이 있는 것으로 나타났으며, 저학년의 경우 사회적 능력이 낮은 편이고 더 우울한 것으로 나타났다(김혜선, 2004; 박옥임, 김정숙, 2006). 또한 조손가족의 아동은 양부모가족 아동에 비해 적응상의 어려움을 경험하여 학교생활에 부적응행동을 나타내는 것으로 조사되었다(김승훈, 2005). 그러나 다른 연구에서는 조손가족 청소년이 적응수준에서 긍정적 신념수준이 높고 자기유능감 수준이 대체로 양호하며, 가족갈등의 위험 정도는 경계선상으로 인식하고 있으며, 또래와의 애착수준 또한 양호하며, 학교 분위기에 대해 긍정적으로 평가하는 것으로 보고하고 있다(최혜경, 2006). 이와 같은 결과는 조손가족에 대하여 적절한 사회적 자원이 이루어진다면 다른 어떤 유형의 보호보다도 조손가족에 의한 보호가 안정적일 수 있으며, 건강한 적응능력을 유지할 수 있음을 시사하고 있다.

④ 행동상의 문제

조손가족의 경우 부모가 같이 동거하지 않거나, 양육할 수 없는 상황에서 조부모가 부모의 역할을 대행하면서 손자녀에 대한 보호와 감독이 상대적으로 소홀해질 가능성과 비행의 가능성이 높다. 또한 박옥임(2006)은 낮은 자존감을 보이는 조손가족 청소년들에게서 학업중단이나 비행 등의 일탈행동이 두드러지게 나타나는 것으로 보고하고 있다. 반면, 조손가족 아동의 정서 · 행동의 수준은 양부모 아동과 비슷한 수준이고 이혼가족의 아동에 비해 긍정적이며, 행동영역에서 양부모 가족보다 부정적인 반면 이혼가족보다는 긍정적인 것으로 나타났다(오명희, 1994; 황혜정, 1996).

3) 미혼모가족의 문제

(1) 미혼모 자녀에게 미치는 영향

사생아라는 오명을 들으면서 자라게 되므로 좋은 성장을 기대하기 어려운 경우가 발생하며, 학업성취도가 비교적 낮고, 이로 인해 비행청소년이 될 우려가 있다.

(2) 미혼모 자신에게 미치는 영향

가족으로부터의 소외감, 자녀에 대한 죄책감을 가지게 되고, 또한 아버지 없이 경제적으로나 정신적으로 매우 불안정한 상태에서 자녀를 키우게 된다. 자녀를 입양시키게 되는 경우 친권 포기 이후의 상실감과 심리적 고통을 경험하게 되는 친모증후군의 증세도 보인다.

(3) 미혼모의 부모가 받는 영향

자녀의 임신으로 인한 실망과 충격을 느끼며, 손자의 양육문제에 대해 여러 가지 정신적 스트레스를 받는다.

(4) 미혼부가 받는 영향

미혼부가 청소년인 경우에는 어린 시기의 임신과 부모됨이 심리적 압박과 더불어서 아이에 대한 책임을 회피하는 결과를 낳게 된다.

3절 한부모가족에 대한 서비스 현황과 대책

1. 한부모가족에 대한 서비스의 현황

1) 사별과 이혼 한부모가족에 대한 정부지원서비스의 현황

우리나라에 한부모가족을 위한 별도의 정부 주도의 경제적 지원제도는 없다. 다만, 일반 한부모가족은 유가족을 위한 연금형식의 사회보험이 있고, 저소득 한부모가족은 「한부모가족지원법」과 「국민기초생활보장법」에 의해 국가지원을 받을 수 있다.

한부모가족에 대한 국가의 정책적 지원은 「한부모가족지원법」을 근거로 하고 있으며, 여성가족부에서 주관(2005년 6월 보건복지부에서 이관)한다. 지원사업은 크게 재가 저소득 모부자가족지원과 모부자복지시설지원이 대표적이다. 연 예산은 2019년 기준 26억 원으로 2018년 21억 원에 비하여 24% 증가되었다. 구체적인 지원내역을 살펴보면 다음과 같다.

① 한부모가족 아동 양육비 · 교육비 지원사업으로 2019년도 예산액은 25억 원으로 전체 한부모가족지원사업 예산의 95.5%를 차지하고, 아동양육비는 소득인정액 기준 중위소득 52% 이하의 한부모가족 만 13세 미만 아동에 대하여 아동양육비

월 12만 원을 지원한다.

② 한부모가족복지시설 지원사업: 한부모가족복지시설의 주거환경개선, 종사자 역량강화 및 입소자의 정서적 안정과 치료를 통하여 생활이 어려운 한부모가족에게 일정 기간 양질의 서비스를 제공하여 안정적으로 보호함으로써 자립기반을 조성할 수 있도록 지원한다. 2019년 12월 기준 124개의 생활시설과 7개의 이용시설을 운영하고 있다.

③ 한부모가족 무료법률구조 활동: 한부모가족 대상 법률상담, 소송대리, 기타 법률사무소 무료법률구조 지원한다. 법원과 연계한 이혼위기가족 회복지원사업으로 건강가정지원센터를 통한 상담, 교육, 문화서비스, 양육비이행관리원을 통한 양육비이행지원서비스 등이 있고, 지원 대상자 선정에 있어서는 일정한 기준을 적용한다. 세대주인 모 또는 부와 그에 의하여 양육되는 만 18세 미만의 자녀로 이루어진 가정을 기본으로, 배우자와 사별 또는 이혼하거나 배우자로부터 유기된 자뿐만 아니라 정신 또는 신체장애로 인하여 장기간 근로능력을 상실한 배우자를 가진 자, 미혼자(사실혼 관계에 있는 자는 제외), 배우자의 생사가 분명하지 아니한 자, 배우자 또는 배우자 가족과의 불화 등으로 인하여 가출한 자, 배우자의 해외거주·장기복역 등으로 인하여 부양을 받을 수 없는 자, 국내에 체류하고 있는 외국인 중 대한민국 국민과 혼인하여 대한민국 국적의 아동을 양육하고 있는 자 등을 포함한다. 배우자의 존재 유무보다는 부양기능 유무를 기준으로 한 포괄적인 기준을 적용한다.

2) 사별과 이혼 한부모가족에 대한 민간서비스의 현황

한부모가족에 대한 복지서비스는 정부의 정책적 지원뿐만 아니라, 각종 민간기관에서의 다양한 프로그램을 통해서도 지원이 이루어지고 있다. 현재 한부모가족에게 프로그램 및 서비스를 제공하는 대표적인 민간기관으로는 지역사회복지관, 한부모보호시설, 한부모 자립 시설, 여성단체, 자활후견기관 등이 있는데, 복지관 등에서 제공하고 있는 프로그램은 크게 경제적 지원과 심리적 · 사회적 지원으로 구분할 수 있으며 심리 · 사회적 지원은 상담서비스, 지역사회 연계서비스, 교육서비스, 보육서비스, 사례관리 등으로 분류할 수 있다.

3) 조손가족을 위한 복지 현황

(1) 국민기초생활보장법 개선

「국민기초생활보장법」에 의하여 조손가구 구성원인 조부모와 손자녀는 수급권자로 선정되는 경우 생계급여, 주거급여, 교육급여, 의료급여 등을 지급받는다. 저소득층의 경우 선정기준을 완화하여 특례자로 선정한 후 의료, 교육 및 자활급여를 개별적으로 제공하고 있다. 별도보장에 의한 개별가구의 소득 인정액은 최저생계비 이하이지만 부양능력이 있는 부양의무자가 있어서 수급자 선정이 어려운 가구 중 그 부양의무자와 법률상 부양의무관계가 성립하지 않는 가구원은 가족해체 방지 등을 위한 별도가구로 인정하는 특례를 적용하고 있다(보건복지부, 2003).

(2) 긴급복지지원법

2005년부터 저소득층 가족구성원의 사망, 질병, 교도소 수용 등으로 인해 생계유지, 의료비 감당 등이 곤란한 위기상황에 놓이게 되면 확인된 저소득층에 대하여 별도의 사전 조사 없이 생계비 · 의료비를 우선적으로 시행하는 것을 기본으로 하는 선보호조치 성격의 지원법이 시행되고 있다. 2007년에는 수급자 선정기준을 완화하여 차상위계층도 동법에 의한 혜택을 받도록 하고 있다.

(3) 기타 지원사업

조손가족에 대한 법적 지원 서비스로는 '2004년 복권기금사업'인 위기가정 지원사업, 빈곤가정 위기 지원사업, 결식아동 급식 지원사업 등이 있다. 위기가정 지원사업은 복권사업을 통해 마련된 기금을 가지고 한시적으로 운영되었으며, 빈곤가정 위기 지원사업은 사회복지공동모금회에서 「국민기초생활보장법」 수급자를 제외한 저소득층 가정에 가구당 60만 원의 생계비와 신청 당시 입원 중인 「국민기초생활보장법」 수급자와 차상위계층 가정에 200만 원의 의료비를 지원하고 있으며, 결연사업으로서 시설보호아동, 소년소녀가장 세대의 불우한 아동과 지역사회 인사와의 결연을 통해 물질적, 정신적으로 지원함으로써 이웃사랑의 사회기풍을 조성하고 불우아동의 건전한 육성을 도모하기 위한 목적으로 진행되고 있다. 결식아동 급식 지원사업은 경제적 빈곤이나 가족기능 결손 등으로 인해 결식하는 아동에게 연중으로 급식을 지원하여 성장기 아동의 심신발달을 도모하고 사회인으로서의 올바른 성장을 도모할 목적으로 하루 한 끼 이상 1인 1식을 지원하고 있다(박경애, 2007).

그 밖에 보육정책을 통한 조손가족 아동 보육비 지원, 교육지원정책의 일환인 농촌지역 저소득층 자녀 유치원교육비 지원사업, 저소득층 고교생 학비지원사업, 농림축산식품부에서 시행하는 농업인 고교생 자녀 학자금 지원사업, 그리고 보건복지부와 교육부에서 실시하고 있는 아동급식 지원사업 등이 있다. 현재 우리나라의 경우 조손가족을 대상으로 한 별도의 지원체계는 물론 조부모나 손자녀에 해당하는 아동 및 청소년 관련 지원서비스 체계는 전혀 통합적이지 않은 현실이고, 또한 가족단위의 지원보다는 노인이나 아동을 대상으로 하는 개별지원이 많아 조부모–손자녀의 다양한 욕구를 포괄적으로 충족시킬 수 있는 통합서비스가 제공되고 있지 못하다(김혜영 외, 2011).

4) 미혼한부모가족에 대한 정부지원서비스의 현황

만 25세 이상 미혼한부모가족이 양육하는 만 5세 이하 아동에 대해 아동양육비 월 5만 원을 추가로 지원한다. 이 외에 중·고등학생 자녀에 대해 연 5.41만 원 학용품비를 지원한다. 생활보조금으로 한부모가족복지시설에 입소한 가구에 대해 월 5만 원을 지원하고 있다.

청소년 한부모 자립지원사업은 한부모가구 중 부 또는 모의 연령이 만 24세 이하인 가구를 기준으로 아동양육비와 교육비 기준을 달리 적용하고 지원한다. 소득인정액 기준 중위소득 60% 이하(생계급여수급자 제외) 청소년 한부모 가구의 아동 1인당 월 17만 원을 지원한다. 청소년 한부모가구의 부 또는 모가 검정고시 학습 시 연 154만 원 이내를 지원한다. 소득인정액 기준 중위소득 53~60%(교육급여수급자 제외)인 청소년 한부모 가구의 부 또는 모가 정규 고교과정 이수 시 입학금 · 수업료를 실비지원하고 생계급여, 의료급여 수급자인 청소년 한부모가구의 부 또는 모가 학업이나 취업 등 자립활동 시 자립지원촉진수당으로 월 10만 원을 지원하고 있다.

2. 한부모가족에 대한 서비스의 대책

1) 사별과 이혼 한부모가족에 대한 정부지원서비스 대책의 제한점 및 개선방안

우리나라의 민관 가족복지서비스 전달체계는 크게 여성복지, 노인복지, 장애인복지, 아동 및 청소년 등으로 대별되어 이루어지고 있어 가족을 단위로 하는 가족복지의 기본 목적에 적합한 체계는 아직 명확하게 갖추어지지 못하고 있다. 또한 이들에 대한 복지 프로그램의 경우도 대부분 요보호가족에 대한 경제적 지원이나 구제에 치우치고 있어 포괄적인 복지 프로그램으로서 기능하지 못하고 있다(임춘희, 1999; 최연실, 1999). 정부의 가족복지정책도 명목상으로는 여성가족부 소관이나 실질적으로는 여성, 아동, 청소년 등 제각각의 부처별 서비스가 이루어지고 있다. 진정한 의미의 '가족복지'가 제대로 실현되지 못하고 있고, 요보호저소득층 가족중심의 복지서비스가 주로 이루어지고 있다.

가족정책은 가족 개개인의 능력을 신장시키고 상호영향력을 발전시켜 가족의 잠재력을 최대한으로 개발함으로써 가족자원을 확보하고 가족 전체를 유기적으로 융합발전시키려는 목적 아래 시행되어야 한다. 그런 의미에서 가족구성원 각자에 대한 시혜적 정책은 일시적인 효과만 일으킬 뿐 장기적인 관점에서 그다지 효율적이지 않은 방법이라 할 것이다. 따라서 한부모가족의 정책에 있어서도 이들의 가족적 특성에 대한 정확한 이해를 전제로 이들의 속성을 분석하고 총체적으로 가장 효율적인 투입을 결정하여야 한다. 이를 위해서는 사회구성원이 아닌 '가족'을 이해하는 노력이 필요하고 이를 기초로 통합적인 가족정책이 도출되어야 한다. 이처럼 한부모가족을 통합적으로 지원해 주는 가족정책이 실현되기 위해서는 현재 각 기관 및 시설에서 제공되고 있는 대상자 중심의 프로그램 및 서비스가 가족단위로 개선되어야 한다. 특히 아동의 경우 가족의 유기체적 기능에 영향을 받고 있고, 장기적인 관점에서 잠재력 개발이 보다 중요하다는 점에서 복합적이고 통합적으로 지원해 줄 수 있는 가족정책 서비스와 프로그램의 제공이 필요하다.

한편으로 우리나라에서 복지 관련 사회제도, 법 등의 변화는 매우 더디게 일어나고 있다. 따라서 한부모가족의 실제적인 삶의 변화에 법의 변화가 따라오지 못하여 사회부적응이 양산되는 경우가 흔하다. 최근 그나마 호주제 폐지에 의하여 그동안의 법적 문제가 일부 해소되는 계기가 마련되었다. 과거의 호주제도 내에서는 여성이 자녀를 데리고 재혼한 경우 남편과 자녀의 성이 다를 시에는 자녀가 학교생활 등에 있어 심리적인 피해를 입는 등의 문제가 있었으나 2008년부터 이러한 경우 법원의 허가를 받아 성을 바꿀 수 있게 되었다.

- 실질적인 한부모가족복지수준의 제고를 위해서는, 저소득 한부모가족의 절대수가 증가하고 있어 우선적으로 공적 부조의 수혜자 수를 늘려야만 한다. 기존의 지원 프로그램의 사업체계와 내용을 변화시켜 대상을 확대하여 좀 더 포괄적인 지원이 이루어질 수 있도록 할 필요가 있다. 과감한 정책변화가 이루어져야 급격히 변화하는 한부모가족의 생활조건에 실질적 도움이 될 수 있고, 특히 자녀세대의 질적, 양적 요구에 다소나마 현실적 도움이 될 수 있다.
- 구체적인 지원내용도 그 개선이 시급하다. 특히 자녀양육 및 교육비 지원 현실화 및 대상아동의 확대가 필요하다. 현재로는 '건강한 아동양육과 균형 있는

영양공급'이라는 취지에는 매우 불충분하며, 자녀학비지원도 특히 입학금과 수업료가 없는 초등학생의 경우 부대경비 지원이 필요한 실정이다.

2) 사별과 이혼 한부모가족에 대한 민간서비스 대책의 제한점 및 개선방안

(1) 교육서비스

한부모가족의 복지향상을 위해서는 경제적인 지원을 비롯한 다양한 정책이 필요하겠으나, 자립능력 배양이라는 측면과 가족 전체의 복지향상이라는 측면에서 가족원 스스로가 인식의 전환을 통해 인적·물적 자원을 재창출할 수 있게 하는 것이 무엇보다 필요하다 하겠다. 이를 위해서는 전반적인 생활구조 개선 이외에도 정신적인 측면의 전환이 필요하게 되는데, 특히 현대사회가 학습사회로 변모하고 있다는 점에서 가족원의 잠재능력을 개발하고 가족을 강화시킬 수 있는 방법의 하나인 가족생활교육이 절실히 필요하다. 특히 한부모가족의 전체 구성원들을 대상으로 이들의 개별적 문제를 점검하고 가족원 간 응집성과 상호작용을 증진시킴으로써, 변화하는 사회 속에서 가족 전체가 효율적으로 적응할 수 있는 힘을 길러 주어야 할 것이다.

(2) 상담서비스

한부모가족에 대한 정책적 관심은 많이 보여졌지만, 체계적이고 전문적인 상담으로 연결시키지 못하고 있고, 다만 여성상담 혹은 일반가족상담의 범주 안에서 처리되고 있다. 지방자치단체마다 설치되어 있는 여성복지상담소를 비롯한 여성복지시설 역시 한부모가족에 대한 복지와 지원 프로그램을 실시하고 있는 사례는 드문 형편이다. 한부모가족 지원 실무자 훈련 및 역량 강화도 중요한데, 한부모가족을 담당하는 실무자는 전문상담자, 계획자로서의 역량이 필요하다. 특히 한부모가족의 변화에 민감하게 대응하기 위하여 이에 관한 적절한 훈련 및 교육과정을 거치고 수행능력을 전문화시켜야 한다.

(3) 자녀양육 지원 서비스

한부모가족 아동에 대한 독립된 정책은 우리나라에서 현재까지 부재한 상황이다. 다만, 자녀양육비 지원 등과 같이 가족구성원으로서의 아동에 대한 지원이 이루어질 뿐이다. 이것도 아동의 특수성을 감안하거나 체계적인 목표를 가진 복지 정책이라기보다 가족 전체에 대한 경제적 시혜 성격이라고 보아야 한다. 그나마 이러한 혜택을 받는 경우도 일부 극소수의 저소득계층에 머물고 있어, 대부분의 한부모가족 자녀는 정책적 배려를 받지 못하고 있다 해도 과언이 아니다. 또한 각급 기관에서 실시하는 한부모가족 아동지원사업도 체계성이나 일관성이 없어 독자적인 한부모가족 아동정책으로서 뿌리를 내리지 못하고 있는 실정이다.

한부모 및 자녀에 대한 사회적 인식개선을 위한 노력이 필요한데, 아직도 한부모가족을 결손가정으로 보는 학교나 이웃, 지역사회 등의 인식이 크게 개선되어야만 아동의 적응이 원활해질 수 있으리라 본다. 따라서 이에 대한 교육, 홍보 등 적극적인 인식전환 노력이 필요하다. 한부모가족정책은 부모에 초점을 맞추기보다 다음 세대인 아동의 중요성에 대한 인식이 보다 중요하다. 특히 여성 한부모의 경우는 사회의 최하위계층으로의 유입 가능성이 매우 높고 이것이 자녀에게 대물림될 수 있기 때문에 다음 세대의 빈곤계층으로의 유입 예방은 매우 중요한 문제이다. 한부모가족정책은 단순한 복지차원보다 차세대를 통한 국가개발이라는 대전제에서 정책 프로그램이 수립, 시행되어야 한다.

(4) 정보전달 체계 및 네트워킹

한부모가족 지원을 위해서는 가족정책 전달체계의 활성화가 필요한데, 정부 각 부처 소관분야별 한부모가족정책에 관한 협의 및 조정기능을 강화하고 공공과 민간의 상호 연계시스템을 구축할 필요가 있다. 특히 아동복지부서와 가족 및 여성복지부서의 연계 프로그램이 더욱 확대되어야 하고 민간의 아동지원 프로그램도 더욱 강화되어야 한다.

농촌지역, 도서지역 등에 거주하는 아동들의 지역적 제한점을 극복할 수 있도록 도와주어야 한다.

- 같은 지역에 있는 시설이나 기관이 한부모가족 관련 복지지원을 실시할 수 있도록 연계망을 구축하는 일이 무엇보다 필요하다. 한부모가족들을 지원하는 중심센터가 설립되어 종합적이고 전체적인 연계망을 관리하는 노력이 필요하다. 요보호가족뿐만 아니라 일반 한부모가족을 대상으로 포괄적으로 접근할 수 있는 다양한 정보전달체계가 필요하다.
- 자녀의 경우 성장기 동안 지속적인 교육 및 상담이 필요하다는 점에서 접근성이 용이한 프로그램이 제공되어야 할 것이며, 그러한 의미에서 인터넷을 이용한 관련 사이트를 운영하고, 매체를 통한 집단적 강화 기회를 부여하며, 웹공간을 이용한 정보전달체계 등이 필요하다.
- 정보전달매체의 선택이나 내용구성에 있어 협조체제의 구성도 필요하다. 일선 복지기관과 교육기관은 제도적으로 협조체제가 잘 이루어지지 않고 있으며 자원과 정보의 교류가 미미한 실정이다. 교육 프로그램 개발을 위한 공동연구나 공동교육 등이 이루어져야 한다는 점에서 정보매체의 구성과 관리에 있어 연계적인 노력이 필요하리라 본다.

3) 조손가족을 위한 복지대책

(1) 정책적 지원대책

다양한 관련 법에 근거하여 저소득 조손가족을 위한 지원이 이루어지고 있지만, 제공되는 급여의 수준이 실생활을 유지할 만큼 현실적이지 못하고 자녀양육이나 교육을 위한 지원비 역시 절대적으로 부족한 실정이다. 이들의 경제적 어려움을 덜어 주고 손자녀의 양육이나 교육욕구를 충족시켜 주기 위한 경제적 지원의 확대가 무엇보다 선행되어야 하며, 이를 위해 현재의 제도적 틀을 뛰어넘는 특별 교육비 지원 및 의료비 지원 등에 관한 지원의 검토가 필요하다. 교육을 통한 성장과 취업의 최우선적인 목표를 두고 있는 조손가족에게는 생계급여만으로는 한계가 있기 때문에 교육이나 직업훈련에 보다 집중적인 통합적 복지의 확대가 실행되어야 한다.

(2) 실천적 지원대책

저소득 조손가족을 위한 통합적·맞춤형 서비스 제공방식이 개발되어 조손가족 개별의 다양한 욕구를 충족시킬 수 있는 지원이 필요하다. 실천적 사업의 특성은 대상가족의 욕구에 부합되는 맞춤형 서비스 지원을 통해 그들의 욕구충족에 일차적 기여를 한다는 점이다. 즉, 지금까지의 정책적 지원이 조손가족의 손자녀양육에 초점을 두거나 조부모인 노인의 복지 증진 차원에서 이루어졌다면 실천적 사업은 이러한 한계를 벗어나 조부모로서의 긍정적 측면을 강화해야 한다. 또한 조손가족 손자녀를 위한 다양한 지원 중 정서적 지지나 생활지도는 물론 경제교육을 통해 조손가족 손자녀 자신이 스스로 삶의 주체가 될 수 있는 역량을 강화하는 데 있어서 지역사회의 복지자원을 최대한 활용하는 데 초점을 두어야 한다.

더 나아가 조부모의 심리적 자조집단을 통해 그들의 부담과 어려움, 특히 자신들의 자식이나 며느리에 대한 분노와 원망, 미움을 해소하게 도움으로써 손자녀의 부모에 대한 갈등을 완화시켜 주도록 해야 한다(이승미, 2007). 그러기 위해서는 조부모와 손자녀를 위한 특화된 프로그램이 개발되고 적용되어야 하며, 향후 조손가족의 다양한 욕구충족을 실현하기 위해 경제적 지원과 더불어 조손가족을 통합적으로 지원할 수 있는 가족복지정책이 최우선적으로 시행되어야 할 것이다.

4) 미혼모 가족복지 대책

(1) 미혼모의 학업 지속을 위한 제도적 뒷받침

근본적으로 미혼모 발생을 예방하여야 하지만 미혼모가 된 경우 학교교육 등을 통한 인적 자본에의 투자를 통해 미혼모 이후 자립 성취 가능성을 증가시켜야 한다.

(2) 미혼모를 위한 정책적 지원과 법적 제도의 합리화

미혼모를 위한 단일법령을 제정함으로써 그 실시 근거를 마련할 필요가 있으며, 또한 미혼모와 사생아 등록제를 도입하여 미혼모와 사생아의 실태 파악이 용이하도록 하며, 그에 따라 지역사회 중심의 기술훈련이나 직업훈련서비스를 실시해야 한다.

(3) 성교육 프로그램의 개발과 평가

성행태학적으로 볼 때 성태도, 성지식이 미혼모 발생의 한 원인이 되고 있으므로 이들에 대한 지속적인 성교육 프로그램 개발 운영 및 평가와 통계의 자료화를 통한 예방적 측면에서의 대책을 강구하여야 한다.

(4) 새로운 성문화 조성

사회문화적 측면에서 성규범 및 성문화의 새로운 풍토 조성이 필요하다.

5) 미혼한부모가족 지원정책의 문제점 및 개선방안

(1) 시설 중심의 미혼모 지원정책

시설 위주의 지원정책은 미혼모들의 현실적응력을 떨어뜨릴 수 있고, 외부와의 단절로 인해 시설에 입소해 있는 동안 자립하기가 힘들어 대부분 입소기간이 종료되면 준비되지 않은 채 퇴소하게 된다. 또한 미혼모가 점차 고연령 · 고학력화되어 가고 있는 현실에서 시설에서 제공되는 취업훈련은 당사자의 욕구에 부합하지 않고 노동시장의 변화 흐름에 뒤떨어지고 있다(조주은, 2012). 앞으로는 지역사회거주 미혼한부모 중심 지원정책으로의 방향 전환이 필요하고, 시설미혼모 지원은 그들의 욕구에 부합한 지원이 이루어져야 하겠다.

(2) 생계비지원

국민기초생활보장제도의 생계급여나 의료급여, 해산급여를 통해서 저소득 미혼모가 보장을 받을 수 있는데, 임신을 전후로 원가족과 심한 갈등과 단절을 경험하는 미혼모들은 부양의무자 예외 기준이 있음에도 불구하고 수급자격에서 제외되곤 한다(조주은, 2012). 따라서 미혼한부모가족의 생계비지원을 위해 「국민기초생활보장법」을 개정하여 미혼한부모가 아이를 양육하는 경우 '미혼한부모수당'의 신설이 필요하다고 본다.

(3) 자녀양육지원

현재 우리나라 아동지원정책은 공보육과 무료급식 등 보편적 복지의 형태로 나아가고 있다. 2013년 3월부터 출산장려정책으로 가족의 소득수준에 관계없이 보육시설을 이용하는 모든 아동에게 보육료를, 어린이집을 이용하지 않고 가정에서 아동을 양육하는 부모에게 양육수당을 지급하고 있다. 따라서 미혼한부모의 아동도 나이에 따라 보육료나 양육수당을 받을 수 있게 되었다. 아이돌봄서비스의 활성화, 24시간 보육시설 운영 확대, 아동양육비의 현실화 등과 비양육부모의 양육비지원을 의무화하는 정책이 필요하다.

(4) 주거지원

주거지원은 시설제공과 저소득층 주택정책이 있다. 지금까지 미혼모정책은 미혼모자시설, 미혼모공동생활가정, 모자보호시설 등 시설을 통한 서비스제공이 중심을 이루었다. 이러한 시설들은 출산 전후나 자녀를 양육하는 미혼모를 위한 주거공간을 제공하고 있으나, 보호기간이 정해져 있고 퇴소 후 거주할 곳을 구하는 것은 개인의 책임이다. 미혼한부모들은 전세임대주택 입주를 가장 선호하고 있다. 전세임대주택 자격기준인 '국민임대주택 입주자격 · 순위 및 가점제도'는 미혼모가 되면서 원가족으로부터 분리되어 이주하는 미혼모들의 특성을 고려해 볼 때 미혼모들에게는 배점을 받기에 불리한 항목들이 많아 입주가 거의 불가능하다. 또한 입주하게 되어도 최장 10년이라는 임대 기간은 취학아동을 양육하는 양육미혼모의 안정에는 부족할 뿐 아니라 양질의 주택으로 이주할 수 있는 체제도 마련되어 있지 않은 상태이다. 따라서 국민임대주택 가점계산방식의 가점항목들을 미혼한부모가족에게는 예외 적용하는 방안이 마련되어야 할 것이며, 안정적으로 아이를 양육할 수 있도록 임대기간을 10년 이상으로 연장하는 방안도 고려해 보아야 할 것이다.

(5) 청소년한부모 지원

청소년한부모의 학업과 양육을 지원하기 위해 청소년한부모 자립지원 사업이 실시되고 있다. 서비스 대상은 24세 이하의 청소년한부모 중 소득인정액 기준 중위소득 60% 이하인 자를 대상으로 25세 미만까지 최장 연간 아동양육비 지원(월 18만 원), 의료비 지원(월 2만 4,000원), 친자검사 지원(가구당 40만 원) 등이 이루어지고 있으나, 만 24세 이하의 미혼한부모만 혜택을 받을 수 있다는 한계를 지니고 있다.

(6) 미혼한부모만을 위한 제도의 필요성

「한부모가족지원법」 안에서 미혼한부모지원이 통합적으로 이루어지고 있으나, 미혼한부모가족의 특성이 일반 한부모가족과 다르며 더 다양한 위험에 직면할 수 있기 때문에 특성에 맞는 프로그램이 개발되고 제도화되어야 한다. 미혼한부모에게 유용한 정보 및 프로그램 모델을 제공해 줄 수 있는 전문화된 핵심기관과 미혼한부모의 개별화된 욕구에 대응하여 적절한 서비스를 제공하고 연계할 수 있는 전문인력 육성이 필요하다.

Chapter 10

폭력가족

학습목표

1. 가정폭력 개념과 폭력 및 학대 가족의 유형별 개념을 이해한다.
2. 폭력 및 학대 가족의 실태를 이해한다.
3. 폭력 및 학대 가족의 문제점을 이해한다.
4. 가정폭력에 관련된 정책 및 개선 과제를 이해한다.
5. 폭력 및 학대 가족에 대한 대책을 이해한다.
6. 폭력가족에 대한 복지 대책을 이해한다.

개 요

1997년에 제정된 「가정폭력범죄의 처벌 등에 관한 특례법」에서는 가정폭력은 가족구성원 간에, 또는 가족구성원의 관계를 가졌었던 사람들 간에 발생하는 해를 주기 위한 의도를 가진 신체적, 정신적 또는 재산상의 피해를 수반하는 모든 종류의 공격적 행동을 말하며, 해를 줄 의도를 가진 행동의 결과로 배우자학대, 아동학대, 노인학대 등의 가족구성원 간의 학대가 나타난 것으로 정의한다. 그리고 폭력가족의 유형은 과거에는 부부폭력에 국한되었으나 요즈음은 자녀폭력, 노인학대, 부모폭력, 형제폭력, 고부간에 일어나는 며느리 학대까지 다양하게 분류된다. 이러한 폭력가족의 실태를 살펴보면 점점 증가하는 추세로 가고 있으며, 문제점은 공통적으로 피해자, 자녀, 가해자, 가족 전체, 지역사회, 사회 전반에 미치는 영향으로 확대되고 있다.

가정폭력에 관련된 정책 및 개선 과제를 살펴보면 가정폭력 관련 서비스와 가정폭력 가족지원을 위한 정책 서비스 등을 실시하고 있다.

가정폭력 관련 가족복지의 개선과제를 살펴보면 가정폭력의 특성을 고려하여 가정폭력에 관한 정책들이 유기적으로 연계되어야 하며, 가정폭력사건에 대한 공권력 공적 효력이 있는 대응지침이 마련되어야 하며, 효과적인 치료 시스템이 적용되어야 한다.

가정폭력담당자의 전문적 역량 강화를 위한 체계적인 시스템이 필요하다. 가정폭력의 올바른 인식을 위한 홍보가 강화되어야 하며 폭력 및 학대 가족에 대한 대책을 숙지하여 전문적인 폭력가족에 대한 이해가 요구된다. 앞으로 이러한 개선점을 살려서 가정폭력을 방지하고 예방하기 위한 대책이 필요하다고 볼 수 있다.

1절 폭력가족의 개념

1. 가정폭력 개념

1997년에 제정된 「가정폭력범죄의 처벌 등에 관한 특례법」에서는 가정폭력을 가족구성원 사이의 신체적, 정신적 또는 재산상 피해를 수반하는 폭력행위로 정의한다. 여성가족부는 가정폭력을 남편과 아내, 부모와 자녀, 형제자매 및 기타 동거가족을 포함한 가족구성원 중의 한 사람이 다른 구성원에게 의도적으로 물리적인 힘을 사용하거나, 정신적인 학대, 재산상의 손해 등을 통하여 고통을 주는 행위로 정의한다.

"가정폭력이란 가족구성원 간에, 또는 가족구성원의 관계를 가졌었던 사람들 간에 발생하는 해를 주기 위한 의도를 가진 신체적, 정신적 또는 재산상의 피해를 수반하는 모든 종류의 공격적 행동을 말하며, 해를 줄 의도를 가진 행동의 결과로 배우자학대, 아동학대, 노인학대 등의 가족구성원 간의 학대가 나타난 것을 말한다."로 정의할 수 있다.

원래 가정폭력(family violence)은 결혼한 부부 사이의 폭행을 의미했으나, 최근에 와서야 이 개념의 정의가 너무 협소하다는 지적을 받고 있다(이원숙, 2017). 유계숙 등(2009)은 협의의 가정폭력은 남편에 의한 아내 구타만을 의미하고, 광의의 가정폭력은 아동학대, 아내구타, 노인학대가 포함된다고 하였다. 유영주 등(2008)은 '가정폭력'이 가장 큰 범주이고 그 안에 '아내학대'가 포함되며, '아내구타(신체적 폭력)'는 아내학대의 일부분이 된다고 하였다.

한편, 폭력과 비슷한 의미 또는 유사한 의미로 사용하는 '학대'라는 용어와의 차이점을 찾아보면, 가정폭력의 개념을 보다 확실히 할 수 있을 것이다. 우선 사전적 의미로 '폭력'은 "남을 거칠고 사납게 제압할 때에는 쓰는 물리적인 수단이나 힘(다음 한국어사전)"이며, '학대'는 "사람이나 동물을 정신적으로나 육체적으로 괴롭히고 가혹하게 대함(다음 한국어사전)"을 말한다. 사전적 의미로만 설명하면, 폭력보다는 학대가 보다 포괄적인 의미로 보인다. 유계숙 등(2009)도 구타는 일반적으로 가장 심한 정도의 신체적 폭력 행위를 의미하며, 학대는 폭력과 구타를 포함한 가장 포괄적인 개념으로서 신체적인 폭력뿐 아니라 심리 · 정서적인 손상을 주는 모든 행위를 포함한다고 하였다. 권진숙 등(2008)은 학대는 포괄적인 학술용어이고, 폭력은 보다 구체적이고 임상적인 용어라고 구별하였다. 그러나 아내학대와 폭력은 서로 구별되지 않고 상호 교환적으로 사용되기도 한다. 여기에서 공격이란 용어는 "해를 주기 위한 의도를 가진 행동"을 의미하지만, 학대는 "해를 줄 의도를 가진 행동의 결과"(Murphy & Cascardi, 1993)를 의미하므로(이영숙 외, 2008) 가정폭력에서 자주 사용되는 공격, 학대, 폭력의 의미를 쉽게 구별할 수 있다.

한편 최근에는 가정폭력이라는 용어와 더불어 '친밀한 관계 폭력(intimate relationship violence)' 혹은 '친밀한 폭력(intimate violence)'이라는 용어가 점차 널리 사용되어, 가정폭력을 "어떤 관계에서든 한 파트너가 다른 파트너를 통제하기 위해 사용하는 학대적 행동의 패턴"이라고 정의한다(이원숙, 2017). 우리나라에서 1998년 7월부터 시행된 「가정폭력범죄의 처벌 등에 관한 특례법」 제2조 1항에서는, "가정폭력은 가정 구성원 사이의 신체적, 정신적 또는 재산상의 피해를 수반하는 행위"로 정의하였다. 가정구성원은 배우자(사실상 혼인관계에 있는 사람 포함) 또는 배우자였던 사람, 자기 또는 배우자와 직계존비속관계(사실상의 양친자관계 포함)에 있거나 있었던 사람, 계부모와 자녀의 관계 또는 적모와 서자의 관계에 있거나 있었던 사람, 동거하는 친족으로 규정하고 있다(제2조 제2항). 따라서 가정폭력에는 배우자에 대한 배우자 폭력, 자녀에 대한 부모의 폭력, 부모에 대한 자녀의 폭력, 자녀들 간의 폭력 등이 해당하여서, 최근에 가정폭력의 하나로 연구되고 있는 교제관계에서의 폭력은 가정폭력의 유형에 속하지 않는다(이영숙 외, 2008).

따라서 가정폭력이란 가족구성원 간에, 또는 가족구성원의 관계를 가졌었던 사람들 간에 발생하는 해를 주기 위한 의도를 가진 신체적, 정신적 또는 재산상의 피해를 수반하는 모든 종류의 공격적 행동을 말하며, 해를 줄 의도를 가진 행동의 결과로 배우자학대, 아동학대, 노인학대 등의 가족구성원 간의 학대가 나타난 것을 말한다."로 정의한다.

2. 폭력 및 학대 가족의 유형별 개념

1) 부부폭력

남편이 아내에게, 아내가 남편에게 행사하는 폭력으로, 남편이 아내에게 행사하는 아내구타 유형의 부부폭력이 가장 빈번하다. 가정폭력 중에서도 아내에 대한 아내폭력은 가족해체의 직접적인 원인이 되며 다른 가족구성원에게도 장기적이고 심각한 영향을 미친다. 특히 아내폭력은 목을 조른다거나, 옷을 벗기고 마구 때리거나 심지어 칼이나 흉기로 위협하거나 칼이나 흉기로 찌르거나 때리는 등 그 폭행의 정도가 매우 잔인하다. 물론 최근에는 경제력을 잃은 남편 등에게 아내가 폭행을 하는 등 매맞는 남편들이 늘어나고 있다.

(1) 신체적 학대

신체적 학대의 행위에는 구타가 가장 대표적이다. 구타 행위에는 주먹질, 손, 발, 물건이나 무기를 사용을 사용하여 때리는 행위, 발로 차는 행위, 밀치는 행위, 떠미는 행위, 꼬집는 행위, 뺨을 때리는 행위, 사지를 비트는 행위, 머리카락 등을 쥐고 흔드는 행위, 물어뜯는 행위, 마구 두들겨 패는 행위, 목을 조르는 행위, 옷을 벗기고 때리는 행위, 칼이나 흉기로 위협하거나 찌르는 행위, 담뱃불로 지지는 행위 등이다. 이 외에 가재도구나 가구를 집어던지거나 부수는 행위, 문을 잠가 놓고 나가거나 골방 등에 가두어 놓는 행위가 있다.

(2) 정신적 학대

다른 사람이나 사회로부터 격리시키는 행위, 자유의 제한, 위협, 경멸하는 말투로 모욕을 주거나 수치감을 느끼게 하는 행위(예를 들어, 모욕, 경멸적 · 비인간적 · 인종적 또는 성적 명칭을 쓰는 경우), 말로 괴롭히거나 귀찮게 하는 행위, 열등하고 무능력하다고 비난하는 행위, 큰 소리로 소리지르거나 비난하는 행위, 대화를 거부하는 행위, 희롱하는 행위, 무시하고 업신여기는 행위, 우선권의 남용(남자, 연장자, 강자, 가족관계), 피해자의 의사결정권을 침해하는 행위 등이 많이 행해지는 정신적 폭력의 형태이다. 또 말로 협박이나 위협하는 행위도 많이 일어나는데, 구체적인 예를 든다면, 사랑, 보호, 관심을 부인하는 말, 버리겠다는 위협, 자해하겠다는 위협, 자살위협, 애완동물이나 좋아하는 것을 해치겠다고 위협하거나 협박하는 등의 위협이 자주 행해진다.

(3) 경제적 학대

타인의 마음에 상처를 주는 자해의 행위(약물, 음주, 빚, 도박), 훔치거나 가족의 소유물을 손상시키는 행위, 강요된 의존성, 타인의 필요와 원하는 것을 부인하는 행위, 생활비의 지출을 지나치게 간섭하거나 통제하거나 주지 않는 행위, 끼니를 주지 않는 행위, 불결한 생활환경에 장시간 놓아 두는 행위, 교육을 시키지 않는 행위, 아파도 병원에 데려가지 않는 행위 등이 자주 일어나는 경제적 학대의 형태이다.

(4) 성적 학대

근친상간, 성적 괴롭힘, 원하지 않은 성행위를 강요하는 행위, 상대방의 몸을 동의 없이 만지고 애무하고 움켜쥐고 꼬집는 등 원치 않는 접촉을 하는 행위, 구강성교, 항문성교 등 기타 유사 성교 행위를 강요하는 행위 등이 자주 일어나는 성적인 폭력의 행동이다.

2) 자녀폭력(아동폭력)

부모가 자녀에게 폭력을 행사하는 폭력으로, 부모가 자녀에게 행하는 자녀체벌 등 아동들에게 행해지는 신체적 학대와 성적 학대가 갈수록 심각해지고 있다. 한 통계에 의하면 자녀를 구타하는 부모들의 경우 부부폭력이 나타난 경우가 47.2%로 부모폭력과 아동구타는 매우 상관성이 높은 것을 알 수 있다. 자녀폭력의 경우 힘없고 대항하지 못하는 자녀가 부모의 화풀이로 학대당하는 경우가 많다. 아동학대의 유형은 신체적 학대, 정서적 학대, 성적 학대와 방임으로 나눌 수 있다. 여기에 발육부진과 아동유기, 미성년자 노동 등이 포함될 수 있으나, 발육부진은 방임의 특별한 형태로 보며 미성년자 노동과 아동유기는 일반적인 범주(category)에 분류하기 어렵게 구체적으로 되어 있다. 이와 같은 아동학대의 일반적인 네 가지 분류는 그 기준이 애매모호하다. 특히 정서적 학대와 방임을 구분지을 때 그렇다. 또 실제 아동학대는 대부분 발생할 때 한 부류의 학대 형태가 아닌 성적 학대와 방임, 아니면 신체적 학대와 정서적 학대 등 혼합적인 형태로 발생한다.

이렇게 학대를 받으며 자라는 아동은 학교에서 왕따를 당하거나 학교폭력의 가해자가 되기도 한다. 또 이들이 성장해 부모가 되어서는 자신의 자녀들을 학대하는 폭력부모가 되기 쉽다. 또 학대아동의 3분의 1이 정신지체나 뇌손상을 보이고 있다.

3) 노인에 대한 폭력(노인폭력)

인구고령화는 노인부양의 부담과 스트레스를 일으키는 원인이 되고 있으므로 인구고령화로 말미암은 의존성의 증가는 노인에 대한 학대 가능성을 증가시킨다. 노인학대는 ① 노인 자신의 가정이나 부양자의 가정에서 배우자나 형제·자매, 자녀 등 노인과 특별한 관계에 있는 누군가에 의해서 홀대가 이루어지는 가정 내 노인학대, ② 요양원이나 그룹홈(group home, 공동생활가정) 등의 주거시설에서 노인에게 보호를 제공해야 할 의무를 지닌 유급 부양자나 전문가들에 의해서 행해지는 시설에서의 노인학대, ③ 신체적·정신적 손상으로 말미암아 자신을 돌보는 데 필요한 일을 수행하지 못하는 자기방임 또는 자기학대 등의 세 가지 기본적인 범주로 나누어 볼 수 있다(Johnson, 1991).

노인학대의 개념에는 신체적 학대와 심리적이거나 정서적·언어적 학대를 포함한다. 그리고 일부 학자는 불충분한 주거환경, 물질적 학대, 의료적 학대, 경제적 착취,

그리고 성적 학대를 노인학대의 개념에 포함하고 있다. 또한 노인이 자신의 집에서 내쫓기거나 자신의 의지와는 상관없이 어떤 다른 환경에 있도록 강요되는 것과 같은 노인 개인의 인권 침해도 노인학대의 한 영역에 포함하고 있다(Quinn & Tomita, 1986).

노인학대 문제는 다른 가정폭력의 속성과 마찬가지로 가족 내의 사적인 영역으로 여겨지기 때문에 그 심각성이 사회적으로 노출되기보다는 은폐될 가능성이 더 크다. 특히 가족의 부끄러움이나 갈등이 노출되는 것을 매우 꺼리는 우리의 문화적 배경은 우리 사회에서 노인학대가 더욱 외부로 드러나지 않게 하고 있다. 이는 우리 사회에서 노인학대가 가정 내 폭력의 은폐적 속성에 더하여 문화적 배경의 특성으로 말미암아 보다 장기화·잠재화될 가능성이 있다. 따라서 결국에는 심각한 질병, 위기 그리고 사망으로 나타날 수 있다.

4) 부모폭력

자녀가 부모에게 폭력을 행사하는 폭력으로, 폭력을 당한 부모들은 그래도 내 자식인데 하는 마음이나 내가 잘못 키워서 자녀가 그렇게 되었다는 마음 또는 죄책감에 그 고통을 감추고 감내하는 경우가 많이 있다.

5) 형제폭력

형제가 형제에게 행사하는 폭력으로, 특히 남자 형제가 여자 형제에게 행하는 근친상간이 많이 일어나고 있으나, 드러나지 않고 그늘에 가려져 있다.

2절 폭력가족의 실태와 문제점

1. 폭력 및 학대 가족의 실태

1) 가정폭력의 실태

우리나라의 가정폭력 현황에 의하면, 여전히 심각한 수준으로 보고되고 있다. 여성가족부는 3년마다 가정폭력 실태 조사를 통해 가정폭력 피해 경험 및 대응, 가정폭력에 대한 인식, 정책에 대한 인지도 등에 대한 전국적인 조사를 실시한다. 가정폭력은 가족 또는 가구의 일원이나 깊은 관계에 있는 사람이 다른 가족 또는 상대에게 행하는 행위에 따라 아내 또는 남편에 대한 부부폭력, 자녀를 대상으로 한 자녀폭력, 노부모에 대한 노인폭력 등으로 구분된다. 여기에서는 여성가족부(2014)가 실시한 '2013년 가정폭력 실태조사' 결과를 토대로 이 세 가지 유형별 현황에 대한 내용을 살펴보고자 한다.

2013년 부부폭력 발생률(45.5%)은 2007년의 발생률(40.3%)에 비해 높고, 2010년 발생률(53.8%)에 비하면 감소한 것으로 나타났지만 부부폭력은 여전히 높은 비율로 발생하고 있다. 그리고 부부폭력의 후유증에 대해서는 생활의 변화(20.2%), 배우자와의 관계가 나빠짐(18.5%), 정신적 고통(17%) 및 신체적 상해(6.2%) 등의 순서로 응답한 것으로 보고되었다(여성가족부, 2014).

우리나라 부부폭력의 정도는 전국가정폭력 실태조사와 가정폭력 관련 시설의 상담내용을 통해서 알 수 있다. 전체 가정의 31.4%가 적어도 1년에 한번은 부부간의 폭력을 경험하는 것으로 나타났다. 부부 10쌍 중 3쌍 이상이 부부폭력을 경험하는 것으로 나타나(김재엽, 1997) 부부폭력이 매우 광범위하게 발생하고 있음을 알 수 있다. 최근 여성긴급전화 1366에 신고된 2018년 전체 상담건수 35만 2,269건에서 가정폭력이 차지하는 비율은 18만 9,057건으로 전체 상담건수의 53%의 높은 비율을 차지하고 있다. 가정폭력상담소에 접수된 상담내용 중 가정폭력 상담이 지난 3년간(2002~2004년) 평균 전체 상담의 50.0% 이상을 차지한다고 보고하였다. 이 중에서 배우자에 의해 학대당하는 비율이 전체 학대자의 80.0% 이상을 차지하는 것으로 나타나 부부폭력이 심각함을 알 수 있다.

구타 빈도를 살펴보면 연 1회 이상 12회 미만의 경우가 32.4%로 많았으며, 월 1회 이상 4회 미만인 경우가 16.2%, 주 1회 이상 6회 미만이 10.8%로 가정폭력이 지속적으로 되풀이되고 있음을 알 수 있다. 이러한 구타 빈도를 통해 알 수 있는 것은 폭력의 계속성과 반복성으로 말미암아 폭력이 교정될 수 있거나 중단되지 못한다는 것이다. 구타 이유로는 가해자인 남편이 술을 마셨거나 남편의 기분에 따라 아무런 이유 없이 때리는 것이 대부분이다. 한국보건사회연구원(1999)의 연구를 따르면, 남편의 폭행원인은 남편의 술버릇이 29%로 가장 높았고, 경제적 문제(16.5%), 남편의 자격지심 및 열등감(12%), 성격 차이(10.8%) 등이 비교적 큰 비중을 차지하였다. 특히 경제적으로 열등한 남편은 이를 만회하기 위해 부인을 폭행하는 것으로 나타났다(최경석 외, 2006).

그리고 여성가족부가 최근 공개한 '2016 가정폭력 실태조사보고서'에 따르면 2013년에 비해 감소하고, 남성보다 여성이 부부폭력의 피해가 큰 것으로 나타났다. 부부폭력 발생시기는 결혼 후 5년 미만이 50% 이상이었고, 폭력의 원인은 성격 차이, 경제적 문제가 가장 많았다. 남성과 여성 모두, 부부폭력이 발생한 시기는 '결혼 후 5년 미만'이 50% 이상이었으며, 여성이 부부폭력에 노출된 시기는 '결혼 후 1년 미만'이 18.1%, '결혼 후 1년 이상 5년 미만'이 44.2%, '결혼 전 교제기간'에 처음으로 폭력을 경험했던 여성도 2.0%로 나타났다. 부부폭력의 원인으로는 '성격 차이'와 '경제적 문제'가 가장 많았다. 폭력 이후 전문적인 상담요청은 극히 미미한 수준이었고 대부분 가족이나 친척, 이웃이나 친구에게 도움을 요청했다. 전문적인 상담을 신청하지 않은 이유는 폭력이 심각하지 않다고 생각해서, 집안일이 알려지는 것이 창피해서, 부부간에 알아서 해결할 일이라고 생각해서라는 응답이 나왔다.

2) 아동학대의 실태

중앙아동학대예방센터에 신고된 사례에 따르면, 아동학대 현황은 2001년 2,606건에서 2003년에 4,983건으로 늘었으며, 현장조사결과 2,921(82.6%)건이 아동학대 사례로 판정되었다(보건복지부, 중앙아동학대예방센터, 2004). 아동학대 사례유형을 살펴보면, 네 가지 학대유형 중 두 가지 이상의 학대유형이 동시에 일어나는 중복학대가 39.5%로 가장 높게 나타났다. 특히 신체 · 정서학대를 동시에 경험하는 경우가 많았다. 다음으로, 방임이 33.0%, 신체학대 11.9%, 정서학대 7.1%, 성적 학대 4.6%, 유기 3.9% 등으로 나타났다(한국여성복지연구회, 2005).

한편, 한국아동학대예방협회와 서울대의대에서 일반가정, 시설아동, 아동학대신고가정을 대상으로 조사하였다. 이 결과 아동학대 발생비율이 43.7%이며 학대의 유형별로는 폭행, 구타, 상해 등의 신체적 학대 23.5%, 폭언 · 악담 등의 정서적 학대 19.0%, 집에 가둬 놓거나 음식을 주지 않는 방임 행위 20.2%, 성적 학대 1.1% 등으로 나타났다(최경석 외, 2006).

3) 노인학대의 실태

대중매체에서 나타난 노인의 유기나 방치에 관한 사례는 우리 사회에서 노인학대나 방임이 유형의 차이는 있을지 모르지만 적지 않게 일어나고 있음을 보여 준다고 할 수 있다(한동희, 1996). 한국보건사회연구원(2000)이 우리 사회 전국 6대 도시 노인복지회관 이용자를 대상으로 조사한 결과, 노부모 중 8.2%가 자녀 등 가족으로부터 학대를 받은 경험이 있다고 응답하였다. 학대 경험 노인의 42.7%가 거의 매일 학대를 받는다고 응답했고 학대의 빈도는 주 1회 이하가 7.9%, 월 1~2회가 11.2%, 2~3개월에 1회가 24.7%로 나타났다. 노인학대의 유형은 재정적 학대, 유기, 신체적 학대와 같은 심각한 학대보다는 정서적, 심리적 학대 경험이 대부분이다. 즉, 노인은 자신을 무시하거나, 관심이 없거나, 배려하지 않거나, 귀찮게 여기고 대화하지 않는 것을 학대로 여기고 있다.

국가인권위원회(2002)에서 노인 1,349명을 대상으로 조사한 결과, 조사대상자 중 37.8%가 1회 이상 학대를 경험했다고 응답하여 노인에 대한 학대가 심각함을 알 수 있다(동아일보, 2003. 2. 6.). 이처럼 무관심, 냉담, 의견무시 등의 정서적 학대가 언어학대, 방임, 신체적 학대보다 높은 것으로 나타났다. 노인은 학대의 원인을 노인 자신의 탓, 노인에 대한 이해와 공경심 부족, 부양자녀의 여건 부족 등으로 보고 있다. 노인은 자신이 학대당하는 이유를 자신의 문제로 돌리는 경향이 높았다. 즉, '경제력이 없거나 나이가 많고 건강이 나빠서', '생활능력이 없어서' 등 노인 자신의 무능력에서 학대가 일어난다고 보는 경우가 가장 많았다. 그 이외 노인에 대한 인식이나 배려 부족, 존경심 부족, 자녀의 경제적 문제, 부모-자녀 간의 이해 부족과 세대 간 또는 고부간의 관계의 질이 낮아서, 그리고 세대 차나 의견 및 성격 차이, 대화부족 등이 원인이 되어 학대가 발생한다고 보고 있다. 노인학대는 최근에 조금씩 관심이 높아지는 영역이나 아직 경험적 연구가 부족하며, 이러한 현상은 노인과 가족의 복지향상을 위한 실질적인 사회적, 법적 중재나 대책 마련에 제약을 가져올 수 있다(최경석 외, 2006).

2. 폭력 및 학대 가족의 문제점

가정폭력은 단지 피해자에게만 부정적 영향을 미치는 것이 아니라 피해자와 자녀, 가해자, 가족 전체, 지역사회, 사회 전반에 걸쳐 부정적인 영향을 미치기 때문에 더욱 심각하다(Bradley, 1994: 13-15).

1) 피해자에게 미치는 영향

가정폭력은 피해자에게 가장 직접적으로 신체적 상처를 남기며 최악의 경우는 살해되거나 자살로 나타난다. 먼저, 신체적 상처는 타박상, 골절상, 고막터짐, 사지통증, 신경통, 만성두통, 만성피로, 소화불량 또는 위장애, 악성빈혈, 심장질환, 불면증, 섭식

장애 등이 있다(송성자 외, 2005). 인지, 행동, 정서, 대인관계의 측면에서 부정적인 영향을 미친다(김은영, 2010).

이와 같이 가정폭력 피해자들에게 나타나는 주요한 심리 · 정서적 특성으로는 우울, 고립감, 학습된 무기력, 자기비난과 책임감, 외상 후 스트레스 장애(PTSD), 낮은 자존감, 분노, 사회적응 장애, 가족기능 장애 등이 있다.

2) 자녀에게 미치는 영향

배우자에게 폭력을 하는 폭력 행위자들은 대부분 자녀들에게도 폭력을 행사하며, 때로는 자녀들이 피해자를 보호하려고 가해자를 막다가 상처를 입을 수도 있다. 또한 부부폭력은 부모들이 자녀들을 적절히 돌보지 못하기 때문에 자녀들이 방임될 수도 있다. 무엇보다 부부의 폭력을 목격하는 것만으로도 자녀들에게는 심각한 영향을 미칠 수 있다(Kashani & Allan, 1998: 33-45).

부부폭력과 관련한 연구들은 부부폭력에 긴급대응의 욕구가 컸기 때문에 부부폭력에 노출된 자녀에 대해서는 상대적으로 무관심해 왔다. 그러나 최근 들어 가정폭력 노출아동에 대한 연구들이 증가되고 있다. 이들 연구에 따르면 부부폭력으로 부모들이 자녀들을 적절히 돌보지 못하기 때문에 방임될 수도 있고, 아동의 내재적 문제, 외현적 문제, 사회적 발달의 문제가 나타나고 있다(박형원, 2004; 신혜섭, 2000; 양혜원, 2002).

3) 가해자에게 미치는 영향

가정폭력은 가해남성에게도 부정적인 영향을 미친다. 배우자가 보복하는 경우에 상해되거나 심지어 살해될 수도 있으며, 배우자와 자녀들의 사랑과 존경을 잃게 됨에 따라 고립되거나 불안정해진다. 또한 집에서의 갈등으로 인해 보다 많은 시간을 밖에서 보내게 되고 술을 마시거나 다른 여성과 관계를 가지게 되거나 배우자가 떠나기로 결정한다면, 가족 전체를 잃게 될 가능성이 높다. 한편, 최근에는 가정폭력을 하는 여성도 증가하고 있으며, 피해를 입은 남성은 여성들보다 정신적 피해가 크며 상담하거나 지원받을 곳도 없어 심각한 문제가 되고 있다.

4) 가족 전체에 미치는 영향

가정폭력이 발생하는 가족은 배우자 혹은 아버지에 대한 두려움으로 가족생활 전체가 변화되고, 가족 해체의 가능성이 높다.

5) 지역사회와 사회 전반에 미치는 영향

가정폭력은 지역사회 내 다른 가족들에게 방해가 되고, 특히 여성들에게 위협적인 환경을 초래한다. 아동들은 자신이 원하는 것을 얻기 위해서는 폭력을 어떻게 사용하는가를 관찰하게 되고 결과적으로 사회에 높은 수준의 폭력을 허용하게 된다. 가족이 해체됨으로써 지역사회에서 불안정과 사회 문제가 야기되고, 피해자가 노동(가사노동과 임금노동)을 하지 못함으로써 높은 경제적 손실을 가져온다. 의료적 치료, 경찰, 법원, 복지 서비스 등의 피해자에게 제공되는 서비스 비용이 발생하며, 사회 전반적인 측면에서 여성을 남성의 통제하에 있는 이등 시민으로 고정화하는 부작용을 초래할 수 있다.

6) 불안정한 경제상태 문제

구타당한 여성들이 남성과의 폭력관계를 종결하지 못하는 가장 큰 이유는 바로 경제적 자립의 문제에 있다. 여성을 학대하는 남성들은 대부분 아내에게 경제적 자율권을 주지 않으며, 경제 활동을 하는 아내의 경우도 남편에 의해 자신의 소득을 통제당한다. 또한 여성이 가족의 소득에 대해 알게 하지도 않고 관여도 못하게 하는 경향이 있다.

7) 피해치료의 미흡 문제

가정폭력 문제의 심각성에 비해 폭력에 대한 대책 및 예방책은 그 수가 적고 프로그램이 빈약하다. 따라서 가정폭력으로 긴급한 보호 및 전문적 서비스가 필요한 피해여성들은 가정폭력 발생 시 즉각적이고, 충분한 도움을 줄 수 있는 서비스기관에 의뢰하기 어려워 폭력의 예방 시 치료 차원에서 가해자에 대해 속수무책인 상황에 처할 수 있다.

8) 가정폭력의 은폐 문제

대부분의 폭력가족은 가정 내에서 폭력이 발생하여도 가정이라는 제한된 공간 속에서 가해자와 피해자가 함께 생활하므로 외부의 제재가 어려우며 감추어진 범죄로 은폐되기 쉽다. 경찰에 신고하지 않은 이유를 살펴보면, '폭력이 심각하지 않다고 생각해서'가 29.1%로 가장 높았으며, '집안일이 알려지는 것이 창피해서'가 26.1%, '배우자를 신고할 수 없어서'가 14.1%, '자녀 생각에'가 10.9%로 나타나, 아직도 가정폭력을 가정 내 사건으로 치부하는 경향이 높았다.

9) 폭력 재생산의 문제

가정폭력은 학습성이 강하다. 일단 한 번 행해진 폭력은 반복될 확률이 높아 자녀들에게 부정적 영향을 미치게 된다. 가정에서 폭력을 경험한 아동은 그렇지 않은 아동에 비해 더 공격적이며, 이는 주변에 자신의 분노를 적절히 표출하는 모델이 없고, 폭력적인 행위로 분노를 표출하는 모델의 영향을 받아 폭력행위를 학습하거나 따라 하게 된 것이다.

3절 폭력가족에 대한 서비스 현황과 대책

1. 가정폭력에 관련된 정책 및 개선 과제

1) 가정폭력에 관련된 법

(1) 「가정폭력방지 및 피해자보호 등에 관한 법률」의 주요 내용

이 법은 1997년 12월 제정되어 1998년 7월부터 시행되고 있는데, 가정폭력을 예방하고 가정폭력의 피해자를 보호·지원함을 목적으로 하는 법안이다. 이 법안에 기초하여 가정폭력 신고체계의 구축 및 운영, 피해자에 대한 보호시설의 설치·운영 및 지원서비스의 제공, 피해자의 보호와 지원을 원활히 하기 위한 관련기관 간의 협력체계의 구축 및 운영, 가정폭력의 예방과 방지를 위한 관계법령의 정비 및 각종정책의 수립과 시행, 그리고 실태조사, 연구, 교육 및 상담의 실시가 가능해졌다.

(2) 「가정폭력범죄의 처벌 등에 관한 특례법」의 주요 내용

이 법은 1997년 12월 제정되어 1998년 7월부터 시행되었는데, 이 법에서 가정폭력을 범죄로 규정하고 기존 형법에 규정하고 있던 내용들을 체계적으로 정리하여 가정폭력으로 정의하였다. 이 법은 가정폭력범죄를 범한 자에 대하여 환경의 조정과 성행의 교정을 위한 보호처분을 행함으로써, 가정폭력범죄로 파괴된 가정의 평화와 안정을 회복하고 건강한 가정을 가꾸며 피해자와 가족구성원의 인권 보호를 목적으로 한다.

이 법의 주요 내용은, 첫째, 가정폭력 범죄의 신고 및 고소는 피해자 자신은 물론 누구든지 할 수 있도록 하여, 행위자의 처벌을 요구할 것을 요청하는 고소에서 자기 또는 배우자의 직계존속인 경우에도 할 수 있도록 했다(제4조). 둘째, 신고를 받은 사법경찰관리는 즉시 현장에 임하여 조치를 취하도록 하고(응급조치, 제5조), 피해자의 보호를 위해 필요하다고 판단되면 퇴거 등 격리조치를 취하거나 100미터 이내 접근금지, 요양소 위탁, 구치소 유치 등의 임시조치를 취하도록 하였으며(임시조치, 제29조), 셋째, 행위자에 대하여 접근행위의 제한, 피해자에 대한 친권행사의 제한, 보호관찰이나 사회봉사, 수강명령, 감호위탁, 치료위탁, 상담위탁 등을 할 수 있도록 하였다(보호처분, 제40조).

(3) 「아동학대범죄의 처벌 등에 관한 특례법」의 주요 내용

이 법은 2016년 5월 제정되고, 2017년 5월부터 시행되었다. 이 법은 아동학대와 관련한 범죄의 처벌 및 그 절차에 관한 특례와 피해아동에 대한 보호절차 및 아동학대행위자에 대한 보호처분을 규정함으로써 아동을 보호하여 아동이 건강한 사회 구성원으로 성장하도록 함을 목적으로 하고 있다(제1조). 이 법의 주요한 내용은, 첫째, 아동학대치사죄 및 아동학대중상해죄를 신설하여 최고 무기징역에 처하도록 아동학대범죄에 대한 처벌규정을 강화하고, 상습범 및 아동복지시설 종사자 등에 대해서는 가중 처벌하도록 하였다(제4조부터 제7조까지). 둘째, 아동학대행위자가 아동에게 중상해를 입히거나 상습적으로 아동학대범죄를 저지른 경우에는 검사가 법원에 친권상실을 청구할 수 있도록 하였다(제9조). 셋째, 누구든지 아동학대범죄에 대해 아동보호전문기관 또는 수사기관에 신고할 수 있도록 하고, 아동복지시설 종사자 등에 대해서는 아동학대범죄에 대한 신고를 의무화하였다(제10조).

(4) 노인학대 관련 법

2016년 6월 노인학대 범죄에 대한 특례법이 국회에 제출되었으나, 아직은 계류중이어서, 노인학대에 관한 법률은 1997년 제정된 「노인복지법」에서 찾아볼 수 있다. 「노인복지법」은 노인학대에 관련한 여러 차례의 법 개정을 해 왔는데, 주요 내용은 다음과 같다.

첫째, 금지행위 고시로 노인에 대한 학대 유형을 명기하였다(제39조의9). 둘째, 노인

학대를 예방하고 수시로 신고를 받을 수 있도록 긴급전화(제39조의4)와 학대피해노인 전용쉼터의 설치(제39조의19)를 고시하였다. 셋째, 노인학대를 예방하기 위해 노인학대 업무를 담당하는 중앙노인보호전문기관을 설치 · 운영하도록 하였다(제39조의5). 넷째, 누구든지 노인학대를 알게 된 때에 노인보호 전문기관 또는 수사기관에 신고해야 하는데, 신고의무자가 신고를 하지 않는 경우는 「노인복지법 시행령」 제27조 별표 2에 의하여 과태료를 물도록 하였으며(제39조의6), 다섯째, 노인관련기관을 운영, 취업하려는 자는 본인의 동의를 받아 노인학대 관련범죄 경력 조회를 요청하여야 하며, 관련 사실이 있는 경우 취업을 제한하도록 하였다(제39조의17).

2) 가정폭력 관련 서비스

(1) 가정폭력상담

「가정폭력방지 및 피해자보호 등에 관한 법률」 제4조와 제13조에 근거하여 국가 또는 지방자치단체는 가정폭력상담소와 가정폭력 피해자보호시설을 설치 · 운영할 수 있으며, 경비를 보조하는 등 육성 · 지원하는 책무를 가진다.

(2) 가정폭력 피해자 보호시설

가정폭력 보호시설은 남편으로부터 구타당한 아내, 학대당한 노인, 학대당한 아동이 폭력상황을 피하여 일시적으로 보호받을 수 있는 장소이다. 상습적으로 구타와 학대를 받으면서 신체적 상처뿐만 아니라 정신적 · 경제적 · 성적으로도 손상을 당하여 불안, 좌절 및 긴장 등으로 불안정한 피해자의 상처를 회복할 수 있는 쉼터로 활용된다.

(3) 여성긴급전화 1366과 민간상담센터

노인, 여성, 아동에 대해 가해지는 학대발생과 관련된 긴급전화로서 1366(가정폭력, 성폭력), 112(아동학대), 1388(청소년보호), 1577-1389(노인학대) 등이 있다. 이 외에 민간단체에 의해 운영되는 노인의 전화, 여성의 전화, 아동학대예방 전화 등이 있다. 이들 상담센터의 전화서비스는 전화상담, 내방상담, 쉼터 알선, 추후지도 등의 구체적 서비스를 제공하면서 지역사회의 다양한 서비스와 복지자원을 연계, 알선해 주기도 한다.

(4) 경찰

지역협의체를 구성하고 있는 관계기관으로서 경찰의 가정폭력서비스 양상을 보면, 연도에 따라 검거인원은 상당수 감소하고 있고 구속 건수도 대폭 줄어들고 있다.

3) 가정폭력가족 지원을 위한 정책 서비스

여성가족부에서는 가정폭력 피해자에게 상담, 의료, 법률, 보호, 숙식 등의 다양한 가족복지지원서비스의 제공을 위해 추진체계를 통해 지원한다. 노인, 여성, 아동에 대해 가해지는 학대발생 시의 긴급전화로는 1366(가정폭력, 성폭력), 1391(아동학대), 1388(청소년보호), 1992(노인학대) 등이 있다. 이 가운데 1366은 365일 24시간 운영하는 전국적으로 단일화된 국번 없는 특수전화로서 가정폭력 · 성폭력 · 성매매 등으로 긴급한 구조 · 보호 또는 상담을 필요로 하는 피해자들이 언제라도 전화로 피해상담을 받을 수 있도록 전국적으로 통일된 국번 없는 특수전화 '1366'을 '365일 24시간' 운영하고 있다.

한편, 가정폭력의 피해를 신고받거나 이에 관한 상담, 가정폭력으로 인하여 정상적인 가정생활 및 사회생활이 어렵거나 기타 긴급히 보호가 필요한 피해자에 대해 임시보호를 하거나 의료기관 또는 가정폭력 피해자 보호시설로의 인도하는 서비스를 제공하고 있다. 현재 전국적으로 총 207개소가 설치되어 있다.

4) 가정폭력 관련 가족복지의 개선 과제

가정폭력에 대한 가족복지적 접근방법의 개선점 등을 제안하면 다음과 같다.

(1) 가정폭력의 특성을 고려하여 가정폭력에 관한 정책들이 유기적으로 연계되어야 한다. 현재는 아내학대를 중심으로 한 가정폭력은 성폭력과 함께 여성에 대한 폭력으로 여성가족부에서 담당하고 있고, 아동학대와 노인학대는 보건복지부의 다른 과에서 추진하고 있다. 또 가정폭력이 발생하면, 「가정폭력범죄의 처벌 등에 관한 특례법」, 「아동학대범죄의 처벌 등에 관한 특례법」 등의 여러 법에서 그 적용을 받도록 되어 있다. 이러한 여러 법으로 분산된 입법구조가 실제적으로 가정폭력의 예방과 처벌에는 오히려 혼란을 줄 수 있다. 또 가정폭력 가정의 경우 아내학대와 아동학대 및 부모학대가 함께 발생되기도 하며, 일반적으로 학대를 받을 경우 신체적 학대와 정서적 학대, 성적 학대가 중복되어 이루어지는 중복 학대 현상으로 나타난다. 또 직접 피해를 입지 않았더라도 가정폭력을 목격한 경우 가정폭력 발생이 예견되므로, 가정폭력을 목격한 사람에게도 가정폭력 발생 중재를 위한 프로그램이 필요하다. 따라서 가정폭력의 특징을 고려하여 가정폭력에 대한 개입은 가족이라는 전체성을 고려한 통합적 시각의 적용이 필요하다.

(2) 가정폭력사건에 대한 공권력은 공적 효력이 있는 대응지침이 마련되어야 할 것이다. 가정폭력사건을 다루는 경찰들은 행위자의 완강한 거부에 자주 어려움을 경험하며, 특히 가정폭력 초기 대응 과정에서 행위자 조치를 위한 실질적인 권한이 필요하지만 현행법에서는 행위자를 제압할 수 있는 경찰의 법적 제한이 제한적이다. 따라서 경찰이 업무수행을 확실히 할 수 있도록 경찰의 개입을 방해하는 행위자를 처벌할 수 있는 법 규정이 필요하다. 또한 가정폭력의 초기 대응 시점에서 경찰의 개인적인 의견이나 판단에 따라 행위자가 체포되거나, 단순 훈계로 끝나지 않도록 하기 위해서, 객관적인 판단근거로서의 대응지침이 법적인 차원에서 구안되어 있어야 할 것이다.

(3) 효과적인 치료 시스템이 적용되어야 한다. 가정폭력의 피해자는 신체적 피해뿐 아니라 심리 · 정서적 문제로 인한 어려움을 가지며, 특히 가해자에게 느끼는 공포심과 학습된 무기력감을 치유하기 위한 심리적인 치료프로그램이 신체적인 치료와 반드시 병행되어야 한다. 또 가해자와 피해자 양측에 대한 지원서비스의 확충이 필요하다. 피해자를 중심으로 한 치료프로그램과 동시에, 폭력의 근원과 원인 제공을 한 가해자에 대한 심리치료 및 행동 개선프로그램이 동시에 필요하다. 따라서 신체적인 치료를 위한 병원과의 연계뿐 아니라, 심리치료를 위한 프로그램이 병행되는 효과적인 치료시스템이 적용되어야 할 것이다.

(4) 가정폭력담당자의 전문적 역량 강화를 위한 체계적인 시스템이 필요하다. 가정폭력은 여러 직군의 전문직의 참여와 협조로 해결될 수 있는 일이다. 따라서 경찰뿐 아니라, 의사와 교사, 상담원 등의 다양한 직군의 전문가들이 협조할 수 있는 시스템의 구축이 필요하다. 또한 가정폭력에 대한 사전교육과 보수교육의 제도화를 통해, 담당자들의 전문성을 향상시키고 역량을 강화하는 체계적인 관리가 이루어져야 할 것이다.

(5) 가정폭력의 올바른 인식을 위한 홍보가 강화되어야 한다. 가정폭력 감소를 위한 가장 중요한 정책으로 '폭력 허용적 사회문화 개선' 및 '가정폭력 관련 법 및 지원 서비스의 홍보'가 중요하다는 전국 조사 결과가 있다(여성가족부, 2016). 실제 우리 사회에서 가정폭력이 감소하지 않는 가장 근본적인 이유는 가정폭력에 대한 왜곡된 통념들이다. 특히 가정폭력에 노출된 경험을 가졌던 사람은 이에 대한 교육을 받지 못할 경우, 잠재적인 가정폭력자가 될 가능성이 높다. 또한 우리나라에서 시행되는 다양한 가정폭력 관련 법이나 지원 서비스의 존재를 알지 못하여 도움을 청하지 못하거나, 가정폭력에 처한 이웃의 어려움에 신고를 꺼리는 것도 사실이다. 따라서 가정폭력에 대한 올바른 인식을 가지고 본인과 이웃을 위해 가정폭력에 대한 올바른 인식을 가진 시민으로 성장할 수 있도록 하기 위한 가정폭력 관련 교육이 학교와 사회에서 모두 적극적으로 이루어져야 한다. 여성가족부에서는 전국 17개 시도(18개 권역)의 폭력예방교육 지역지원기관을 통해 각 지

역의 다양한 교육 수요자를 대상으로 찾아가는 성폭력 · 가정폭력 예방교육을 실시하고 있다. 또 지역별 시범학교(초 · 중 · 고 전학년)에서 학교 성교육시간(15시간)을 활용하여 성 인지적 관점에서 성교육 및 성폭력, 가정폭력, 성매매, 성희롱 예방교육 등을 통합한 교육을 제공하고 있다. 그러나 학교교육에서는 가정폭력 관련 내용을 교육과정에서 직접 다루는 교과(예: 가정교과)의 이수시간을 활용한 교육이 가장 효과적이다. 따라서 가정폭력 관련 교과의 이수를 의무화하거나, 창의적 체험활동 시간을 활용한 가정폭력 예방교육이 실시되어야 한다. 또 아동기부터 모든 사람을 대상으로 한 예방교육, 특히 정보전달이 늦은 비도시 지역의 시민들을 대상으로 한 성인교육과 홍보가 보다 강화되어 법과 정부 서비스의 사각지대가 발생되지 않도록 지원해야 한다.

2. 폭력 및 학대 가족에 대한 대책

1) 가정폭력에 대한 의식 전환

(1) 공동체 의식의 강화

현대사회는 가족이 사회에 기여하여야 할 규범과 의무를 규정하지 않고 구성원 개인만을 규제함으로써 가족이기주의가 발생하게 된다. 사회구성원은 가족구성원으로서 살아감에도 불구하고 타 가족에게 무관심하며 심지어 경쟁하게 된다. 어느 누구의 부당한 희생이 없는 건강한 가족공동체 의식을 유지하기 위해서는 개인의 노력도 필요하지만 사회적 의식과 틀의 전환이 필요하다.

(2) 가족의 재정의 및 부부관계에 대한 재해석

과거 부부관계에서 암묵적으로 수용해 왔던 부부의 의무 및 윤리 등이 거래관계에서 애정적 관계, 신뢰관계(계약관계)로 의식을 전환해야 할 것이다. 폭력이 과거의 의무적 관계에서는 용서되고 용인될 수 있는 것이었다면, 현재의 신뢰관계에서는 즉각적인 계약의 해지를 의미하기 때문이다.

(3) 가부장적 권력구조에 대한 인식

부부간 폭력은 가부장제 사회에서 남성에 대한 여성의 종속성 때문에 오랫동안 사회문제로 가시화되지 않았고, 그에 대한 대책도 공개적으로 논의되지 않았다. 현재 우리나라의 가정폭력 발생률은 매우 높은 편이며, 이러한 학대를 근절하기 위해서는 가부장적 가족규범에 대한 인식을 변화시켜야 한다.

2) 가정폭력 관련 서비스 개선

(1) 지역 간의 연계서비스 실시

과거보다는 서비스가 다양해지고 있으나, 진정한 원스톱센터로서의 기능은 달성되지 못한 채 과거의 분절된 기관 단위의 서비스가 지속되고 있는 셈이다. 진정한 연계와 통합관리가 가능하도록 보완 혹은 새로운 시스템의 개발이 필요하다.

(2) 서비스기관의 적정 규모와 지원

사회 전반적으로 필요한 서비스기관의 수와 규모는 어떠한지에 대한 분석에 기초하여 관련기관에 대한 관리체제를 새롭게 수립해 나갈 필요가 있다. 정부의 새로운 서비스체제를 지속적으로 발굴하고 지원해야 한다.

(3) 상담기관의 질적 수준 유지

가정폭력상담에 관련된 교육 및 상담원 양성, 중복 상담사례 등이 증가하고 있어 인적 · 물적 자원의 활성화를 저해하는 요인이 되고 있고, 상담요원의 확보나 재원 확충이 부족한 경우가 많아 상담의 체계성이나 전문성이 확보되지 못하고 있는 형편이다.

(4) 치료 프로그램의 개선

여성가족부에서는 현재 피해자, 가해자 치료 프로그램의 지침과 매뉴얼이 마련되어 있고 강사자격 등이 명시되어 있으나, 그 운영의 내용적 측면에서는 개선이 필요하다.

(5) 지역협의체로서의 경찰의 대응 개선

2010년 여성가족부 실태조사에 의하면, 경찰신고 시 집안일이라 출동하지 않거나 그냥 돌아간 경우가 68.2%에 달한다고 하였다. 6월 정부가 가정폭력방지 종합대책을 발표하면서 경찰관의 '현장 출입 및 조사' 및 '긴급임시조치' 거부 시 가해자에게 과태료 부과, 가정폭력 신고 시 경찰관 출동 의무화와 함께 전문상담가 동행을 통한 초기지원 강화를 제시하였으나, 경찰의 인식이 바뀌지 않는 한 과거의 문제는 계속될 수 있을 것이다.

(6) 가정폭력 피해자에 대한 적극적인 지원

피해자 여성들은 적절한 심리상담치료를 통하여 손상된 자존감을 회복시켜 주어야 하며, 사회적인 고립을 해소해 주어야 한다. 이때 남편의 구타가 종식될 수 있는 경우라면, 남편의 행위 원인, 치료나 예방, 가정간호에 대한 지식도 가르쳐 주어야 한다. 만약 종식이 불가능하다면 이혼할 수 있는 용기를 갖도록 해야 한다. 이러한 경우 경제적 · 직업적 기능을 회복하기 위한 훈련이 필요하다.

(7) 가정폭력 가해자에 대한 조치 강화

가정폭력은 가족의 재결합 후 재발되지 않도록 해야 한다. 따라서 피해자 구제 못지 않게 가해자의 교정을 위한 프로그램들이 더욱 활성화되어야 한다. 특히 추후 관리 프로그램 등 근원적 사후 서비스가 필요하다.

(8) 정보매체의 통제

폭력은 사회적 분위기에 의해 영향을 받는다. 따라서 무분별한 폭력물, 폭력을 용인하는 경쟁적 사회 분위기 등이 개선되어야 할 것이다. 특히 이러한 폭력에 의한 노출을 어려서부터 경험한 젊은 세대들이 결혼연령이 되었을 때 가정폭력의 빈도 증가에 대비하여야 하겠다.

3. 폭력가족에 대한 복지 대책

가정폭력 피해여성은 긴급한 구호 요청 및 지속적인 지원이 필요하다. 이에 대한 대표적인 서비스 기관으로 가정폭력 상담소, 가정폭력 피해자 보호시설, 여성긴급전화 1366, 여성의 전화 등이 있다. 이 외에도 우리 사회의 따뜻한 관심을 통하여 여성 및 사회단체 계몽운동과 개인상담 및 가족상담 치료 프로그램 지원 등이 필요하다.

1) 폭력가족을 위한 복지서비스와 개선방안

(1) 피해자 보호시설 및 가정폭력 상담소 지원 강화

피해자 보호시설은 최장 연장하여 9개월 동안 머물 수 있으며, 전국의 가정폭력상담소는 2013년 현재 전국에 228개소, 보호시설은 66개소가 있다.

(2) 쉼터의 사후 서비스 강화

쉼터 이후의 사후보호 서비스가 지속적으로 요구되며, 쉼터를 떠난 후 주기적인 전화상담과 정기적인 재가방문을 통해서 가족들의 생활 변화를 파악하고 위기상황에서 보호할 수 있는 안전망이 필요하다.

(3) 가해자와 피해자 그리고 가족에 대한 동시적 접근

현재 가정폭력 서비스는 피해자 여성이나 아동을 중심으로 치료하는 접근에만 치중하고 있다. 장기적인 안목에서 볼 때 가정폭력을 예방하며 동시에 개선하는 방안으로 가해자와 피해자에 대한 치료적 접근이 필요하며, 폭력을 보고 자란 자녀들의 심리·정서적인 회복을 위한 지속적인 상담 제공이 시급하다.

(4) 가정폭력방지법과 가정폭력 예방을 위한 교육 및 홍보

가정폭력방지법이 제정·실행되고 있다는 것에 대해서는 보편적으로 높은 인지도를 보이고 있으나, 전 국민이 이 법을 인지할 수 있도록 교육과 홍보가 필요하다.

(5) 서비스 기관 간 연계체계 구축

가정폭력 피해자들에게 나타나는 문제는 신체적, 심리적, 사회적 측면에서 매우 복합적인 양상을 보이고 있으며, 따라서 이들에 대한 다양한 사회적 지원이 보다 효율적이고 효과적으로 제공되기 위해서는 관련 서비스 기관 간의 공식적인 통합 서비스 연계 구축이 필요하다.

Chapter 11

다문화가족

학습목표

1. 다문화가족의 개념을 이해한다.
2. 다문화 실태와 문제점을 이해한다.
3. 서비스 현황과 대책을 이해한다.

개 요

최근 다문화가족의 규정이 결혼이민자와 귀화자 그리고 대한민국 국적 취득자로 이루어진 가족이라는 규정에서 북한 이탈주민, 난민 및 유학생 가족을 포괄하는 문화적 다양성을 가진 가족으로 확장되고 있다.

다문화가족의 문제점으로는 외국인에 대한 차별, 관습 언어 등 사회적 문제, 가정폭력이나 자녀양육 같은 가정적 문제, 이민, 귀화 등 법적 문제, 취업, 생활비, 교육비 등의 경제적 문제가 있다.

다문화가족의 주요 정책과제는, 첫째, 다문화가족 장기정착 지원, 둘째, 결혼이민자의 다양한 사회참여 확대, 셋째, 다문화가족 자녀의 안정적 성장기원과 역량 강화, 넷째, 상호존중에 기반한 다문화 수용성 제고, 다섯째, 협력적 다문화가족정책운영을 위한 추진체계 강화이다. 다문화가족문제의 대책으로는, 첫째, 다문화 인식 전환 필요, 둘째, 다문화가족 지원확대 및 지원부서 간 연계 강화, 셋째, 결혼이민자들의 다양한 문화적 역량 발전 지원, 넷째, 체계적인 교육 지원, 다섯째, 전문적 가족상담 지원이다. 다문화가족이 정착하고 잘 살아갈 수 있도록 정책과 지원방안을 다양한 각도에서 모색해야 한다.

1절 다문화가족의 개념

다문화가족은 결혼이민자나 귀화허가를 받은 사람과 출생 시부터 대한민국 국적을 취득한 사람으로 이루어진 가족을 말한다. 다문화가족은 한국인 남성과 결혼한 이주여성 가족, 한국인 여성과 결혼한 이주남성 가족과 같은 국제결혼가족과, 이주민가족(노동자, 유학생) 및 북한 이탈주민 등 서로 다른 문화권의 사람들이 가족을 이루고 생활하는 것을 포괄하는 개념이다.

'다문화가족'이란 용어는 2008년 여성가족부에 다문화가족과가 신설되면서 동시에 「다문화가족지원법」이 제정된 후 널리 사용되고 있다. 「다문화가족지원법」에서의 '다문화가족'이란 결혼이민자와 대한민국 국민으로 이루어진 가족과 「국적법」에 따라 인지 또는 귀화로 대한민국 국적을 취득자와 대한민국 국민으로 이루어진 가족을 말한다(「다문화가족지원법」 제2조 제1호). 또한, 「다문화가족지원법」에서는 대한민국 국민과 사실혼 관계에서 출생한 자녀를 양육하고 있는 다문화가족구성원에 대해서도 「다문화가족지원법」에 따른 다문화가족 지원 규정을 적용하고 있다.

「재한외국인 처우 기본법」에서는 '결혼이민자'란 대한민국 국민과 혼인한 적이 있거나 혼인관계에 있는 재한외국인(대한민국의 국적을 가지지 않은 사람으로서 대한민국에 거주할 목적을 가지고 합법적으로 체류하고 있는 사람)을 말하고(「재한외국인 처우 기본법」 제2조 제3호 · 제1호), 「다문화가족지원법」에서 말하는 '결혼이민자 등'이란 다문화가족의 구성원으로서 결혼이민자와 귀화허가를 받은 사람을 말한다(「다문화가족지원법」 제2조 제2호).

'귀화허가를 받은 사람'은 대한민국 국적을 취득한 사실이 없는 외국인으로 일정한 요건을 갖추어 법무부장관의 귀화허가를 받아 대한민국 국적을 취득한 사람을 말한다(법무부, 2020).

따라서, 다문화가족은 결혼이민자나 귀화자와 대한민국 국민으로 이루어진 가족은 물론, 이주민가족(노동자, 유학생) 및 북한 이탈주민 등을 포함한다. 이 용어는 국제결혼가족으로 표현했던 개념보다 한 가족 내에 다양한 문화가 공존하고 있다는 의미를 강조한 것으로 해석할 수 있을 것이다. 유사한 용어로 혼혈 가정은 '혼혈'이라는 단어 자체가 상징적 차별성과 특수성으로 인해 거부반응을 일으킬 수 있으므로 다문화가족이라는 용어 사용이 권장되고 있다(전선영 외, 2013; 김범수 외, 2007에서 재인용).

표 11-1 다문화가족유형

구분	유형별
이주노동자가족	• 외국인 노동자가 한국에서 결혼한 가족 • 본국에서 결혼하여 형성된 가족이 국내에 이주한 가족
결혼이민자가족	• 한국 남성과 외국 여성의 결혼 • 한국 여성과 외국 남성의 결혼
새터민 가족	• 탈북해서 이주해 온 가족

출처: 최선화 외(2017).

2절 다문화가족의 실태와 문제점

1. 다문화 실태

2019년 통계청이 발표한 '2018 인구주택총조사'에 따르면 2018년 우리나라 다문화 가구는 33만 5천 가구, 가구원은 100만 9천 명이다. 다문화 가구원은 총인구(5천 136만 명)에서 2%를 차지한다. 가구수는 2017년(31만 9천 가구)보다 1만 6천 가구 늘었고, 가구원 수는 96만 4천 명에서 5만 명 증가했다. 통계청이 분류하는 다문화 가구는 귀화자가 있는 가구, 외국인이 한국인 배우자와 혼인해 이뤄진 가구, 귀화 내국인으로 구성된 가구, 내국인과 다문화 자녀로 구성된 가구, 귀화 내국인과 결혼이민자 외국인으로 구성된 가구 등이다. 국내 다문화 가구원은 2015년 등록센서스 방식으로 해당 항목을 집계한 이후 2018년에 처음으로 100만 명을 넘어섰다. 국내 다문화 가구원은 2015년 88만 8천 명(29만 9천 가구), 2016년 96만 3천 명(31만 6천 가구)이었다.

다문화 가구 내 다문화 대상자(귀화자와 아직 한국 국적을 얻지 않은 결혼이민자)는 총 34만 1천 명으로 이 가운데 귀화자가 17만 5천 명, 결혼이민자가 16만 6천 명으로 비슷하다. 이들의 과거 또는 현재 국적은 한국계 중국 11만 9천 명(34.9%), 베트남 7만 2천 명(21%), 중국 6만 8천 명(19.9%) 순으로 조사됐다. 이어 필리핀(1만 9천 명 · 5.6%), 일본(1만 2천 명 · 3.6%), 미국(8천 명 · 2.4%) 등 이었다.

결혼이민자로는 베트남인이 4만 명(23.9%)으로 가장 많았다. 귀화자는 이전 국적이 한국계 중국인이 8만 명(47.1%)으로 다수를 차지했다. 지역별로는 귀화자와 결혼이민자가 경기도(10만 6천 명 · 31.2%), 서울(7만 4천 명 · 21.7%), 인천(2만 4천 명 · 7.1%) 등에 많이 거주하고 있다.

전체 다문화 가구원을 가구 구성유형별로 보면 내국인결혼 및 결혼이민자 가구원이 39만 3천 명(35%)으로 가장 많았다. 이어 내국인과 귀화한 내국인 가구원이 28만 5천 명(23.1%)으로 다음을 차지했다. 외국인 배우자가 귀화했거나 아직 국적을 취득하지 않은 가구의 가구원이 전체 다문화 가구원의 58%를 차지한다.

하지만, 귀화 내국인으로 구성된 가구의 가구원(12만 명)과 내국인과 다문화 자녀로 구성된 가구의 가구원(10만 4천 명)도 적지 않다. 다문화 가구 중 이혼 · 별거 등으로 배우자 혼자 또는 자녀들만 데리고 사는 경우도 적지 않은 셈이다(연합뉴스, 2019).

표 11-2 다문화가구 현황(행정안전부) (단위: 명)

연도	합계	한국인 배우자	결혼이민자 및 귀화자			자녀			기타동거인		
	소계	소계	소계	결혼 이민자	귀화자	소계	귀화 및 외국 국적 자녀	국내 출생	소계	내국인	외국인
2016	963,174	298,858	309,622	158,620	151,002	199,161	9,750	189,411	155,533	106,781	48,752
2017	963,801	301,354	320,645	159,958	160,687	220,950	8,804	212,146	120,852	75,468	45,384
2018	1,008,520	311,668	332,749	165,919	166,830	235,282	9,924	225,358	128,821	80,759	48,062

* 2007년에 승인되어 시행되었던 「지방자치단체 외국인주민현황」은 2015년 등록센서스 방식으로 해당 항목을 집계하면서 2016년부터 「다문화가구 현황」으로 바뀜. 등록센서스란 전국의 모든 가구를 직접 방문하지 않고 주민등록부 등의 행정자료를 이용해 인구 · 가구 · 주택에 대한 통계를 생산하는 방법을 말한다.

＊「다문화가족지원법」 제2조(정의)

1. "다문화가족"이란 다음 각 목의 어느 하나에 해당하는 가족을 말한다.
   가. 「재한외국인 처우 기본법」 제2조 제3호의 결혼이민자와 「국적법」 제2조부터 제4조까지의 규정에 따라 대한민국 국적을 취득한 자로 이루어진 가족
   나. 「국적법」 제3조 및 제4조에 따라 대한민국 국적을 취득한 자와 같은 법 제2조부터 제4조까지의 규정에 따라 대한민국 국적을 취득한 자로 이루어진 가족

표 11-3 이전 국적별 한국국적을 취득한 자(외국인주민현황, 행정안전부) (단위: 명)

국가별		2015	2016	2017	2018
합계		149,751	159,447	169,535	176,915
동북아시아	소계	108,554	113,102	120,713	125,102
	중국	29,455	32,987	35,221	36,094
	중국(한국계)	74,551	75,103	79,985	83,347
	대만	2,483	2,913	3,286	3,391
	일본	927	819	839	834
	몽골	1,138	1,280	1,382	1,436

국가별		2015	2016	2017	2018
동남아시아	소계	33,591	37,887	42,851	45,513
	베트남	22,998	26,314	30,274	32,257
	필리핀	7,314	7,744	8,183	8,529
	태국	647	681	747	808
	인도네시아	145	147	146	144
	캄보디아	2,376	2,881	3,368	3,631
	미얀마	78	82	87	91
	말레이시아	9	8	9	9
	라오스	24	24	32	38
	기타	–	6	5	6
서남아시아	소계	1,233	1,246	1,421	1,530
	스리랑카	–	49	52	52
	파키스탄	–	484	538	568
	방글라데시	–	272	297	328
	네팔	–	368	451	501
	기타	–	73	83	81
중앙아시아	소계	907	987	1,072	1,165
	우즈베키스탄	–	647	690	751
	카자흐스탄	–	98	99	107
	키르기스탄	–	231	272	294
	기타	–	11	11	13
아시아(기타)	소계	–	92	113	117
미국	소계	2,118	1,121	1,176	1,166
캐나다	소계	–	74	86	84
유럽	소계	847	1,095	1,205	1,277
	러시아	847	937	715	740
	러시아(한국계)	–	*	313	342

국가별		2015	2016	2017	2018
	영국	–	21	20	21
	기타	–	133	157	174
오세아니아	소계	–	38	38	38
중남미	소계	–	221	252	267
아프리카	소계	–	100	112	144
미상	소계	–	3,314	–	–
기타	소계	2,501	170	496	512

* 매년 11월1일 기준, *은 5인 미만인 경우임, 「국적법」 제3조 및 제4조에 따라 한국국적을 취득한 자로서 한국인이 국적상실 후 회복한 경우 및 북한이탈주민은 제외.

2018년 기준 외국인과의 혼인은 전년보다 8.9% 증가(1,863건)하였다. 전체 혼인 중 외국인과의 혼인 비중은 8.8%로 전년보다 0.9%p 증가하여 점점 외국인과 혼인하는 비중이 증가하는 추세이다. 외국인 아내 국적은 베트남(38.2%), 중국(22.1%), 태국(9.4%) 순이고, 외국인 남편 국적은 중국(24.4%), 미국(23.6%), 베트남(9.6%) 순이다.

표 11-4 외국인과의 혼인(2008~2018) (단위: 천 건, %)

	2008	2009	2010	2011	2012	2013	2014	2015	2016	2017	2018	구성비	전년 대비 증감률
총 혼인건수	327.7	309.8	326.1	329.1	327.1	322.8	305.5	302.8	281.6	264.5	257.6	100.0	–2.6
외국인과의 혼인	36.2	33.3	34.2	29.8	28.3	26.0	23.3	21.3	20.6	20.8	22.7	8.8	8.9
한국남자+외국여자	28.2	25.1	26.3	22.3	20.6	18.3	16.2	14.7	14.8	14.9	16.6	6.4	11.7
한국여자+외국남자	8.0	8.2	8.0	7.5	7.7	7.7	7.2	6.6	5.8	6.0	6.1	2.4	2.1

출처: 통계청(2018), 2018년 혼인 · 이혼 통계.

1) 국제결혼 현황

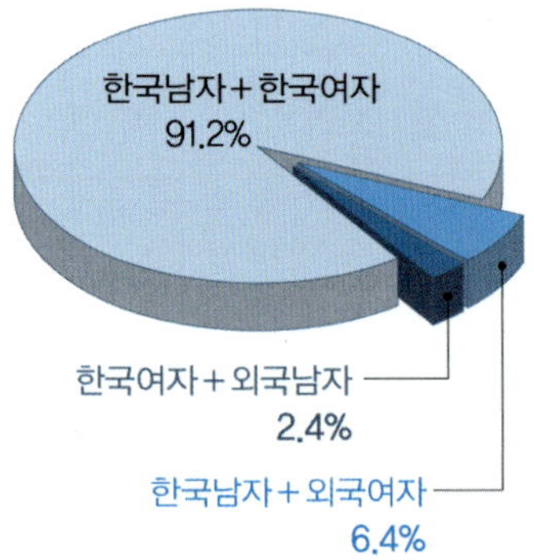

그림 11-1 총 혼인 중 외국인과의 혼인 비중, 2018

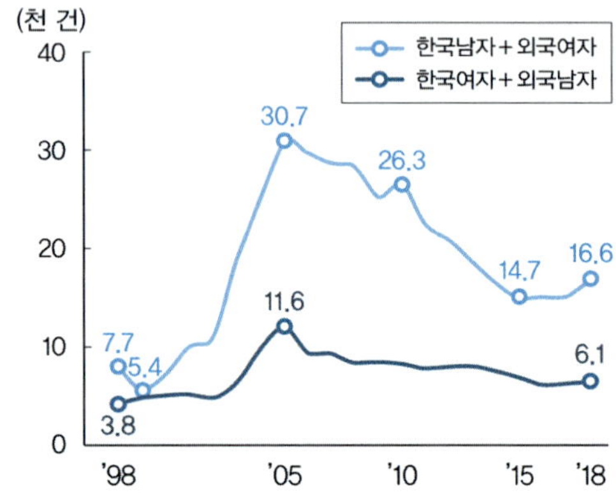

그림 11-2 외국인과의 혼인건수 추이, 1998~2018

출처: 통계청(2018). 2018년 혼인 · 이혼 통계.

2018년 기준 외국인과의 이혼은 7천 1백 건으로 전년대비 0.1% 증가하였고, 전체 이혼 중 외국인과의 이혼 구성비는 6.6%로 전년보다 0.1%p 감소하였는데, 2008년(1만 1천 건)과 비교하면 35%나 감소한 수치로 이혼건수가 점점 감소하는 추세이다.

표 11-5 외국인과의 이혼(2008~2018) (단위: 천 건, %)

	2008	2009	2010	2011	2012	2013	2014	2015	2016	2017	2018	구성비	전년 대비 증감률
총 이혼건수	116.5	124.0	116.9	114.3	114.3	115.3	115.5	109.2	107.3	106.0	108.7	100.0	2.5
외국인과의 이혼	11.0	11.5	11.1	11.5	10.9	10.5	9.8	8.2	7.7	7.1	7.1	6.6	0.1
한국남자+외국여자	7.9	8.2	7.9	8.3	7.9	7.6	7.0	5.7	5.6	5.2	5.2	4.8	-0.6
한국여자+외국남자	3.1	3.2	3.2	3.1	3.0	2.9	2.8	2.5	2.1	1.9	2.0	1.8	2.2

출처: 통계청(2018). 2018년 혼인 · 이혼 통계.

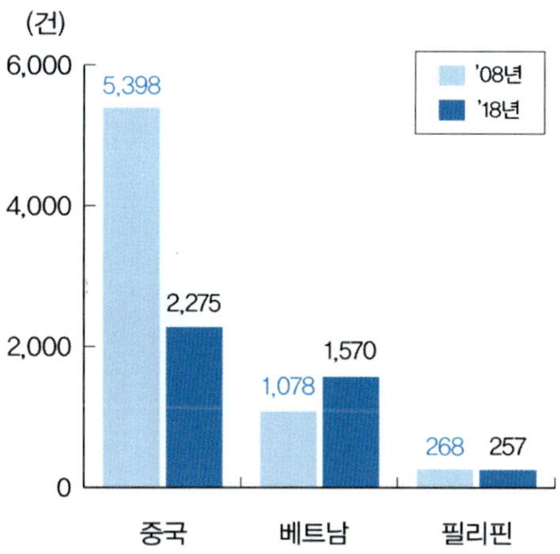

그림 11-3 **한국남자와 이혼한 외국여자의 국적, 2008~2018**

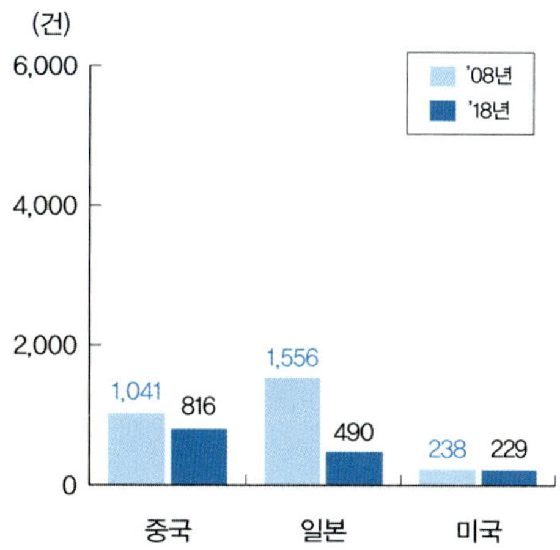

그림 11-4 **한국여자와 이혼한 외국남자의 국적, 2008~2018**

출처: 통계청(2018). 2018년 혼인 · 이혼 통계.

2) 다문화가족 자녀의 규모와 특성

다문화가족 자녀수(18세 이하)는 약 20만 명으로 증가율은 둔화 추세이나, 2020년에는 30만 명을 넘어설 것으로 예상된다. 2012년 이후 출생아 수는 감소하고 있으나, 전체 출생아 대비 다문화가족 출생 비중은 줄곧 4~5%를 유지하고 있는데, 다문화가족의 전체가구 대비 비율(1.6%)을 고려할 때 출생아 비율은 높은 편이다.

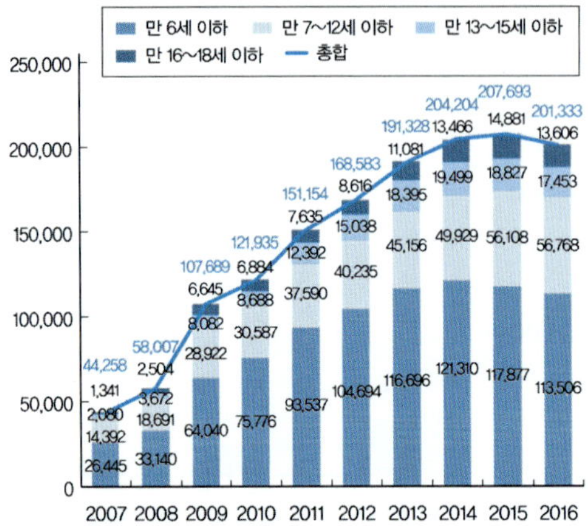

그림 11-5 다문화가족(18세 이하) 자녀의 규모(외국인주민현황조사)

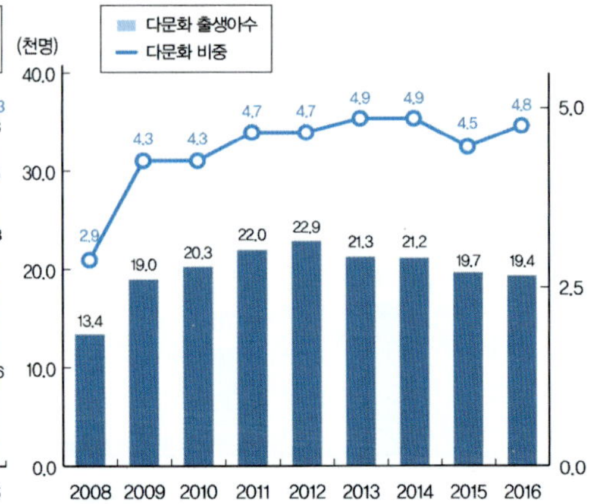

그림 11-6 다문화가족 자녀 출생 수 및 출생 비중(다문화 인구동태 통계)

국제결혼 비중이 높았던 시기에(2005~2008) 입국한 결혼이민자의 자녀들이 성장하여 학령기에 본격 진입함에 따라 초등기(7~12세) 비중이 높아지고 있다. 향후 5년 이내에 중고생 비중이 급속히 높아질 것으로 예상되며, 전체 학생 대비 다문화학생 비중도 2010년 0.44%에서 2016년 1.68%로 증가할 정도로 지속적인 증가 추세이다.

다문화가정 자녀의 취학률은 점차 개선되고 있으나 전체 학생의 취학률 대비 낮은 수준이며, 학교생활 적응정도는 점차 개선 추세에 있다. 학교급이 높아질수록 전체 취학률과의 격차가 커지며(중 · 고등 3%p, 대학교 이상 15%p), 중학교 학업중단률(1.15%)이 전체 학생(0.63%) 대비 두배 가량 높다. 차별 · 학교폭력 경험이 감소하는 등 적응정도가 개선 추세에 있으나, 적응이 어려운 경우에는 또래관계를 가장 큰 애로사항으로 지목하고 있다. 또한 이러한 고민이 있을 경우 친구 · 동료와의 상담비율이 낮고, 상대적으로 부모님에 대한 의존도가 높은 편이다(여성가족부, 2018a).

2. 다문화가족의 문제점

그동안 한국 사회는 단일민족사회로 인식되어 왔으나, 경제개발이 성공하여 세계 10위권의 경제대국이 되었다. 한국은 천연자원의 부족 등의 이유로 자급자족이 어려워 세계와의 교류를 통해 성장해야만 하였다. 출생률의 급감, 고령사회로의 진입으로 국제결혼을 통한 인구유입도 필요한 상황이다. 이러한 경제적 · 사회적 환경의 이유로 다른 국가나 문화권과의 교류와 공존이 이제는 어느 정도 당연시되고 있다. 그럼에도 여전히 오랫동안 단일민족으로 살아왔던 습성과 낯선 문화를 받아들이지 못하는 타문화에 대한 이질감으로 인해 많은 문제점이 야기되고 있다.

여러 자료에서 말하는 공통된 다문화가족의 문제점으로는 외국인에 대한 차별, 관습, 언어 등 사회적 문제, 가정폭력이나 자녀양육 같은 가정적 문제, 이민, 귀화 등 법적 문제, 취업, 생활비, 교육비 등 경제적 문제가 있다.

1) 사회적 문제

다문화가족이 겪는 사회적 문제는, 첫째, 사회적 관계 형성의 어려움이 있다. 이민자들은 대부분 모국인과의 모임에서 정보를 얻고 모국인과의 모임이 상호부조의 주된 역할을 하기 쉬우며, 한국 배우자나 배우자 가족들은 외국인과의 모임을 그다지 반기지 않는 등 이중적 특성이 있다(지은구 외, 2015). 즉, 한국에 정착하는 외국인은 한국의 가부장제적 가족중심주의, 지역주의, 연고주의, 지연 · 학연 · 혈연 등 폐쇄적 구조의 사회 연결망 속에서 사회에 적응은 물론 관계형성에 어려움이 있다(최명민 외, 2009).

둘째, 문화적 갈등 혹은 문화적 배경에서 오는 억압의 문제가 있다. 결혼이민자의 경우, 가부장적 권위의 남편과 시댁의 문화적 차이에서 오는 문화 갈등을 경험하고 있다. 즉, 남존여비사상, 유교적 문화, 시부모와의 관계에 대한 몰이해, 한국 요리의 어려움, 관혼상제의 미숙, 종교와 가치관의 차이, 음주와 사생활의 상이 등으로 많은 갈등이 빚어질 수 있다(최선화 외, 2017).

셋째, 지역사회의 준비부족 문제가 있다. 현재 국제결혼 가족이 다수 존재하는 지역사회의 내부 대응력 혹은 조정력이 검증되지 않고 있다. 다시 말해서 부족한 지역주민의식, 문화적 접촉과 충격에 대한 공식적 · 제도적 대응책이 부재한 상황에서 미래 지역사회 내의 다문화적 상황이 미지수로 남게 된다. 이러한 현상은 자역사회에 통합하지 못한 결혼이민자 가정과 지역사회 사이의 갈등이 드러나 사회문제의 원인으로 작용할 수 있다(지은구 외, 2015, 김현미, 2018).

넷째, 언어의 문제와 상이한 문화로 인한 어려움이 있다. 언어의 문제는 한국의 법과 제도에 접근을 어렵게 하고, 법적인 문제가 발생해도 통역의 오류로 의사전달이 정확히 되지 않음으로 사회적 약자의 입장에 놓이게 되며(김혜경 외, 2019), 언어문제로 인한 갈등과 차별도 받게 된다. 문화적 몰이해와 언어소통의 문제이다. 사회구성원이 가진 외국 문화에 대해 제한되고 왜곡된 이해를 역사적 경험에 그 뿌리를 두고 있다. 외국 문화에 대한 몰이해와 함께 더 큰 문제점으로 지적되고 있는 것은 지역, 피부색, 국가의 경제력을 막론하고 거주 외국인에 대한 제대로 된 제도적 지원을 찾기 힘들거나 매우 소극적이고 영세하다는 점이다. 이러한 상황에서 동남아권 또는 중앙아시아지역 출신의 결혼이민자에 대한 출신국 문화의 이해와 배려, 그리고 존중은 찾아보기 힘들다(최명민 외, 2009).

2) 가정적 문제

다문화가족이 겪는 가정적 문제는 시민권 확보를 위한 국적관련 사안과 가정폭력 및 가출, 이혼, 가족 간의 부적응, 자녀양육 등 실생활에서 겪는 문제, 문화적 차이에서 오는 갈등, 다른 언어로 인한 의사소통의 어려움 등이 있다(김혜경 외, 2019).

다문화가족은 부모가 사회 · 경제적으로 취약하기 쉬우며, 이들의 언어문제와 빈곤을 자녀들이 대물림할 가능성도 가지고 있다. 이들과 2세들의 부적응으로 인해 가족갈등이 야기되어 이혼, 가정폭력, 가출 등으로 이어져 이들의 문제가 사회문제가 되기도 한다. 최근 한국 사회는 다문화가 사회적 이슈가 되어 다문화가족을 위한 다양한 프로그램 운영과 지원이 늘어나고 있다. 그러나 다문화가족들의 인식이 아직도 불안과 불신으로 마음을 열지 못하고 있거나, 경제적인 이유로 정작 필요한 가족에게는 프로그램 참여의 기회가 적은 것도 현실이다.

다문화가족 아동은 유아기에 한국어가 미숙한 어머니로부터 양육을 받기 때문에 언어발달지체를 겪을 수 있다(교육인적자원부, 2006). 또한 한국어를 하지 못하는 아동은 한국어를 배우기까지 친구를 사귀는 데 상당한 어려움을 겪는다. 다문화가정의 아동들은 첫 사회적 경험장소인 유아교육기관이나 초등학교에서부터 자신의 외모적 특성에 의하여 또래들로부터 놀림을 당하게 되고 따라서 대부분 유아교육기관이나 학교에 가지 않으려고 한다. 학교 내 적응이 어렵고(편견, 왕따 등) 한국말을 잘 못하거나 부모님이 불법 체류자라서 학교에 못 가는 경우가 많으며, 교육부에서 정책상 학교 재량에 맡김에 따라 학교 측에서 부담을 지기 꺼려하고 있는 실정이다.

3) 법적 문제

다문화가족을 위한 법과 제도에는 「다문화가족지원법」 외에도 「출입국관리법」, 「결혼중개업의 관리에 관한 법률」, 「재한외국인 처우 기본법」, 「국적법」 등이 있다. 이러한 법은 다문화가족의 한국생활 적응을 위한 체류안정대책, 생활안정대책, 사회통합대책, 사회참여촉진정책 등을 위한 것이다. 그러나 결혼이민자의 생활보장과 인권보호 측면에서는 근거가 부족하고 부서 간 정책 중복과 결혼이민자에 집중된 정책으로 그 효율성이 떨어진다는 지적도 있다. 따라서 다문화가족의 자녀와 배우자 등 전체를 대상으로 하는 정책이 개발되어야 한다는 목소리가 커지고 있다.

결혼이민자 관련 법들도 체류기간 연장신청 등 관련된 모든 행정절차를 배우자와 동행하도록 하고 있어 배우자에 대한 종속을 심화시키고 이로 인해 불평등한 부부관계가 형성되기도 한다(김혜경 외, 2019). 최근 들어 이러한 불합리한 요소들이 점차 개선되고 있으나 기본적인 인권문제이기에 정책적 배려가 지속적으로 요구되는 사안이다.

외국인 노동자, 결혼이민자와 그 자녀들은 인종이나 피부색 등에 있어서 한국사회의 소수자이며, 약자로 차별받기 쉽다. 다른 인종과 민족에 대한 배타의식이 강한 한국사회에서는 외국인 노동자 또는 결혼이민자 가족 등 한국사회의 소수자와 관련된 인권문제가 발생할 가능성이 농후하다(김범수 외, 2008). 2018년 통계에 따르면, 다문화 수용성은 다소 개선되고 있으나 아직도 전반적으로 낮으며, 다문화사회에 대한 부정적 인식이나 역차별의 정서도 증가하고 있다. 한국은 타 국가에 비해 '다른 인종, 외국인노동자를 이웃으로 삼고 싶지 않다'고 생각하는 비율이 높은 편으로 이주민에 대해 한국의 문화·관습을 따르도록 요구하는 경향('일방적 동화기대')도 커지고 있다(여성가족부, 2018a).

4) 경제적 문제

다문화가족이기 때문에 겪는 언어, 문화적 갈등, 사회적 편견 등과 같은 어려움과 함께 빈곤문제에 동시에 노출되어 있다. 이들 다문화가족의 경제적 여건은 상대적으로 열악한 경우가 많아 어려움을 겪고 있다(전숙자 외, 2009). 한국 사회 내의 이주노동자, 결혼이민자, 탈북민은 한국의 일반시민과 비교하여 평균적으로 매우 낮은 노동시장 지위를 갖고 낮은 경제적 수준의 삶을 살고 있다.

다문화가족의 월평균 가구소득은 200만 원 미만의 가구비율이 감소하여 소득이 높아진 것으로 나타났으나, 복지급여라고 할 수 있는 정부지원금은 전체 소득의 0.5%에 불과하고, 적절한 취업지원이나 경제적 자활 지원정책도 다문화가족의 욕구를 채워 주지 못하는 실정이다. 대다수의 여성결혼이민자가 취업을 원하고 있어서 직업훈련교육에 대한 보다 구체적인 계획이 요구된다. 결혼이민자들의 현재 삶의 만족도는 전반적으로 높은 수준(만족 56.8%, 보통 36.4%)을 보이고 있지만 경제 상태, 취업률, 보건의료상태, 복지서비스 수혜 등을 보면 삶의 질이 높게 나타난 것은 아니다. 여성결혼이민자의 37%가 취업을 하고 있는데 언어소통 문제와 자녀양육, 집안일을 병행하는 것에 어려움을 호소하고 있다. 취업하지 않은 이민자들은 그 이유로 자녀양육을 가장 많이 지적하고 있다. 이들의 경제적 생활 지원책과 다양한 분야의 직업훈련으로 시민과 직업인으로서 안정된 삶을 영위할 수 있도록 정책을 개발해야 할 것이다(김혜경 외, 2019).

또한 결혼이민자 여성의 경우에는 의료서비스 접근성이 낮고 모성건강 위험도가 높은 문제가 있다. 여성 결혼이민자의 23.6%가 실질적인 의료보장체계(건강보험, 의료급여)의 혜택을 받지 못하고 있다. 이는 결혼이민자 여성은 국민건강보험의 임의 가입대상임에도 불구하고 외국인은 본래 가입이 안 되는 것으로 잘못 알고 있기 때문이다. 또한 이들의 18%가 병원치료를 포기하는데 그 주된 이유로는 치료비 부담(농촌은 의료접근성 제약) 때문으로 나타났다. 그리고 농촌거주자 중 불임여성이 25%(전체 11.4%), 자연유산 경험률이 13%(전체 9.1%)로 모성건강의 위험도가 높게 나타났다(설동훈, 2005; 전선영 외, 2011).

3절 다문화가족에 대한 서비스 현황과 대책

1. 다문화가족의 서비스 현황

정부는 다문화가족정책의 기본방향과 발전시책을 담아 5년마다 '다문화가족정책 기본계획(안)'을 수립 · 발표하고 있으며, 2018년에는 1, 2차 기본계획의 성과와 한계를 분석하고, 환경변화와 새로운 정책 수요를 반영하여 '제3차 다문화가족정책 기본계획(안)(2018~2022)'을 수립하였다.

1) 1, 2차 다문화가족정책 기본계획의 성과

첫째, 다문화가족 지원을 위한 정책 추진기반을 구축하였다. 다문화가족 범위를 '출생 시 한국인+결혼이민자(또는 귀화자)'에서 '인지 또는 귀화한국인+결혼이민자(또는 귀화자)'까지 확장하는 등 다문화가족의 안정적 생활지원을 위한 정책의 법적근거를 마련하고, 종합적 · 장기적 정책 방향을 수립하였으며, 전국다문화가족실태조사('09, '12, '15)를 통해 기초통계자료를 구축하였다. 다문화가족정책위원회를 구성 · 운영하여 다문화가족 관련 정책 총괄, 부처 간 유사 · 중복 사업 조정 등 정책 추진의 효율성을 제고하였다.

둘째, 국제결혼 피해예방을 위한 법과 제도를 마련하였다. 「결혼중개업의 관리에 관한 법률」을 제정('07. 12.)하여 결혼중개업의 신고 · 등록제 도입, 사기결혼 피해 예방 등 관리를 강화하였다. 결혼상대국과 협의체(중국, 필리핀 등 7개국)를 구성하고 불법중개행위에 대한 공조수사 및 불법소지 업체 단속 강화 등으로 국제결혼 피해를 감소시켰다.

셋째, 다문화가족 정착지원을 위한 맞춤형 서비스를 확대하였다. 다문화가족지원센터에서 한국어교육, 상담, 가족통합교육 등을 제공하여 다문화가족이 한국사회에 안정적으로 정착하도록 지원하였다. 직업훈련, 취업지원, 봉사단 운영으로 결혼이주여성의 사회 · 경제적 참여를 활성화기 위해 노력하였다. 다문화가족 학령기 자녀 및 중도입국자녀 지원으로 취학률이 향상되고, 학업 중단률이 감소하는 등 학교생활 적응도가 향상되었다.

넷째, 다문화수용성을 제고하였다. 대상별 다문화 이해교육 실시, 다문화 인식개선 캠페인 등을 통해 우리 사회의 다문화 수용성 제고를 도모하였다. 학계 · 현장전문가 등이 참여하는 다문화가족포럼을 지속적으로 개최하여 다문화가족정책에 대한 공감대 형성을 위해 노력하였다(여성가족부, 2018a).

2) 제3차 다문화가족정책 기본계획의 내용

제3차 다문화가족정책 기본계획의 비전은 '참여와 공존의 열린 다문화 사회'이다. 기본계획의 목표는 모두가 존중받는 차별 없는 다문화 사회구현, 다문화가족의 사회 · 경제적 참여 확대, 다문화가족 자녀의 건강한 성장 도모이다.

주요정책과제는 첫째, 다문화가족 장기정착 지원, 둘째, 결혼이민자의 다양한 사회참여 확대, 셋째, 다문화가족 자녀의 안정적 성장지원과 역량 강화, 넷째, 상호존중에 기반한 다문화 수용성 제고, 다섯째, 협력적 다문화가족정책운영을 위한 추진체계 강화로 세부 내용은 다음과 같다.

표 11-6 제3차 다문화가족 기본계획(2018~2022)의 비전과 목표

비전	참여와 공존의 열린 다문화 사회	
목표	• 모두가 존중받는 차별 없는 다문화 사회 구현 • 다문화가족의 사회 · 경제적 참여 확대 • 다문화가족 자녀의 건강한 성장 도모	
정책 과제	다문화가족 장기정착 지원	① 결혼이주여성 인권보호 강화(가정폭력예방 및 대응체계 구축) ② 국제결혼 피해예방 지원 ③ 안정된 가족생활 지원 ④ 서비스 연계 활성화
	결혼이민자의 다양한 사회참여 확대	① 자립역량 강화 ② 취 · 창업 지원 서비스 내실화 ③ 사회참여 기회 확대
	다문화가족 자녀의 안정적 성장지원과 역량 강화	① 안정적 성장을 위한 환경조성 ② 학업 및 글로벌 역량 강화 ③ 진로준비 및 사회진출 지원 ④ 중도입국자녀 맞춤형 지원
	상호존중에 기반한 다문화 수용성 제고	① 정책환경에 대한 주기적 모니터링 실시 ② 다문화 이해교육 활성화 ③ 다문화수용성 제고를 위한 미디어 환경 조성 ④ 지역 환경 조성 및 참여 · 교류 프로그램 활성화
	협력적 다문화가족정책 운영을 위한 추진체계 강화	① 정책추진체계 간 협력 강화 ② 다문화가족 지원체계 내실화

출처: 여성가족부(2018).

2. 다문화가족문제의 대책

다문화가족문제의 해결방안은 다음과 같다.

1) 다문화 인식 전환 필요

다문화가족과 사회에 대한 정부와 국민 인식의 전환이 필요하다. 우리 사회는 국적과 민족적 배경의 구분이 없어서 정체성을 말할 때 한국 사람은 한민족, 단일민족에 대한 자부심을 가지고 있어, 다문화수용성이 타 국가에 비해 낮다. 이러한 인식의 전환이 무엇보다 선행되어야 하기에, 문화의 다양성을 인식하고 동등한 인간으로서 다문화 구성원을 포용할 수 있는 사회적 분위기의 조성이 필요하다.

2) 다문화가족 지원확대 및 지원부서 간 연계 강화

다문화가족의 사회복지 지원체계의 확립을 위해서는 다문화가족의 인권 침해, 근로문제, 생활문제 등의 지원을 위한 상담센터의 확대 운영을 고려할 필요가 있으며, 건강권 보장을 위한 외국인 의료기관 지정 운영도 검토할 필요가 있다. 또한 다문화가족의 부모·자녀 관계 확인에 어려움이 없도록 다문화가족에 대한 전산시스템을 보완하고 부처별 연계를 강화하여야 한다(김현미, 2018).

3) 결혼이민자들의 다양한 문화적 역량 발전 지원

결혼이민자들이 그들의 고국에서 체득한 다양한 문화적 역량을 적극적으로 활용하고 발전시킬 수 있도록 지원해야 한다. 결혼이민자들의 문화적 자산을 활용, 다문화 예술 프로그램을 개발하여 지역축제 등에 참여할 수 있도록 지원하고 개발할 필요가 있다. 그리고 결혼이민자들의 다양한 음식문화를 활용하여 부업이나 창업으로 발전시키고 출신국가나 지역과의 문화교류를 촉진해야 한다(전선영 외, 2011).

4) 체계적인 교육 지원

다문화 교육내용과 대상 및 프로그램을 다양화하기 위한 정부를 비롯한 관련 기관 및 단체의 노력이 필요하다. 현재 많은 기관 및 단체가 앞다투어 한국어 교육과정을 개설하고 있지만, 대체로 초급수준에 머물고 있고 단계별 교육이 이루어지지 않고 있다. 따라서 한국어 교육기관 간 네트워크 구축 및 지역별 거점기관 지정 운영을 통해 단계별 교육실시 및 한국어 풀타임 운영 등이 필요하다. 이러한 다문화 교육은 다양한 사례가 축적될 수 있도록 해야 하며, 이를 통해 다문화교육 콘텐츠가 집대성될 수 있도록 해야 한다. 또한 한국인들에게도 다문화적 역량을 증진시키기 위한 교육과 정책을 추진해야 할 필요성이 있다(전선영 외, 2011; 김현미, 2018).

5) 전문적 가족상담 지원

결혼이민자들은 배우자나 시부모 등 가족갈등이 생겼을 경우 이를 터놓고 의논할 가족이나 친구가 부족하며, 상담기관을 이용하는 비율도 매우 낮다. 따라서 가족의 갈등과 위기상황에 적절히 개입하고 상담하고 문제해소에 도움을 줄 수 있는 상담체계 구축이 필요하며 이를 적극적으로 홍보함으로써 가족의 안전성을 도모할 필요가 있다(전선영 외, 2011).

또한 다문화 학생들의 학습 지원과, 외국 성장 자녀에 대한 차별화된 접근과 지원, 이중언어 교육정책 대상 확대 등이 필요하고(최윤정, 2017), 다문화 청소년의 소질과 적성에 적합한 진로교육과 취업 지원 프로그램 개발 및 상담강화, 정보접근성 제고, 기술훈련, 직무교육 등이 필요하다(류성창, 2017).

이 외에도 지역별 병원과 의원 및 보건소와 연계하여 다문화가족에 맞춘 의료정보와 서비스를 지원할 필요가 있다(전선영 외, 2011). 각국 언어로 작성된 문진표를 제작 · 보급하여 의사소통의 어려움으로 인해 곤란함을 겪지 않도록 하고, 출산 경험이 있는 결혼이민자 여성들로 구성된 출산 자원봉사자 또는 출산 도우미를 운영하여 임신과 출산을 앞둔 여성에게 음식, 출산 준비 등의 서비스를 제공하도록 연계하는 다문화가족 맞춤형 의료서비스가 필요하다(정유정, 2008). 최근 다문화지원센터에서는 한국에서 안정적인 가정생활과 사회생활을 하고 있는 능력 있는 결혼이주 여성의 사회적 참여 욕구가 높아짐에 따라 '다문화가족 서포터즈'를 운영함으로써 초기 결혼이민자들이 어려워하는 행정관서 이용하기, 병원 진료, 은행 업무처리, 장보기, 대중교통 이용 등의 생활편익 향상 지원을 하고 있다. 또한 가족관계와 사회적응 등 정서적인 어려움까지도 멘토-멘티가 되어 한국에서 안정적으로 정착할 수 있도록 지원하는 역할도 해 주고, 센터와 연계해 문제를 잘 해결할 수 있도록 지원하고 있다(안양시건강가정다문화지원센터, 2020).

Chapter **12**

중독자가족

학습목표

1. 중독의 개념과 원인유형을 이해한다.
2. 중독자가 가족과 사회에 미치는 영향에 대하여 알아본다.
3. 서비스 현황과 대책에 대하여 알아보고 대책을 연구하는 데 학습목표를 두었다.

개 요

중독은 삶의 과정에서 나타나는 것으로 심리적, 정서적, 행동적 영역으로 표현되는 역기능적 생활순환 방식으로 가족공동체를 병들게 하며 가족과 사회 전체에 영향을 준다. 중독자가족에 대해서는 중독을 이해하고 차단함으로 어떻게 가족관계를 유지해야 하는지 개인이 아닌 전체 가족을 대상으로 교육함으로써 가족 전체가 자기 가족의 역기능을 객관적으로 바라보게 한다. 즉, 냉철한 자아인식과 병리학적 개입으로 접근하여 새로운 삶의 방식을 추구할 수 있도록 하는 학문적 접근이 필요하다.

1절 중독자가족의 기초이론

1. 개념

중독은 어떤 물질이나 행위가 반복적으로 심각한 문제를 일으킴에도 자신을 만족시키고 쾌감을 얻기 위해 그 물질이나 행위를 습관적으로 사용하는 것을 뜻한다. 이들은 대개 일생 동안 갈등으로 시달리게 하는 영향력을 지닌 뿌리 깊은 습관이다. 정신의학적으로 중독증은 주로 약물중독을 의미하며 동일한 효과를 얻기 위해서 지속적으로 그 약물사용량을 늘려 가야 하는 내성과 그 약물의 체내 농도가 어느 수준 이하로 줄어들면 도저히 견딜 수 없는 불안, 초조, 식은땀, 그리고 각종의 신체증상이 발생하는 금단현상이라는 생리적 의존성이 생기는 경우이다.

내성과 금단현상이라는 생물학적 의존현상들은 대뇌의 신경세포들을 완벽한 포로로 하여 약물을 얻기 위해서라면 어떠한 범죄행위라도 서슴지 않고 범할 수 있도록 사람의 인격을 철저히 파괴한다(김주환, 2001: 6).

피아 멜로디(Pia Melody)는 “중독을 현실로부터 도피하려고 하는 모든 과정”이라고 규정했다. 중독은 우리의 고통을 없애 주기에 그것이 삶에서 우선순위가 된다. 중독으로 인한 많은 시간과 에너지가 소비되므로 결국에는 삶까지 피폐하게 하는 결과를 가져온다. 포섬과 메이슨(Fossum & Mason)은 중독자들은 수치심에 사로잡힌 사람들이라고 지칭했는데 중독은 자신이 수치스럽게 여기는 고통을 교묘하게 가려 주지만 이렇게 숨겨진 수치가 오히려 더 중독을 부채질한다. 더구나 무엇보다도 중독은 가족 전체를 병들게 한다는 것이다. 중독은 가족을 묶는 데 수치심만큼이나 핵심적인 역할을 하므로 우리가 가족 안에 중독을 부르는 일은 수치심에게 문을 열어 주는 것과 같다고 하였다(김홍찬 외, 2002: 145-147).

2. 중독의 증상

중독증상은 우울증과도 관련되어 있고 손상된 자아기능의 투영이라고 설명하고 있으며, 중독에 잘 빠지는 사람들은 보통 강하고 지속적인 아버지상이 없고 어머니에 대해 소유와 거절의 양가감정이 있으며 방어기제나 적응기제 내지 내적 통제가 부족하고 심리적 욕구의 즉각적인 만족을 추구하는 경향이 있다.

목표를 향하여 장기간의 끈질긴 노력을 하여 만족을 획득할 수 있는 자아능력이 부족하고 쉽게 기쁨을 추구하며 쉽게 목표달성을 하려고 하고 고통을 참지 못하는 특성을 지니고 있다. 또한 중독은 교묘하게 속이고 좌절감을 주며 강력한 영향력을 갖고 손상을 입힌다.

중독은 사람들에게 서서히 스며들어와 사람들의 경력을 황폐화시키고 자녀들을 학대하게 하며 가까운 관계를 깨뜨리고 추방자가 되게 하여 법정의 선고를 받게 하고 파산하게 하며 제정신을 잃고 자살하게까지 만든다. 중독이 야기하는 문제들은 심각한 경우가 많다.

중독의 가장 명백한 증상은 조절되지 않는 행동이다. 중독자는 중독을 조절하지 못하는 한편, 그러면서도 무력한 모습에서 다른 사람들을 통제하려는 시도로 반전하는 경향을 보이기도 한다. 또한 중독자는 가족, 친구, 일, 가치보다 중도적 매개체(addictive agent)를 더 중요시한다. 그것이 삶의 원천이자 삶을 조직하는 원칙이 된다. 중독자는 그들의 병리적인 행위를 보존하기 위해서라면 그들이 가장 소중하게 여기는 것도 기꺼이 희생한다.

중독자는 친구, 가정, 직장의 현실에서 점점 멀어져 가는 점진적인 단계를 거치게 되며, 중독은 순환주기를 갖는데 이 사이클은 스스로 지속하게 된다. 이전에 경험한 바탕 위에 한 번씩 반복될 때마다 되풀이되는 중독패턴은 점점 견고해진다.

순환주기가 중독자를 완전히 속박하게 되면 그의 삶은 해체되고 조절이 불가능해지기 시작한다. 그러므로 중독자는 세 가지 깊은 근원적 감정인 자기증오, 죄책감과 수치감, 억압된 분노로 인하여 괴로움을 당한다. 모든 중독은 초기에는 죄악된 선택을 반복해서 시작하게 되지만 중독 과정이 그 사람을 사로잡게 되면 그러한 행위는 질병이 된다(강성희, 2004: 9-10).

2절 중독자의 원인과 유형

1. 중독의 원인

중독자들은 욕구, 고통, 해결되지 않은 성적 충동과 좌절, 사회적 좌절감을 즉각적인 물질의 효과로 해결하려 하는 성향을 가지고 있다. 그러나 물질의 효과가 시간이 지남에 따라 사라진 후에는 다시 불안하거나 우울하여 외롭거나 습관적인 절망감에 사로잡혀서 적개심과 죄책감도 복합되어 나타날 수 있다. 이와 같은 느낌을 피하기 위해 지속적으로 그리고 반복적으로 더 많은 양의 물질을 사용하므로 더욱 심각한 중독에 빠져들게 된다(고병인, 2003: 55-57).

1) 정신사회학적 이론

가족과 사회 전반과의 관계 속에서의 부조화가 중독을 초래할 수 있다고 하여 가족과 사회적 역할의 중요성을 논의하고 있다. 청소년의 경우 가족 안의 불화에 따른 심리적 갈등을 해소하기 위한 수단으로 본드나 가스흡입 또는 약물을 과다 투여하게 되는 경우들이 많다.

중독 상태에서 표현하지 못하고 억압되어 있던 갈등이 공격적이거나 망상적 · 폭력적 형태로 나타나 가족 간 갈등을 더욱 심화시킨다. 사회문제의 측면에서 보면 중독을 초래할 수 있는 기제에 쉽게 노출되어 있다는 것이다. 따라서 호기심으로 처음 시작하게 된 것이 결국에는 빠져나올 수 없는 중독단계를 초래하기도 한다.

2) 행동이론

한 사람의 행동이 사회적 인식으로부터 얼마나 현저하게 일탈되어 있느냐의 기준을 적용하여 이상행동의 여부를 판단하는 것으로, 사회적 기준에 크게 벗어나 용인될 수 없는 행동을 할 때 중독성 이상행동으로 분류할 수 있다. 중독이란 중독과정에 있어서 물질추구행동에 관점을 두고 있다. 이 이론은 어떤 물질을 사용하게 되어 결과가 좋으면 다시 그 물질을 찾게 되는 행동을 하게 되므로 물질추구행동이 정적 강화되어 점차 심각한 중독을 초래하게 된다.

3) 유전이론

중독 특히 알코올중독은 그 원인에 유전적 요소를 가지고 있다는 것이 쌍생아연구, 양자연구 등을 통해서 밝혀지고 있다. 최근에는 새로운 유전적 연구방법을 통해서 다른 중독들 또한 유전적 근거가 있음이 구명되고 있다.

한 정신과의사는 알코올중독, 도박중독 등은 악행이 아니라 뇌의 병이라고 언급하면서 중독은 뇌질환이라고 하였다. 실제로 이 표현은 사실이다. 대부분의 독성을 띠는 물질들에 대해서는 그 물질이 작용하는 신경전달물질이나 신경전달물질 수용체가 뇌에 존재한다. 완전히 건강한 대뇌수용체와 신경전달물질을 가진 사람일지라도 어떤 특이한 물질에 오랫동안 노출되면 정상적으로 뇌수용체를 조절하여 뇌의 항상성을 유지하기 위해서는 신체 밖으로의 외인성물질 유입이 필요하게 되고 이 과정을 통해서 물질을 요구하게 되므로 이 과정이 중독과정을 초래한다(강성희, 2004: 13-17).

뇌생리학적으로 중독은 시상하부와 편도핵 등이 속한 변연계의 이상, 특히 뇌에서 도파민, 베타엔돌핀, 앤케팔린 등 쾌락과 진통을 맡은 물질이 나오는 쾌락기제에 문제가 생긴 것으로 본다. 미국 정신과 질환 진단목록은 알코올중독, 마약중독, 니코틴중독, 도벽, 도박장애, 섭식장애 등의 질환을 충동조절장애의 범주에 포함하고 있다.

4) 심리이론

중독의 심리과정은 기분을 바꾸어 주는 물질을 취하는 것 자체를 훨씬 넘어선다. 이러한 이유를 전제로 중독을 두 가지 중요한 범주로 구분할 수 있다. 하나는 물질중독이고 다른 하나는 과정중독이다(박혜원, 2011: 5-6). 물질은 약물, 술, 니코틴, 카페인, 특정한 음식과 같은 외부물질로서 물질중독은 우리 몸 안에 섭취된 물질들에 대한 중독이다. 몸과 마음은 이 물질들에 대하여 의존성을 발전시킨다. 이러한 중독적 물질에는 알코올, 마약, 약물, 음식, 니코틴, 카페인 등이 있다.

과정중독은 사람이 의존하게 되는 일련의 활동이나 상호작용을 뜻한다. 일중독이나 성중독, 종교중독과 같은 대부분의 숨겨진 중독은 과정의 범주로 구분된다. 또한 카페인이나 니코틴 그리고 특정한 음식과 같은 가벼운 물질중독도 때로는 숨겨진 것으로 분류할 수 있는데 이것은 사회가 비난하지 않기 때문이다.

과정중독은 사람이 구체적인 일련의 행동들과 상호작용의 과정에 빠져드는 것으로 인간생활의 거의 모든 과정은 중독적 동인이 될 수 있다. 일반적인 과정중독에는 일, 관계, 로맨스, 섹스, 돈, 종교, 쇼핑, 소비, 도박, 운동과 걱정 등이 있다. 이러한 과정중독은 물질중독과 유사하여 성중독, 낭만중독, 관계중독, 동반의존중독 등에서 중독자는 다른 사람과 건강한 관계를 맺으면서 그것이 물질중독이든 관계중독이든 상관없이 그것은 그의 삶의 중앙에 자리잡게 된다고 한다(정동섭 외 역, 2002: 29).

숨겨진 중독의 형태를 아치볼트 하트(Archibald D. Hart)는 논쟁하기와 수집하기, 경쟁하기, 우울증과 같은 정서, 낚시, 도박, 남의 소문 이야기, 곤궁에 처한 사람 돕기, 조깅, 거짓말하기, 강박적인 사고, 사람의존, 와전주의, 외설적인 책, 독서, 분노, 종교생활,

원망, 모험하기, 무모한 행동, 자기징벌, 섹스(환상, 자위), 쇼핑, 고독, 불끈 성내기, 특정한 행태의 생각하기, 스릴 찾기, TV, 일 등(윤귀남 역, 1997: 23-24)으로 구분하고 있다.

2. 중독의 공통점과 특징

1) 중독의 공통점

중독은 근본적인 동기나 시작하는 속도, 신체적 · 정서적 손상의 정도, 사회가 수용하는 태도나 그 밖의 많은 요인으로 볼 때 그 원인이 매우 다양하다. 아치볼트 하트는 물질중독과 과정중독, 숨겨진 중독을 연결시키는 개념을 통합하면서 중독의 공통점을 설명하고 있다(김주환, 2001: 22-23).

(1) 진실된 감정의 도피

중독은 우리를 우리의 진실한 감정으로부터 떼어놓아 일종의 도피를 하는 목적에 이바지한다. 중독은 현실로부터 유리시킴으로써 인생의 진정한 불안을 피하게 해 준다. 또한 중독적인 행동은 그 밖의 몇 가지 흥미로운 유사점을 가지고 있으며 가장 분명한 것은 통제력의 상실이다.

(2) 강한 집착

중독은 중독자를 완전히 통제하며 그 통제력은 모든 논리나 이성을 능가한다. 집착이 너무 강하여 논리나 이성만으로는 극복되거나 격퇴될 수가 없다는 것이며 이것은 중독을 치료하거나 극복하기가 극히 어려운 이유이다.

(3) 쾌감

중독은 언제나 쾌감을 유발한다. 중독적인 행동은 물질이나 활동에 직접적으로 관련되는 모종의 쾌감으로서의 자극, 흥분, 진정, 해방감 혹은 그 밖의 어떤 즐거움을 주는 감정을 반드시 제공한다.

(4) 불균형적인 생활

중독은 파괴적이고 건전하지 못하다. 중독물질이나 일중독과 같은 행동이 계속하여 쾌감을 준다고 해도 그것은 결국 마음과 몸, 영혼에 해악을 끼치거나 파괴시킨다. 또한 인간관계를 손상시키며 사랑하는 사람을 파멸시키고 균형 있는 생활을 깨뜨린다.

(5) 우선적인 행동

중독행동은 다른 모든 인생의 문제보다 우선순위에 있다. 예를 들면, 도박중독자는 한 가지 주제를 중심으로 자기의 모든 인생을 계획한다. '다음 게임은 언제 들어갈 수 있을까? 저 카지노를 어떻게 내 여행계획에 집어넣을 수 있을까'와 같은 경우이다.

(6) 부정적인 사고

중독자는 자신의 중독을 부정하며 중독이 자신에 의해 행사되는 지배력과 파괴력을 부정한다. 중독으로부터의 회복은 이러한 처음의 부정이 깨지고 나서야 비로소 시작될 수 있다. 부정은 모든 중독적 행위에서 나타나는 대표적인 특징이며 방어기제의 하나인 부정은 무의식적으로 작용한다. 부정에는 진리를 알지만 인정하지 않는 무의식 부정과 자동방어기제인 무의식 부정이 있다.

중독이 주는 깊은 죄책감과 수치감 때문에 중독에 대한 깊은 부정과 거짓말이 생겨나게 된다. 중독적 행동에서 부정은 중독문제의 부정, 원가족에 있는 고통의 부정, 현재관계의 고통 부정, 사랑의 결핍이 존재하는 것을 부정, 분노의 부정, 자신에게 도움이 필요하다는 것의 부정, 부정하고 있다는 사실을 부정 등의 영역으로 나타난다. 중독으로부터의 회복은 부정을 해치고 나가는 지속과정이다.

(7) 물질중독

어떤 의미에서 모든 중독은 물질중독이다. 물질중독과 과정중독은 모두 화학물질에 흘리는 신체의 성향에 따라 생기게 된다. 이러한 의미에서 모든 중독은 결국 물질중독으로 나타나게 된다.

(8) 심리적 의존

모든 중독은 심리적 의존을 포함한다. 중독에 있어서 심리적 집착은 쾌감을 자리잡게 하여 쾌감을 위해 쾌감을 열망하게 되는 것이다. 금연자들의 경우 자기들의 신체가 더 이상 니코틴을 원하지 않는다 해도 그들은 불을 붙이고 담배를 무는 행위와 의식을 종종 그리워한다. 이와 같이 고질적인 중독들은 심리적인 요소를 갖고 있다(고병인, 2003: 59-60).

2) 중독의 특징

(1) 내성

내성은 만족감을 얻기 위해 중독행위 혹은 집착의 대상을 지속적으로 더 필요로 하거나 원하는 현상으로, 현재의 소유나 행위에 만족하지 못하며 전형적으로 내성은 지각할 수 있는 것이 아니어서 은밀하게 발생한다. 내성은 물질중독뿐 아니라 비물질중독에도 나타난다. 내성의 본질작용은 무언가의 일정한 양에 익숙해지면 그것의 충족감이 사라져 더 많은 것을 필요로 하게 만든다는 것이다.

(2) 금단증상

금단증상은 중독행위들이 중단되었을 때 나타나는 특징으로, 첫째, 스트레스 반응[1]으로 마음이 불편해짐으로써 급격한 동요를 한다. 둘째, 역반응으로 중독행위를 중단했을 때 중독에 의해 야기된 것과 정반대의 증세를 나타낸다. 갑자기 물질을 중단하는 것은 비정상적인 과민과 심지어는 발작을 야기할 수 있으며 자극제를 중단하는 것은 무기력과 우울증, 심한 졸음을 유발할 수 있다.

(3) 부인

모든 중독적 행위에서 나타나는 대표적인 특징이다. 방어기제의 하나인 부인은 무의식적으로 작용한다. 부인에는 진리를 알지만 인정하지 않는 의식적 부인과 자동적인 방어기제인 무의식적 부인이 있다. 중독이 주는 깊은 죄책감과 수치감 때문에 중독에 대한 깊은 부인, 기만, 거짓말이 생기게 된다. 중독행동에서 부인은 중독문제의 부인, 원가족에 있는 고통의 부인, 현재관계의 고통 부인, 사랑의 결핍이 존재하는 것을 부인, 분노의 부인, 자신에게 도움이 필요하다는 것의 부인, 부인하고 있다는 사실을 부인 등으로 나타난다.

(4) 죄책감

중독자는 죄책감이 누르는 무거운 짐을 느낀다. 죄책감은 무엇인가 잘못된 것을 행했을 때 생기는 구체적인 감정이다. 중독자는 여러 가지 잘못된 선택을 하며 그러한 잘못된 행동에 반복적으로 몰입되어 왔기 때문에 죄책감의 깊은 문제가 있다. 또한 깨어진 관계, 기만, 우상숭배, 정욕, 자기중심성, 기타 중독의 부작용에 대해 죄책감을 가지고 있다. 사라지지 않는 죄책감으로 인한 손상된 양심으로 중독자들이 가장 깊은 곳에 있는 내적 존재는 끝없이 고뇌한다. 거짓 죄책감은 병리적인 것으로 중독자문제에 심각한 역할을 하기도 한다.

---

1) 약간의 불안과 짜증에서부터 빠른 맥박과 떨림, 극도의 공포를 동반하는 극단적 동요에 이르기까지 다양하다.

(5) 수치감

수치감은 좀 더 일반적인 감정으로 잘못된 것을 행했다는 사실을 깨달았을 때 생기는 고통과 창피, 자기거절, 자기증오를 포함하고 있다. 수치감은 특정한 죄에 관계된 것은 아니지만 생활패턴과 관계가 있다. 수치감에는 긍정적인 면과 부정적인 면이 양립하는데 긍정적인 수치감은 개인적인 겸손과 경계선에 관계된 것이다. 그러나 지나친 수치감은 병리적인 것이며 그것은 주로 역기능 가정[2]의 산물이다. 수치감은 모든 중독의 근원이며 중독의 원료이다.

중독자는 자신이 완전히 실패자라는 깊은 느낌을 갖고 있으며 이것은 더 많은 수치감을 불러일으켜서 더 깊은 중독에 빠지도록 자극한다. 중독자는 다른 누구도 갖지 않은 문제가 자신에게 있다고 느끼며 설사 그런 사람이 있다 할지라도 거의 없을 것이라고 느낀다. 이것은 수치감의 핵심이라고 할 것이다. 수치감은 은폐, 두려움, 방어적인 태도로 이어지며 수치감에 묶인 체계에서는 통제, 타인에 대한 비난, 신뢰할 수 없는 모습, 불완전성, 수치스럽거나 학대적인 행동에 대해 말할 수 없는 특징들이 나타난다.

(6) 분노

분노는 중독의 배후에 뚜렷하게 잠재되어 있는 문제로 분노와 함께 비판주의, 짜증, 좌절감, 상처, 적개심, 공포, 증오신, 게으름, 성급함, 시기, 질투, 우울증 등이 나타나기도 한다. 계속해서 실패하는 자신에 대한 분노는 중독자에게 흔히 있는 현상이다. 또한 분노는 고백하지만 여전히 중독을 추구하고 그 파괴적인 결과를 맛보게 되는 자신을 어리석다고 느끼는 깊은 감정에서 비롯된다. 중독자들이 흔히 보이는 억압되고 숨겨진

2) 산드라 윌슨(Sandra Wilson)은 가정의 세 가지 기본 기능으로 가족구성원들의 의식주의 기본적인 필요를 충족하고 책임을 지는 부양기능, 사랑과 감정의 지지에 대한 필요를 채워 주는 양육기능, 자녀들의 인내와 필요를 충족하는 인내기능을 제시하였다. 가정에 부여된 이러한 기능을 잘하는 가정을 순기능가정이라 하고 이러한 기능이 비정상적으로 이루어지는 가정을 역기능가정이라고 한다. 가족구성원의 의식, 태도, 가치관, 이해관계가 대리되어 상호관계가 결여되고 가족이 경제적 · 보호적 · 성적 · 교육적 · 정서적 · 종교적 사회적 기능이 원만하게 이루어지지 않으며 1차집단으로서의 전인적 상호관계가 결여된 가족이라고 할 수 있다(설은주, 2003: 156).

분노는 결코 건강한 것이 아니며 결국 그것은 공격, 관계의 붕괴, 정서적 질환, 중독, 여러 신체적 · 정신적 질환으로 표출된다. 억압된 분노는 수동–공격적 행동으로 표출될 수 있으며 이것은 꾸물거리는 행동, 조직적인 방해, 고집스러움, 의도적으로 하는 비효율적 행동, 함께 어울리기에 까다롭게 하는 행동 등과 같은 특징을 보인다.

(7) 손상된 관계

중독적인 행동은 배우자, 가족, 그 밖의 집단과의 관계를 심각하게 파손시킨다. 신뢰, 친밀감, 성생활 모두가 그 영향권에 있다. 의미 있는 관계를 구성하는 네 가지 필수 요소인 사랑, 신뢰, 존중, 친밀감 모두는 중독의 영향을 심각하게 받는다. 잔인함, 거절, 위축, 감사하지 못하는 태도, 방치, 사기, 비열함 등은 사람에 손상을 입히는 것들이다. 불충실, 부정직, 도의적 결함, 시기, 믿을 수 없는 모습, 비일관된 태도, 생각 없는 모습을 드러내는 것은 신뢰를 깨뜨린다. 조종, 지배, 비판, 잔소리, 당황스럽게 하는 행동, 무시함, 이기주의, 무책임, 무능함, 옹졸함 등은 존중을 파괴하는 것들이다. 의사소통 장애, 무지, 경청하지 않는 태도, 속임수, 편견 등은 친밀감이 형성되지 못하도록 한다. 중독은 자신과 친밀해지는 것을 회피하는 것이라고 할 수 있다. 친밀감의 중요 규칙은 자신과 상대방의 감정에 관심을 기울이는 것인데 중독자는 그렇게 하지 못한다.

(8) 기타의 특징

첫째, 중독자들은 자신을 돌보아 주는 사람들인 배우자나 자녀, 직장동료, 치료자 등을 통제하고 조종하려 한다. 한편, 이들을 통제하다가 금방 이들에게 병적으로 의존한다.

둘째, 자신을 대단한 것처럼 가장하는 것으로 때로는 전능자의 태도를 취하며 이중적인 삶을 살아간다. 가장하는 외면의 삶과 패배하는 내면의 삶을 살고 있는 것이다.

셋째, 중독자의 주된 문제인 자기연민은 회복과정을 걸어가는 중독자들 사이에 잘 알려진 말이 "불쌍한 나, 불쌍한 자, 한잔만 내게 부어주어 주오."라는 것이다.

넷째, 중독자는 극단적인 사람으로 황홀감과 우울감을 오가는 기분변화를 흔히 보인다. 무력감과 통제, 쾌락과 고통, 고취감과 절망감, 조증과 울증, 중독을 끊겠다는 강한 결심과 실패감과 같은 양극단이 존재한다.

다섯째, 중독자들은 자기 자신에 대해 이상적인 이미지를 만들어 놓고 힘겹게 쫓겨 다니는 사람들로서 다른 이를 기쁘게 하려는 경우가 빈번하다. 자신이 갖고 있는 완벽주의 이상에 미치지 못하면 그들은 종종 죄책감으로 자기 자신을 가혹하게 하며 완벽주의와 자기 멸시 사이에 갈등이 고조된다.

3. 중독의 유형

중독은 여러 가지 형태로 분류될 수 있다. 강박적인 도박은 학습된 중독일 수 있지만 특별한 음식이나 어떤 경우에는 술을 열망하는 것은 결함으로 여겨질 수도 있다. 중독을 분류하는 또 하나의 분류는 중독자를 만족시켜 주는 중독의 목적이나 필요에 따르는 것이다. 아치볼트 하트는 다음과 같은 유형으로 중독을 분류하고 있다(윤귀남 역, 1997: 32-38).

1) 자극 중독

각성과 황홀함을 주는 활동에 중독되는 것을 포함한다. 마음과 몸은 사람이 중독될 수 있는 즐거운 감정을 제공하는 여러 가지 심리과정을 통해 자극받을 수 있다. 우리들은 어떤 사고의 과정에 의해 신체 내부에서 흥분성의 화학물질을 분비하게끔 만든다. 사업에서 경쟁해야 하는 도전에 일어선다든가, 논쟁적이 된다든가, 경기 전에 자신을 심리적으로 준비시킨다든가 하는 것과 같은 사고과정이 이것에 해당한다.

2) 진정 중독

자신을 가라앉히고 신경의 긴장을 줄이며 불안을 완화시키는 그 어떤 것도 포함시킬 수 있다. 과식이나 어떤 특정한 음식형태에 중독되는 것, 특정한 스포츠나 장거리달리기와 같은 신체활동에 중독되는 것 등이 이 부류에 속한다. 대체로 진정시키는 중독은 자극시키는 중독만큼 신체적으로 파괴적이지 않은 경향이 있다. 그렇지만 그것들도 끊기는 어려우며 결코 무해하지는 않다. 예컨대, 식사중독은 결국 신체적 위험인 고혈압, 심장병, 스트레스 등과 같이 심리적 위험이 따른다.

3) 심리욕구 중독

심리적 욕구를 채워 주는 중독의 경우는 권력을 획득하려는 분투, 무력하다는 느낌을 극복하려는 노력, 자기 가치를 증명하려는 노력, 심지어 자기징벌에 가담하려는 노력 등이다. 이 모든 것을 모두 포용하는 한 가지 특별한 중독형태는 일 중독이다. 이 증상은 그것이 무력함을 극복하는 방식이나 권력을 획득하는 방식이 될 수 있다는 점에서 매우 강한 심리적 요소를 지니고 있다.

강박적인 경향은 자신을 징벌에 가담하려는 욕구에서 생길 수 있으며 대인관계문제는 이전의 거부당한 경험, 불안감 혹은 부적합한 부모역할에서 유래된 저변의 욕구를 가지고 있을 수 있다.

4) 독특한 식욕중독

식욕은 감각기관의 지각이 유전적인 요인을 통하여 독특하게 조합된다든가 어떤 특별한 물질에 대한 맛이 만들어지는 어린 시절의 학습을 통해 감각이 독특하게 조건지어질 수 있으며 그 물질에 대해 신체적으로 갈망하게 되는 신체 속의 어떤 결함이 발생하는 것으로 결정될 수 있다.

4. 중독자가족의 문제

1) 역기능의 문제

중독자가 있는 가정에서 아이들이 자라게 되면 역기능적 성인아이가 되기 쉽다. 어린 시절 제대로 돌봄을 받지 못하고 불안한 가정환경에서 감정표현이 자유롭지 못하고 억압된 채 성장하면 성인이 되어서 역기능적 모습을 보이게 된다. 어린 시절 경험한 충격적 사건에서 고착된 정서가 무의식적으로 내재화되면서 변화에 대한 두려움으로 사고와 행동에 유연하고 폭넓게 대처하지 못하며 아이들의 경우는 두려움과 분노로, 여성들은 우울증으로, 남성들은 비행으로 이어지기 쉽다(이동진 역, 1990: 95).

이러한 가정의 자녀들은 사회병리적 행동을 나타내기 쉽다. 부모 간의 연합이 취약하고 지도력이 취약하여 자기권한을 행사할 줄 모르기 때문에 누가 부모이고 누가 아이인지 구별하기 어렵다. 부모가 자녀의 개성을 살려 주지 않고 가족이 친근한 것은 감정과 생각이 똑같은 것이라고 보기 때문에 자녀들을 독립적인 인간으로 키우지 못한다.

따라서 자녀들은 올바른 정체감을 형성하지 못하거나 자기 자신의 경계에 대한 분명한 의식을 발달시키지 못한다. 이러한 가정의 문제는 애정결핍의 결과로 의사소통도 안 되고 혼란되어 가족들끼리 의견을 나누거나 하나로 협의해 나가지 못한다. 기대의 변화와 흐름에 따르지 못하고 모든 것이 그대로 종속되길 원한다. 원심적 양식을 가진 심한 역기능적 가정에서는 가족들이 서로 상호작용할 때 공공연히 불화를 표출하고 앙숙 상태가 되기도 한다.

가정의 조직이 불안정하여 자기의 역할도 안정되지 못하고 통솔력이 이 사람에게서 저 사람에게로 시시각각 바뀌며 개인 간의 접촉도 없어진다. 가족끼리 다투고 비난하고 위협적으로 서로 억누르려고 하기 때문에 혼란스러워 원만한 관계가 유지되기 어려우며 가족끼리 친근하고 화목한 모습은 찾아보기 어렵다(박혜원, 2011: 20).

중독자가정의 역기능을 설명하면 다음과 같다(김주환, 2001: 4-7).

첫째, 혼돈된 가정은 권위도 없고 질서도 없고 훈련도 없으며 사실상 지도자가 없어 각자가 자신의 문제를 결정하는 기준이 된다. '내가 알아서 내 마음대로 해.'가 법칙이 된다. 어느 누구도 왜 그렇게 했는지 묻는 사람이 없고 관심을 가져 주는 사람도 없다. 좋은 지도자로 가정을 이끌어야 할 부모들로부터 혼돈된 생활을 하고 있기 때문에 자녀들에게 조언조차 못한다.

둘째, 밀착된 가정은 가족에 대해 절대 충성하는 가정이다. 지나치게 밀착하고 엉켜 있어서 개인은 없고 가정만 있다. 이런 가정은 가족이기주의의 특성이 강해서 개인의 경계가 불분명하며 개인의 정체성 또한 분명치 않다. 이러한 가정의 부모들은 어떤 규칙이나 자녀들에 대한 훈련의 기준이 없으며 자녀들은 자율성보다는 가족의 결정이 중요해서 개인의식이 별로 없이 가족에 대해 지나친 의존감을 가지고 있다.

셋째, 경직된 가정은 혼돈가정과 반대되는 유형으로 너무 완고하고 율법적이며 권위적인 가정이다. 이 가정에서는 한 사람이 절대적인 권위와 결정권을 갖고 가정을 이끌어 간다. 자녀들에게 완벽하게 따를 것을 강요해서 자녀를 타율적으로 만들며 자녀들은 감정을 표현하지 못하고 문제가 있어도 그것을 드러내지 못하며 심한 압박으로 인하여 반항아가 될 가능성이 많다(강행자, 2009: 44).

넷째, 유리된 가정으로 밀착된 가정과 반대되는 모습으로 나타나 가족구성원들이 서로 뿔뿔이 흩어져 각기 제 갈 길로 가는 가정이다. 누가 무엇을 해도 상관이 없고 무엇을 해도 모른다. 이 가정에는 가족의 중심이 없고 구심체가 없다. 가족 누구에게 문제가 생겨도 무관심하고 집 밖에서의 관계나 일을 더 중요하게 생각한다. 이러한 가정의 부모들은 자신이 중요하다고 생각하는 일에만 열중하고 자녀들은 간섭받지 않는다. 그래서 자녀들은 매우 독립적이지만 고독하고 버림받은 것 같다는 생각을 하고 있다(강경호, 2002: 37).

2) 내재화된 분노의 문제

밀착된 가정이나 일탈된 가정에서는 중독을 확산해 낸다. 또한 역기능적 중독가족유형에서는 역기능적인 자녀가 확산된다. 이들은 어린 시절 당연히 경험하고 받아야 할 신뢰와 안전한 환경, 그리고 사랑과 관심을 제대로 받지 못하고 기본적인 필요를 스스로 돌보며 삶 가운데 자신만의 안전한 장소를 만든다. 외롭고 고독함이 내재화된 분노는 공포와 두려움이 되며 부모로부터 떠나려고 하는 특징을 갖는다. 이들은 낮은 자존감과 죄책감을 지니고 있는 것으로 나타나며 충동적이거나 중독 상태이고 사람들과 친밀한 관계를 맺는 데 어려움을 겪는다.

이들은 태도, 신념, 감정 등이 과도한 의존형태를 띠는데 자신의 정체성을 상실할 만큼 자아를 등한히 여기고 자신 밖에 있는 사람이나 사물에 의지하는 경향을 갖는다. 이는 오랫동안 어떤 문제에 대한 감정을 표현할 수 없는 억압적인 규칙 아래에서 발전한 심리적·정서적 대처이기도 한 것이다.

이러한 감정적인 필요는 무관심, 학대와 연결되며 생존을 위한 역할들을 찾게 하고 동반의존자(이현경, 2006: 234)가 되어 다른 사람들을 돌보는 자, 부정적인 의미에서의 조력자가 되도록 한다. 동반의존자는 자기 스스로를 돌아보고 책임을 질 수 있는 자들을 대신 돌보고 책임을 맡는 것이다. 남이 아니고는 자신을 규명하지 못하고 다른 사람의 삶에서 자신들이 하는 역할에 과도한 관심을 갖기에 자신을 위해 남을 돌보는 것이다.

3) 실태와 문제점

(1) 중독자의 가족상황

중독은 중독자 자신은 물론 가족들에게 사회적·생물학적으로 광범위하게 나쁜 영향을 미치고 있으며 가장 많은 영향을 받게 되는 피해자가 바로 가족이다. 동시에 중독자를 치료하는 과정에서 가족은 중독자로부터 받았던 상처에서 빠른 시간 안에 회복하고 중독자치료에 도움을 줄 수 있어야 하며 퇴원 후에 돌아가는 곳이 바로 가정이기 때문에 가족의 안정과 변화 역시 매우 중요하다.

가족은 중독자로부터 수년 동안 시달리면서 중독자와 가족 사이에 무관심, 무시, 비난, 적대감, 죄의식 등의 복잡하면서도 미해결된 심리·정서적 문제를 갖게 된다. 더 이상 못 참는다든지 중독자 스스로 하라는 식의 냉정한 태도를 취하게 하거나 이제 더 이상 가족으로 인정할 수 없다거나 가족 간의 불화와 말썽의 근원이 모두 중독자에게 있다고 생각한다든가 하여 환자를 더욱 고립시키고 희생양으로 삼기도 한다. 뿐만 아니라 중독자에게는 가족구성원으로서 아무런 발언권과 선택권도 주지 않음은 물론 재산권도 박탈하려고 한다.

중독의 기간이 장기화될수록 중독자는 더욱 가족관계를 회복하기 어려운 상황에 처하게 되고 가족 속에서 자신의 지위와 역할을 인정받지 못하게 됨으로써 중독자는 더욱 중독에 의존하게 된다. 이렇게 중독자가족이 중독자 때문에 수년 동안의 고통에 지쳐서 감정적으로 고갈되면 서로의 관계가 무덤덤해지고 생기가 없어지며 환자에 대한 분노를 항상 잠재적으로 가지고 있다가 간혹 폭발적으로 표현되기도 한다(강행자, 2009: 31-35).

그러나 가족이 중독자를 심하게 다룬 것으로 인하여 죄의식에 빠질 수도 있으며, 이를 잊기 위해 가족은 중독자의 문제를 더욱 방관하게 되기도 한다. 이렇게 분노폭발과 문제부인, 죄책감에 사로잡히는 것이 연속적으로 반복되어 나타나기도 하며 단지 중독자의 중독문제가 심각해질 때에만 관심이 집중되기도 한다. 반면에 중독자는 가족으로부터의 고립감에 대한 분노의 표현으로 그리고 가족의 관심을 끌기 위한 방법으로 더욱 알코올에 의존하게 되는데 이러한 과정으로 인하여 가족은 오히려 중독자를 만드는 가족이라는 상황에 처하게 된다(김영화 외, 2015: 156-157).

(2) 가족치료의 역기능

우리의 문화와 가족관계 양상에 보다 부합하는 치료모형에 대한 제고에 있어서는 문화를 초월하여 적용할 수 있는 인간관계상의 보편적 정서에 대한 통찰력에 근거하여 접근하는 것이 바람직하다고 할 수 있다. 그러나 성숙한 인간관계의 본질적 측면에서는 문화 간에 보편성이 존재한다 할지라도 이상적 인간에 대한 정의와 이상적인 상태에 도달하는 방법에서는 문화적 차이가 존재한다(이선혜, 2000: 163-168).

첫째, 가족의 역기능으로 인하여 부정적인 자아를 갖고 있는 성인아동을 치유하는 데 있어서 그들의 내면적 정서적 문제와 상처에 대한 부분의 접근이 부족할 수 있다.

둘째, 한국의 가부장적 사회의 구조 속에서 자아분화와 개념은 가족 전체를 치료하는 데 있어서 문화사회적 한계를 지적할 수 있다. 이것은 아직까지 우리 사회는 집단을 중시하므로 개인의 독립적인 행동을 수용하기 어려운 사회시스템을 가지고 있기 때문이다(이관직, 1999: 45-47). 자아분화라는 치료목표는 그 가족이 이러한 개념을 수용하고 받아들일 수 있는 치료자세가 되어 있을 때 가능한 것이다.

셋째, 세대 간의 가계도를 통하여 개인을 이해하는 데 도움을 주기도 하지만 이것이 자신의 책임을 회피하는 데 사용될 우려가 있다는 점이다. 즉, 가족의 이러한 체계 때문에 자신이 문제가 야기되었다는 태도는 지양해야 할 점이다.

(3) 중독자가족치료의 곤란

중독자 가정을 치료할 때 가장 어려운 점을 살펴보면 다음과 같다.

첫째, 중독자와 그 가족들이 이 질병을 부인하고 교육과 치료를 거부한다.

둘째, 중독자와 가족들인 배우자와 자녀들이 동반의존증[3]에 걸려 있음을 모르고 있다.

셋째, 동반의존이 가족의 질병이며 세대를 이어서 자녀들에게 전수된다는 것이다.

이러한 중독자와 동반의존자들의 치료는 중독자뿐만 아니라 부부나 가족을 동시에 치료할 때 치료효과가 크다. 배우자나 가족들이 가지고 있는 동반의존이라는 가족의 병이 동시에 치료될 때 중독자의 회복이 그만큼 빠르다는 것이다. 그러나 부부나 가족을 동시에 치료한다는 것이 어려우므로 가족을 동시에 치료에 개입시키기 위해서는 보다 근원적인 가족치료 프로그램을 실행하는 것이 필요하며 이를 위해서는 전문적인

3) …와 함께 의존한다는 의미로서 중독자에게 필요한 사람이 되고자 하는 욕구, 즉 의존하는 사람의 구조자가 되려는 욕구를 의미하며 상실된 정체성으로서 관계의존성이라고도 한다. 이것은 한쪽이 정신적으로나 육체적으로 어딘가에 중독되었을 때 다른 한쪽이 맨 먼저 심리적으로 불건전하게 종속되는 관계이며 내면의 깊은 공허감을 채우려는 시도로 사람들에게 집착하는 성향이 있다. 이 용어는 중독자와 가까운 사람 또는 함께 사는 가족에게서 특징적인 정신병리가 나타나는 것을 관찰하며 1980년을 전후하여 생겨난 개념이다(고병인, 2002: 39-40).

가족치료사가 필요하다. 전문가족치료사가 구체적으로 행할 기능들은 다음과 같다(강성희, 2004: 66-67).

첫째, 부부 사이의 관계를 정의하고 명료화한다.

둘째, 가족의 정서적 세계로부터 자아를 탈삼각화시킨다.

셋째, 정서적 체계의 기능화를 가르친다.

넷째, 치료과정에서 나의 위치를 지킴으로써 문화를 시범해 보인다.

이런 방법으로 접근하며 개인이 아닌 전체 가족을 대상으로 가계도를 작성하고 이를 교육함으로써 가족 전체가 자기 가족의 역기능을 객관적으로 바라보게 하여야 한다.

따라서 중독자 가정의 가족의 기능을 회복하기 위해서는 다양한 프로그램을 시도하는 것이 바람직하며 중요한 것은 단순한 행사에서 끝나는 것이 아니라 지속적으로 가족에 대한 관심과 치료에 도움이 되는 프로그램을 개발하는 데 전문적인 노력이 필요하다.

3절 중독자가족에 대한 서비스 현황과 대책

1. 서비스 현황

모든 중독은 치료가 쉽지 않다. 따라서 예방과 조기치료가 가장 중요하며 이를 위해서는 중독에 대한 사회나 가족들의 인식과 태도 변화가 무엇보다 시급하다. 중독의 특징적 증상은 내성과 금단증상으로 인한 조절 능력이 상실된다는 것이다. 내성이란 동일한 흥분을 얻기 위해 자극이 점차 강해져야 하는 것을 의미한다.

동일 자극으로는 더 이상 자극이 되지 않기 때문에 점차 강력한 자극을 찾는 것이다.

술꾼을 생각해 보면 이해가 쉽다. 처음에는 한 병만 마셔도 기분이 좋지만 시간이 갈수록 양이 늘게 된다. 도박에서도 같은 현상이 나타난다. 도박에 거는 돈의 액수가 점점 더 커지면서 횟수도 증가한다. 또한 점차로 더 강력한 자극을 줄 수 있는 심각한 중독 현상에 빠져드는데 이를 내성이라고 한다.

금단증상을 보면 대부분의 중독자는 어느 순간 자신에게 문제가 일어나고 있음을 느낀다. 이제 그만 해야지 결심하지만 대부분 실패로 돌아가는데 이것이 바로 금단증상이다. 도박을 하지 않으면 초조하고 불안하고 안절부절못하게 된다. 그러나 다시 도박을 하는 순간 금단증상은 씻은 듯이 사라지고 만다. 이 단계가 되면 끊고 싶어도 의지대로 되지 않는다.

진단에 있어 중요한 부분 가운데 하나는 바로 동반질환을 감별하는 일이다. 도박에 깊이 빠져 중독 상태에 있는 경우 반드시 정신과의사의 평가를 받는 것이 중요하다. 흔히 우울증을 비롯한 기분장애나 주의력 결핍, 성격장애나 다른 중독성 질환이 함께 있는 경우가 많고 이런 경우 치료적인 접근도 상당히 달라진다. 따라서 위의 진단기준에 해당이 되는 경우 반드시 정신과의사에게 진료를 받고 평가하는 것이 필요하다(이현경, 2006: 56-58).

2. 대책

중독은 치료될 수 있고 반드시 치료되어야 하는 가족과 사회의 병이다. 그러므로 중독자 본인과 가족은 중독자의 치료를 위해 보다 엄격한 태도를 가질 필요가 있다. 환자는 본인으로 인해 가족에게 미치고 있는 폐해를 깨달아야 하며 가족도 가족이 겪는 고통이나 무관심 등의 실체를 알아 환자에 대한 냉정한 사랑을 실천해야 한다.

가족은 더 큰 인내심을 가지고 환자와 자신이 변화되기 위하여 중독의 실체를 이해하고 이에 대처하기 위하여 자조모임에 참석하는 등 끊임없이 노력해야 한다. 또한 가족은 다양한 정신적 건강상의 문제를 안고 있는데 이를 방치할 경우 가족은 물론 중독자에게도 피해를 주게 되므로 가족 간에 서로의 고통을 이해하고 해결해 주는 자세를 가져야 하며 모두가 행복해질 수 있는 방안을 찾아야 한다.

3. 전망

중독자가족에 대해서는 개인이 아닌 전체 가족을 대상으로 가계도를 작성하고 이를 교육함으로써 가족 전체가 자신의 가족의 역기능을 객관적으로 바라보게 할 필요가 있다. 따라서 중독자들과 중독자가족을 위한 다양한 프로그램을 개발하고 중독자들을 위한 사회지지망을 구축하여 중독자들을 전문치료기관에 의뢰할 수 있어야 하며, 중독자가족에게 큰 영향을 끼치는 지역사회를 교육하고 변화시키는 차원에까지 범위를 확장해야 할 것이다.

Chapter 13

장애인가족

학습목표

1. 가족의 기초이론과 혼합가정이 겪고 있는 실태를 파악한다.
2. 장애인가족의 실태와 문제점을 알아본다.
3. 장애인가족의 서비스와 순기능적 역할을 할 수 있도록 학습목표를 두었다.

개 요

장애아가 출생하거나 가족구성원 가운데서 중도장애인이 출현하게 되면 가족은 슬픔과 받아들이기 힘든 현실에 대한 공포와 대처방안에 혼란을 경험하면서 가족의 역기능적 형태를 마주하게 되어 그 가족들은 신체적 · 정신적 소진이 더해져 가족 간 갈등은 물론 그들 전체가 일상의 전반적인 면에 있어서 고통을 받을 수 있다. 장애인을 사회적 자립의 존재로 인정하고 가족과 사회는 질적 회복이 될 수 있도록 하여야 한다.

1절 장애인가족의 기초이론

1. 개념

가족이란 혈연관계로 결합된 사회적 기초집단이다. 결혼, 출생 또는 입양을 통해 맺어진 사람들의 기초집단이라 할 수 있으며, 부모와 형제자매는 서로간의 정적 유대관계를 형성하여 하나의 가족공동체의 문화를 형성하는 기초집단으로서 두 사람 이상이 한 개인으로서 인식하고 서로 작용하며 사회적 실체로서 소속집단에 대한 의식을 공유하고 구성원들의 집단과 연관된 행동에 의해 영향을 받는 사회조직의 한 형태라고 할 수 있다.

이러한 집단은 그 구성원이 공동의 목적과 흥미 혹은 관심을 공유하면서 서로에게 영향을 주고받는 가족공동체라고 말할 수 있다. 그러나 이러한 고유의 기능을 경험하지도 못한 채 선천적인 발달장애나 지체장애를 가지고 태어난 선천적 장애인과 출생 후 사고, 질병, 환경오염 등으로 후천적 장애를 안고 살아가야 하는 개인과 가족들 또한 우리 사회에는 많이 있다.

그러나 장애아가 출생하거나 가족구성원 가운데서 중도장애인이 출현하게 되면 가족은 슬픔과 받아들이기 힘든 현실에 대한 공포와 대처방안에 혼란을 경험하면서 가족의 역기능적 형태를 마주하게 되어 그 가족들은 신체적 · 정신적 소진이 더해지고 가족간 갈등은 물론 그들 전체가 일상의 전반적인 면에 있어서 고통을 받을 수 있다.

갈등의 부담은 장애인 본인의 적성과 능력향상을 통한 자립이나 사회적응의 기회를 가지는데 부정적 영향을 미치는 동시에 가족구성원 역시 일상생활과 사회참여를 방해받게 되는 요인이 되기 때문이다. 그러므로 장애인은 가족의 보호능력과 경제적 부담능력에 따라 개별 장애인의 복지가 달라질 수 있으며 이러한 가족자원이 장애인 개인마다 다르므로 장애로 인해 수반되는 문제의 심각성도 개별가족마다 다르게 경험하게 된다(김영화 외, 2015: 141).

그리고 장애는 객관적 특성과 주관적 특성을 모두 가진 다차원적인 개념이므로 이를 명확히 하기란 매우 어렵다. 질병이나 손상으로 이해될 경우 장애는 개인의 신체나 정신에만 국한되는 개념으로 인식될 수 있을 뿐만 아니라 사회적 구성원으로서 이해될 경우 사회에서 배제됨으로써 발생하는 경제 · 문화 · 사회 · 제도적 불이익을 지칭하는 개념으로 여겨진다.

표 13-1 일반적인 장애인의 개념

구분	내용
협의의 개념	신체 또는 정신의 기능 저하, 상실 등을 지칭하는 의학적 수준에서의 개념
광의의 개념	의학적 수준뿐만 아니라 이로 인해 발생되는 능력의 저하와 사회적 불리를 포함
세계보건기구(WHO)	선천적이든 후천적이든 신체 · 정신적 능력의 불완전으로 인하여 일상생활에서 필요한 것을 확보하는 데 자신으로서는 완전하게 또는 부분적으로 할 수 없는 사람을 의미

1) 장애인가족구조

(1) 가족의 구성

가족의 양적이며 질적인 형태와 관련된 요소의 배열을 포함한다. 장애인 문헌과 가족체계 안에서의 중요한 차이는 가족에 대한 조작적 정의에서 비롯된다. 연구자와 가족구성원은 가족이란 무엇인가에 대해 각기 다른 정의를 하고 장애가족의 개인적 특성은 많은 조사연구를 통하여 연구되었으나 가족 안에서 성공적인 상호작용의 요소와 관계에 대해서는 관심과 연구가 미흡한 실정이었다. 발달적 변화는 구성원의 출가, 자율성의 증가, 구성원의 출현을 포함하기 때문에 구성원 특징은 가족의 발달적 단계를 통하여 변화된다. 따라서 성공적인 가족 상호작용에 관한 변화하는 구성원 특징의 영향에 관한 초점과 가족생활주기의 기본구조 안에서 처리되어야 한다(손광훈, 2007: 300).

(2) 극복행동

장애인가족의 극복행동은 내·외적으로 분류하고 있다. 극복이란 어렵고 힘들거나 바람직하지 않은 상태나 상황 따위를 노력으로 없애거나 좋아지게 하는 조화로움의 과정이다. 극복은 생애주기를 통해서 성공적으로 기능하도록 가족의 능력에 강하게 영향을 미칠 수 있는 이념적 스타일의 중요한 차원이며 상황에 대한 지각된 의미를 변화시키거나 상황을 변화시켜 스트레스를 저하시키기 위해 고안된 어떤 반응과 관련된 것이다.

첫째, 내적 극복전략은 수동적 사정과 재구성으로 구성된다. 수동적 사정은 시간이 지남에 따라 그들 스스로 문제를 해결하게 될 것이라는 기대에 기초한 문제에 대한 회피반응이다. 재구성은 문제해결을 시작하거나 성공적으로 변화될 수 있는 조건을 확인할 수 있는 능력과 건설적으로 장애인과 함께 살기 위한 태도 적응을 형성하고 그들의 통제를 넘어선 조건을 확인할 수 있는 능력이다.

둘째, 외적 극복전략은 사회적 지원, 정신적 지원, 공식적 지원으로 구분된다. 사회적 지원은 이웃과 친구, 확대가족으로부터 자원을 획득하거나 사용할 수 있는 능력이다. 정신적 지원은 종교적인 활동에 참여하고 종교지도자로부터 조언을 들으며 정신적 해석을 획득하거나 이용할 수 있는 능력이다. 공식적 지원은 전문가의 지원과 사회적 자원을 획득하거나 이용할 수 있는 능력이다(손광훈, 2007: 301).

2) 장애가족 출생에 대한 반응

장애인이 있는 가족은 장애를 경험하는 장애인 자신뿐만 아니라 가족구성원 전체가 경제적·심리적·정신적 부담과 갈등을 경험하며 살아가게 된다. 이러한 장애인가족에서 발생하는 갈등과 부담은 장애인 본인의 적성과 능력의 향상을 통한 자립이나 사회적응의 기회를 만드는 데 부정적 영향을 미침은 물론 가족구성원 역시 일상생활과 사회참여를 방해받게 만드는 요인이 되기도 한다(김영화 외, 2015: 141).

(1) 충격

정확한 진단을 받기 전까지 막연하게 근심하다가 장애로 판정이 되면 충격을 받고 부인한다. 전문가의 대처방안이나 조언을 받아들이지 않으려고 하고 기적적 요행과 희망적 진단을 기대하며 여러 병원을 전전하기도 한다. 특히 부모는 자신의 잘못으로 인해 장애가 나타났을 것이라는 죄의식과 함께 심한 심리적 충격을 받는다. 그러나 점차 장애를 인정할 수밖에 없음을 인지하면서 타인과 비교하여 질투심 등을 나타내고 수치심을 느끼면서 자아상실감에 빠지기도 하며 심한 경우에는 인간관계를 단절시키고 폐쇄적 삶으로 빠져들기도 한다.

(2) 분노

장애진단을 수용하는 순간부터 가족구성원은 자신이 경험하는 것을 불공평하다고 생각한다. 그리고 주변인들이 자신을 바라보는 시선이나 반응에 대한 적절한 치료방법이 없음에 대하여 특별한 대안이 없는 실정이다(김영화 외, 2015: 141).

3) 혼합가족이 겪는 감정

장애아동의 비장애형제도 많은 부정적 감정을 경험하기 때문에 이들의 욕구와 문제를 파악하여 적절히 지원해 주어야 한다. 토마스와 페기(Thomas & Peggy, 2000)는 장애아동의 비장애형제가 겪을 수 있는 감정에 대해 다음과 같이 설명하고 있다.

(1) 두려움과 외로움

① 두려움

비장애형제들은 장애를 가지게 될까 두려워하고 장애형제가 치료를 받을 때 잘못될까 두려워하며 비장애형제들은 자기 아이를 갖게 되었을 때 장애아이가 태어나지 않을까 노심초사하게 되고 두려움을 갖는다.

② 외로움

또래나 동료로부터 소외감을 느끼고 때로는 거부당한다고 느낄 수 있으며 다른 가족 구성원으로부터 고립되었다고 느낄 수 있다. 또한 비장애형제 스스로가 다른 아이들과 다르다고 느끼며 자기 가족이 겪는 일들이 다른 가족들과 다르다고 느낄 수 있다.

(2) 분노와 적개심

① 분노

장애형제를 갖지 않은 아이들보다 좀 더 심한 분노를 경험하고 장애형제, 부모, 사회, 신에 대한 분노의 감정을 느끼며 무시당하거나 인정받지 못한다고 느낄 때 분노의 감정을 느낌은 물론 장애형제에게 함부로 대하는 친구들을 보면 직접적으로 분노를 표출할 수 있다.

② 적개심

비장애형제들은 부모가 장애형제에게 시간을 과도하게 소비할 때와 장애형제가 장애를 가지고 있기 때문에 겪게 되는 사회적 제약에 대해서 분개하고, 가족 상황 안에서 일이 공정하게 처리되지 않을 때 분개하며, 부모가 장애형제와 비장애형제에게 가지고 있는 서로 다른 기대에 대해서 분개한다.

(3) 당혹감과 혼란

① 당혹감

대부분의 비장애형제는 때로는 장애형제에 대해 당혹스러움을 느끼는데, 특히 장애형제가 공공장소에서 부적절하게 행동할 때 당혹스러워하며 자신의 동료나 이성친구에게 장애형제를 소개할 때 당혹스러움을 느낀다.

② 혼란

비장애형제들은 자신의 역할과 부모의 대리인으로서의 역할에 대해 혼란스러워하고 장애형제에게 필요한 치료의 우선순위와 자기 자신의 욕구 사이에서 혼란을 경험하며 장애형제의 양육에 대해서 부모와의 의견이 일치하지 않을 때 혼란을 경험한다.

(4) 시기심과 압박감

① 시기심

비장애형제들은 장애형제가 가지는 관심에 대해서 시기심을 느끼기도 하고 부모의 관심이 공정하지 않거나 불평등할 때 가장 많은 시기심을 표출한다.

② 압박감

어떤 부모는 자신들이 갖는 절망감을 보상받기 위해 비장애자녀들에게 비정상적인 압박감을 주고 비장애형제들은 장애형제를 보호해야 한다는 압박감을 가진다. 이로 인해 비장애형제들은 기대 이상의 책임감을 갖게 된다. 흔히 손위 누나들은 장애동생의 양육을 더 많이 도와야 한다는 부담감을 갖게 된다. 대가족에서의 형제들이 소가족에서의 형제들보다 압박감을 덜 느끼고 경제적으로 어려운 가정의 비장애형제들은 장애형제 양육의 부담을 더 많이 경험할 가능성이 있는데 이는 가족 외부의 자원을 활용하기가 더 어렵기 때문이다.

(5) 죄의식과 좌절감

① 죄의식

비장애형제들은 자신의 분노, 질투, 적대감 등에 대해서 죄책감을 가지며 부정적인 생각이나 감정이 억제될 때 죄의식 또한 억압될 수 있다. 그러나 지나친 죄의식은 장애형제를 지나치게 도와주고자 하는 행동으로 표출될 수 있다.

② 좌절감

중증의 장애를 지닌 형제와 정상적인 형제관계를 만들려는 시도가 오히려 좌절감을 더 깊게 할 수 있다.

이와 같이 장애형제를 둔 비장애형제가 경험하는 부정적 감정들은 비장애형제들에게 스트레스를 가져다주기 때문에 퇴행장애나 모방, 싸움, 신경질, 거짓말, 도벽 등의 문제행동을 나타낼 수 있으며, 이와 반대로 모범생증후군으로 표출될 수도 있다. 따라서 비장애형제들의 부정적 감정을 잘 이해하고 수용하며 적절하게 다룰 수 있도록 돕는 지원체계의 마련이 필요하다(임종호 외, 2010: 277-278).

2절 장애인가족의 실태와 문제점

1. 장애인가족의 실태

1) 사회적 고립

사회적 고립은 인간을 포함한 사회적 동물이 그 사회의 인간관계에 참여하지 못하게 되어 고립되는 것이며 주변을 배회하거나 집단과 함께 어울릴 수 없어 혼자만의 활동에 몰입하는 경우를 말한다. 특별히 장애인가족들은 가족 외부에서 느끼는 사회적 부담이 크다. 왜냐하면 서구 사회와 달리 한국 사회는 장애와 장애인에 대한 이해와 배려의 인식이 부족한 실정이다. 장애인가족이라는 낙인과 편견, 고정관념 등으로 사회적 고립을 경험하는 경우가 많기 때문이다.

이러한 사회적 고립은 현실적으로 장애인에 대한 지속적인 보호를 제공하고 양육하는 데 현실적으로 투여하는 시간과 노력 때문에 심화되는 경향이 있다.

특히 장애인에 대한 보호를 제공하는 가족이 자신의 욕구를 충족시키거나 직업생활을 영위하는 것 등이 유예되고 여가 선용의 기회가 부족하며 대인관계와 사회생활에 상대적으로 소홀해짐에 따라 우울, 불안 등의 부정적인 정서가 유발되며 사회적 지지망이 축소되는 경향이 있다(류종훈 외, 2012: 160).

장애인의 사회적 고립은 심리적 요인뿐만 아니라 장애인의 출생부터 성장과정까지의 어려움과 함께 은둔생활을 하는 가정이 많다.

2) 차별

사회복지 최대의 가치와 철학은 인간의 존엄성을 구현하는 것이다. 대한민국 「헌법」 제10조를 보면 "모든 국민은 인간으로서의 존엄과 가치를 가지며 행복을 추구할 권리를 가진다". 즉, '인간은 존엄하다'는 논리는 장애인도 비장애인과 똑같이 동등한 대우와 사회구성원으로서 정당한 대우를 받아야 한다는 의미이다.

그러나 현실은 그렇지 않은 것 같다. 아직도 장애인을 바라보는 사회적 시각에 대한 인식이 성숙하지 못한 부분을 보면 장애인이 무엇을 할 수 있을까? '장애인은 비정상적인 활동을 할 거야.'라는 편견의 사고가 내재하여 인간 낙인화를 만드는 것이 정상인들의 고착된 사고 때문이 아닌가 생각하게 된다(이영실 외, 2010: 231).

가장 근본적인 문제가 되어 온 것은 장애인들의 잠재성에 대하여 일상생활 전반에 걸친 잘못된 인식과 장애의 구분에 대한 비과학적 선입견 때문이라고 볼 수 있다.

장애인차별은 편견으로부터 시작이 된다고 한다. 편견은 사회구성원들이 사회화의 과정 속에서 자신도 모르는 사이에 그 대상을 받아들여 판단이나 평가의 근거로 삼는다. 한번 성립한 편견은 사회적 배경에 의해 지지되는 한 그 변경에는 큰 저항을 보이며, 자신의 사고 속에 자리매김을 하게 된다.

알포트(Allport, 1958)는 편견의 행동단계를 반대화, 회피, 차별, 신체적 공격 그리고 학대 등의 행위로 설명하면서 이러한 편견은 성장과정에서 학습에 의해 형성되어 장애인에 대한 우리들의 편견행동에 분리나 회피 또는 차별의 단계에 아직 머물러 있다고 하면서, 장애인을 폄훼하거나 장애인을 우리와 별개의 사람으로 취급하여 차별하는 경우가 많다는 것이다.

이러한 편견이론은 어떠한 인간이 사회적으로 평가절하가 되는 것은 그 사회가 일반적으로 지향하고 있는 가치와 규범에 의해 규정되며 개인이나 집단은 가치절하된 평가를 받게 되어 상징적인 낙인이 부여되고 일탈적으로 이미지화되어 사회로부터 분리되는 과정을 겪는다(권선진, 2004: 48).

특정인의 차별은 집합적 적대감의 행동적 요소로서 특정인에 대한 행동적 수용이나 거부감을 뜻하며 특정한 개인이나 특정한 자격을 갖추었는지와 상관없이 그의 개별적 속성에 기초하여 다른 처우를 행하는 것을 의미한다. 실제로 차별이란 특정한 집단에 속한 사람들을 불리하게 처우하거나 불리한 결과를 야기하는 행위, 즉 한 개인이나 집단을 다르게 대우함으로써 사회심리적 불이익을 주는 것을 의미하는데 대개는 주류가 비주류에 대해서와 강자가 약자에 대해서 그리고 다수자가 소수자에 대해서 이러한 행위를 할 때 일컬어진다.

차별은 그 성격을 기준으로 직접차별과 간접차별로 분류할 수 있는데 과거에는 직접차별만을 의미하였으나 오늘날에는 두 가지 유형의 차별을 모두 포함하고 있다.

직접차별의 경우에는 특정 집단의 구성원이라는 이유만으로 특정인을 배제하는 것으로, 일정한 연령 이상의 근로자는 지원을 하지 못하도록 하는 채용공고가 그 보기이다. 이 유형은 특정한 개인의 실제 기술 및 업무경험 등과 상관없이 그가 인구계층에 속한다는 사실에 초점을 두어 그 계층의 평균적인 능력을 기준으로 처우하는 것이다. 이러한 차별은 처음부터 차별의 의도를 가지고 특정한 사람에게 불리한 대우를 한다는 것으로 이러한 의미의 적용만으로는 실제적인 차별을 방지하는 데 다음과 같은 한계가 있다(류종훈 외, 2012: 7-9).

첫째, 차별의 의도란 주관성이 강한 용어로서 실제로 나타나는 차별의 결과에 대해서는 객관성만으로 판정할 수밖에 없는 괴리가 있다. 즉, 특정한 행동 이면에 숨겨진 의도를 끄집어낸다는 것이 쉽지 않다는 것이다.

둘째, 개별행동의 다중적인 의미로 인한 한계를 들 수 있다. 특정한 행동에는 단 하나의 의미만 내재해 있는 것이 아니다. 예컨대, 시각장애인을 불합격시켰을 경우에 이러한 조치는 관계자의 견해에 따라 차별 혹은 단순한 행정절차상의 오류 등 얼마든지 해석될 수 있다는 것이다. 간접차별이란 외형상으로 볼 때는 중립적인 듯하지만 실제로는 특정집단의 구성원에게 편향된 영향을 미치는 규범과 실천을 하기도 한다. 예컨대, 특정 직위에 대한 요건으로 일정한 수준 이상의 신장을 요구했을 때는 신체가 왜소한 개인을 배제한 경우가 된다. 또한 직장 안에서 연고주의(nepotism)인 학연과 지연, 혈연, 종연, 군연 등에 의해 승진이 좌우될 경우에는 공정성을 잃은 차별에 해당한다고 할 수 있다.

미국의 경우에는 직접차별만을 규정한 재활법(1973)의 한계를 극복하기 위해 「미국장애인법(ADA)」(1990)이 제정되었다. 한국은 「장애인차별금지 및 권리구제 등에 관한 법률」(2011)에서 장애인에 대하여 형식상으로는 제한, 배제, 분리, 거부 등에 의하여 불리하게 대하지 아니 하지만 정당한 사유없이 장애를 고려하지 아니 하는 기준을 적용함으로써 장애인에게 불리한 결과를 초래하는 경우라는 규정 등을 통해 간접적인 차별까지도 금지하고 있다.

이러한 법률을 제정하게 된 배경에는 소수집단(minority)의 취약한 상황을 고려하지 않은 채 획일적으로 주류인물들과 동등한 처우를 해 주게 되면 기존의 불평등을 영속화하거나 심화시킬 수 있기 때문이다(김순환 외, 2017: 185-187).

3) 가족갈등

갈등은 어떠한 정서나 동기가 서로 대조되어 발생하는 적대적인 상호작용을 일컫는 것으로 그 단위는 개인으로부터 거대집단까지 다양하며 갈등 발생의 궁극적인 반응은 개인 간 신체적·정신적 다름의 대립적 이해관계로부터 시작된다. 장애인가족구성원의 갈등은 1차적으로는 부모로부터 나타난다.

첫째, 장애아동을 둔 부모는 다른 비장애아동의 가족보다 부부 사이의 불화가 많이 발생한다. 또한 장애아동을 돌보는 것과 관련한 역할 분담의 문제, 직업생활의 곤란, 사회생활의 부적응 등이 부부 사이의 갈등을 확장시킨다.

둘째, 형제들은 장애형제로 인하여 자기비하와 수치심을 느끼면서 우리 가족이 제대로 보살피지 못할 것이라는 죄책감과 부모의 보상심리에 따라 장애형제를 책임지기 위해서 성공해야 한다는 과잉기대로 느끼는 부담감이 커진다. 이 압박감과 함께 자신도 결혼하고 장애아동을 낳을 것 같은 두려움 등과 관련되어 장애형제를 공개할 것인지의 여부에 대한 심리적인 부담감과 부모님 사후의 장애형제에 대한 보호 부담을 가지고 살아간다.

이러한 심리적 부담은 가족갈등과 역할긴장, 그리고 역기능적인 상호작용을 초래할 위험성이 있다. 따라서 이와 같은 부정적인 정서와 가족갈등을 완화시킬 수 있는 개인적·사회적 서비스가 프로그램으로 제공되어야 한다(강영실, 2018: 139-146).

장애인의 형제를 지원하는 전략은 비장애형제자매의 발달상태와 연령, 가족반등 등에 따라 다양하게 나타날 수 있음을 고려해야 한다. 장애인의 형제를 발달단계에 따라 지원하기 위한 전략은 다음과 같다(류종훈 외, 2012: 159-160).

첫째, 학령 전기의 형제자매들은 부모로부터의 관심 및 사랑의 양과 질에 따라 영향을 받는다. 장애아동의 손위 형제일 경우 부모의 정서적 상태에 따라 관심과 사랑을 받지 못할 수 있으며 나이 어린 형제일 경우에는 부모가 정서적으로 가장 스트레스가 많은 시기로서 이때의 아동에게는 관심과 정서적 돌봄을 제공하는 것이 무엇보다 중요하다.

둘째, 학령기 아동에게는 장애형제자매에 대해 배우고 또래에 대해 적절한 반응과 대처를 할 수 있도록 돕는다. 또한 부모들은 아이들이 질문을 할 때 장애에 대해 정보를 제공하고 개발적인 의사소통의 기회를 제공해야 한다.

셋째, 청소년 후기와 성인기에는 보호 부담과 장애의 유전 가능성에 관하여 걱정하므로 부모 사후의 장애형제자매를 돌보는 것과 미래 계획을 수립할 때 비장애형제자매를 포함시켜야 함은 물론 유전학적 상담도 권장할 만하다.

4) 미래에 대한 불안과 보호 부담

장애인들도 평균수명이 연장됨에 따라 주요 보호제공자인 부모나 형제의 사망 이후 장애인의 보호문제가 이슈화된다. 특히 발달장애인의 경우에는 평생을 통한 지원이 이루어져야 하므로 장애인의 평생계획 마련의 부담을 느낀다.

따라서 장애를 가진 가족구성원이 있다는 것은 가족구성원 전체에게 현실을 받아들여야 한다는 압박감과 함께 새로운 삶의 과정을 함께 극복해야 하는 상황이 많이 발생할 수 있다는 어려움이 있다(정연구 외, 2019: 32).

2. 장애인가족의 문제점

가족구성원 가운데 장애아동이 탄생하거나 중도장애인이 생기게 되면 가족은 슬픔과 절망에 빠지게 되고 현실에 대한 공포와 대처방안의 혼란을 경험하게 되면서 가족끼리 문제가 발생하게 된다. 장애인의 가족이 경험하는 문제의 정도는 장애의 유형과 정도, 가족의 대처능력, 자원활용능력, 가족의 기능 등 가족의 특성에 따라 다소의 개별적인 차이는 있으나 공통적으로 경제 · 사회 · 심리적 문제가 나타난다(강영실, 2018: 124-126).

1) 경제적 문제

장애인의 가족이 경험하는 일차적인 문제는 경제적 부담이다. 장애인 개인에게는 장기적인 치료와 재활, 교육이 필요하기 때문에 이러한 상황들을 집중적으로 조치하기 위한 비용지출이 요구된다. 또한 중도에 장애가 발생한 성인의 경우에는 기존의 경제활동을 지속하기에는 어려움이 있기 때문에 고용의 상실과 소득감소로 인한 경제적 고통에 직면하게 된다. 특히 가족의 주된 수입원이 장애인이었을 경우에는 취업의 가능성이 줄어드는 상황이 초래되어 심각한 경제적 압박에 처하게 된다(신기원 외, 2017: 263).

2) 사회적 문제

지역사회의 장애인에 대한 편견 역시 가족이 감당해야 할 부담이다. 이웃 주민의 장애인에 대한 거부감은 장애인가족을 지역사회로부터 고립시키는 결과를 초래하며, 이웃과 친지의 방문이 거의 없어지고 장애인을 둔 가정의 자녀나 형제자매의 결혼이 힘들뿐만 아니라 장애인을 동반하여 외출할 시는 대중교통수단이나 문화공간을 이용하는 데에도 많은 어려움을 겪어야 한다.

특별히 장애인의 가족들은 장애인가족이라는 사회적 낙인과 편견, 고정관념 등으로 인해 사회적 고립을 경험하는 경우도 많다. 이처럼 장애가족의 출현으로 가족구성원은 장애가족의 보호 부담에 대한 우울과 불안이 지속되는 상황에서 사회적 지지망으로부터 소외되고 대인관계와 사회생활은 상대적으로 소홀해짐에 따라 무기력과 절망 또는 재활포기 등의 문제를 안게 된다.

따라서 사회적 지지망에 의해 제공되는 사회적 · 심리적 · 물리적 도움을 요구하게 되지만, 현재 우리나라의 현실은 가족의 부담을 완화시켜 줄 만큼 충분한 제도적 장치가 마련되지 않은 상태이므로 사회적 문제를 경험하는 정도는 매우 크다고 볼 수 있다(강영실, 2018: 126).

현재 우리나라는 노동의 기회가 줄어드는 장애인을 위한 직업안정정책이나 경제적 부담경감정책이 마련되어 있으나 만족할 만한 수준은 아니다. 장애인과 그의 가족들은 비장애가족과는 달리 장애로 인해 의료, 보육, 교육, 직업재활, 자립생활지원, 가옥구조 변경 등에 소요되는 추가적인 비용 지출이 발생하므로 경제적인 문제를 심각하게 경험하게 된다(강영실, 2018: 125). 결국 장애인가족은 기능결핍으로 인한 빈곤문제로 연결되며 경제적 어려움에 부딪히는 원인이 된다.

3) 심리적 문제

장애인가족은 경제적 부담과 함께 만성적인 스트레스, 불안, 무기력감 등을 경험하게 되고 결과적으로 부정적인 정서를 가지고 생활하는 경우가 많다. 가족구성원 중에 장애인이 존재한다는 사실은 가족 모두에게 심리적인 부담을 주게 되는데, 이러한 부담으로 인해 가족들은 자주 스트레스를 받게 되며, 수치심을 느끼고 자존감이 낮아지면서 가족 내에서 장애인을 보호하고 재활서비스를 지원하는 것이 악화될 수 있다. 반면, 가족구성원 간의 도덕적 죄의식(죄책감)이 강화되면서 가족구성원끼리의 갈등을 경험하게 되는데, 가족구성원 간의 갈등은 장애가족을 제대로 보살피지 못하는 것이 가장 큰 원인으로 알려져 있다. 즉, 보호 · 부양에 관한 가족구성원 역할부담의 문제와 새롭게 추가된 역할과 기존 역할수행에서 생길 수 있는 스트레스적인 역할긴장의 문제가 나타나는 것이다(강영실, 2018: 125).

또한 가족구성원들이 장애인 자신을 부담스럽게 여기거나 거부할 것에 대한 두려움은 장애인의 행동과 정서에 부정적인 영향을 미칠 수 있어서 중증 장애인일수록 또 다른 정신건강의 문제까지 야기시키고 있다. 결과적으로 가족구성원 간의 상호작용을 역기능적이 되게 만들기도 하고 극단적으로는 방임과 유기를 경험하기도 한다.

4) 장애가족으로서의 적응

장애적응이란 장애를 가진 개인이 대인관계에서의 사회규범에 대하여 적절하고 조화로운 행동을 하며 정상적인 생활을 하고 자기 자신도 만족하는 경우(손광훈, 2007: 318)로서 장애인에게 나타나는 세 가지 적응양식을 다음과 같이 설명할 수 있다.

첫째, 적응양식은 장애가 없는 사람의 세계로부터 분리되어 오로지 장애인의 역할만을 하는 제한된 환경에 적응하는 것이다. 이러한 적응양식을 취하는 장애인에게는 자기 자신에 대한 정확한 정체감을 인식하게 하고 다른 장애인과의 접촉이나 인권을 주장하는 사람과의 관계형성이 도움이 된다.

둘째, 장애인의 세계를 떠나서 오직 일반인의 영역에서만 적응하는 것이다. 이러한 적응양식을 취하는 장애인은 보다 넓은 의미의 상이점을 가진 세계로 나아갈 수 있으나 아직 사회적으로 적응하기에는 적절한 능력을 갖추지 못한 사람이 어렵고 애매한 환경에 그대로 노출된다는 데에 문제가 있다.

셋째, 가능한 범위 안에서만 정상인의 사회생활에 동참하는 것으로서 장애인의 적응양식 가운데서 가장 이상적이다. 이들은 위축되거나 부정적인 생각을 갖거나 지나친 보상을 하려고 하지 않고도 자신감을 가질 수 있으나 일반인의 사회에서 흔히 가지기 쉬운 차별의식을 수용하는 수밖에 없다.

장애에 대한 적응이란 크게 상실한 기능을 보완하기 위해 잔존기능과 보장구를 활용한 최대한의 일상생활능력을 확보하는 문제와 가족 안에서의 역할 재조정의 문제로 구분된다.

첫째, 한 가족구성원의 중도장애는 가족체계 안에 많은 문제를 야기시킨다. 중도장애인가족에게서 흔히 볼 수 있는 역할과 관련된 문제는 역할과부담과 역할긴장이라고 할 수 있다. 신체의 일부가 손상된 중도 장애인의 생활과 관련한 추가적인 역할은 과중한 경우가 많다. 즉, 부모, 자녀 등 가족으로서의 역할수행에서 어디에 가중치를 두어야 할 것인가에 혼란이 생기게 된다.

중도장애 가족구성원의 일상생활과 모든 가족활동은 물론 집의 실제적 구조가 장애를 갖게 된 사람의 보호와 기능적 능력을 중심으로 특별히 조직되어야 하고 상황에 따라서는 가족 전체의 정서적인 분위기가 좌우된다는 데에서 생기는 현상이라고 할 수 있다. 가족구성원 한 사람이 장애인이라는 것을 최초로 알게 되었을 때 다른 가족구성원의 반응은 충격, 부정, 당혹감 등으로 나타나며 이러한 초기의 반응이 진정되면 뒤이어 나타나는 특징적인 반응은 죄책감, 분노, 적대감, 우울, 비통, 낮은 자존감, 슬픔, 부끄러움 등이다. 이러한 단계는 가족이 장애인의 발달적 · 행동적 기능의 정상적인 부분에 관심을 두게 됨으로써 긍정적인 감정이 나타날 수 있는 단계이다(김영화 외, 2015: 80-84).

둘째, 남편이나 아내가 장애를 입으면 지금까지 두 사람의 관계를 연결하고 있던 사회적 역할과 가정 안에서의 역할변화는 물론 정서적 측면과 부부관계의 변화가 필연적이다. 중도장애인의 성공적인 사회 재적응을 위해서는 장애에 뒤따르는 각종 변화에 대한 가족의 적응이 중요하다. 가족 가운데 장애로 인해 부가적으로 생기는 역할분담을 적절하고 합리적으로 수행하여 가족 가운데 한 구성원에 대한 역할과부담이나 역할긴장이 생기는 것을 방지해야 한다(손광훈, 2007: 155-159).

3절 장애인가족에 대한 서비스와 대책

1. 서비스

1) 장애영유아 프로그램

주로 3세 미만의 영유아를 대상으로 특수교사, 사회복지사, 작업치료사, 물리치료사, 언어치료사가 한 팀을 이루어 프로그램에 참여한다. 프로그램은 아동의 신변처리, 소근육운동, 대근육운동, 인지, 사회성, 언어영역 등 복합적인 영역에 대한 개입을 통하여 조기교육과 예방적 목적을 달성한다. 즉, 장애영유아 조기교육 프로그램은 포괄적인 팀을 이루어 아동의 발달측면을 파악하고 발달가능성을 위하여 노력할 뿐만 아니라 가족의 능력을 고취시키기 위한 서비스이다.

2) 부모교육

장애아를 둔 부모를 위한 교육은 장애인 부모회를 중심으로 주로 소집단교육과 공개강의 형태로 제공된다. 대체로 15~20여 명의 부모로 구성하며 주 1~2회의 교육을 실시하되 2~3개월 단위로 구성하며 '부모가 아동에게 가장 좋은 치료자일 수 있다'는 전제에 기초하여 부모가 준전문가의 역할을 수행할 수 있도록 돕는 특별교육과정이다.

3) 가족사정과 가족상담

가족사정은 장애인복지에서 매우 중요한 기능으로 대개 아동이나 성인의 장애 유무, 정도, 문제, 욕구와 잠재력 등을 사정하여 장애인의 전인적인 재활을 위한 효과적인 재활계획을 수립한다. 가족상담은 장애가족으로 인해 발생할 수 있는 가족끼리의 문제에 대한 상담을 제공하는 것이다. 가족상담의 내용은 가족이 장애를 수용할 수 있도록 돕고 가족 상호작용에서 발생하는 문제를 해결할 수 있도록 지원해 주며 가족구성원의 정서적 스트레스를 해소할 수 있도록 돕는 것이다. 또한 장애등록, 재활정보, 타 기관 의뢰 등 가족이 필요로 하는 정보를 제공하기도 한다(신기원 외, 2017: 111-113).

4) 가족관계 강화

가족 안의 다양한 하위체계끼리의 상호작용과 의사소통을 향상시킴으로써 전체로서 가족이 적응적으로 기능하도록 돕는 목적을 가진다. 가족관계 강화 프로그램은 부부집단상담, 부모집단상담, 가족캠프, 형제자매캠프 등의 형태로 제공된다.

2. 대책

1) 생태적 접근방식

장애인의 다양한 개성과 장애의 특성, 장애인과 사회적 환경과의 관계를 이해하는 방법을 생태적 접근방식이라고 하며 장애인 클라이언트 체계가 어떻게 기능하는지에 대한 내용과 사회복지사가 장애인과의 역량강화 관계를 실제로 형성하고 장애인 클라이언트 체계의 자원을 발굴하여 그들의 능력을 향상할 수 있는 개념적 도구를 제공한다(김준환 외, 2017: 119-121).

첫째, 장애인은 다양한 외부체계와 상호작용하며 영향을 주고받지만 외부 영향을 더욱 분명하게 파악하기 위해 분명한 기준을 정하여야 하며 분석하고자 하는 내용에 따라 다양하게 규정될 수 있고 분석을 확대하면서 이동할 수도 있다.

둘째, 장애인 클라이언트 체계의 기능에 대한 각 관점은 가치 있는 정보를 제공한다. 구조적 관점은 장애인 클라이언트 체계의 구성원, 경계, 위계 등에 관한 정보를 제공한다. 상호작용적 관점을 강조하는 것은 장애인 클라이언트 체계의 구성원들이 의사소통하는 방식, 그들이 발달시키는 유형과 균형을 유지하는 방법 등에 관한 정보를 제공한다. 가치, 신념, 의사소통 유형, 태도, 규범, 종교관 등의 문화적 영향을 고려하는 것은 초점체계의 내부기능에 대한 사회복지사의 이해를 돕는다(이영실 외, 2010: 155-159).

셋째, 초점체계의 물리적 · 사회적 환경의 영향을 조사한다. 이는 환경－체계의 상호교류의 나머지 절반, 즉 환경을 검토하는 것이다. 사회복지사는 환경체계의 구조, 상호작용, 문화사회적 차원을 검토한다. 많은 체계가 같은 환경의 측면을 공유하더라도 어떤 한 체계의 특정 생태체계는 초점체계에 대해 독특한 유형을 갖게 되므로 환경은 초점이 되는 특정 체계에 따라 다양하게 나타난다.

넷째, 환경과 체계의 공유영역, 상호교류는 장애인복지실천의 사정과 개입의 주요 표적이다. 상호교류도 하나의 체계이기 때문에 다른 체계를 정의하는 것은 상호교류를 분석하는 데 대단히 유리하다.

다섯째, 장애인 클라이언트 체계발달의 진보적 성질을 강조한다. 체계는 지속해서 내적 · 환경적 사건에 반응하여 적응하고 변화한다. 체계는 기본적으로 목표지향적 과정을 거치므로 체계의 변화는 기능과 능력의 변화를 촉진할 수 있다. 체계 내 · 외부의 연결을 검토하는 것은 이러한 지속적 적응과 변화에 대한 단기적 견해를 제공한다. 개인에서 사회에 이르는 모든 수준에서의 체계는 기대와 예상하지 않은 사건에 반응하여 그들의 발달경로를 따라 움직인다. 유능한 사회복지사는 이러한 변화의 영향을 주의깊게 관찰하고 장애인이 그들의 문제와 관련 사건에 생산적으로 반응할 수 있도록 돕는다(이채식 외, 2015: 33-36).

2) 정책적 접근방식

국가의 장애인 정책은 사회문제를 해결하려는 정부의 노력이라 할 수 있다. 따라서 장애인복지정책은 장애인 문제를 사회문제로 인식하고 실행하는 국가적 차원의 노력을 의미하게 된다. 이는 장애인 문제를 파악하지 못하였다기보다 문제를 인식하였다 하더라도 비중이 적게 다루어짐으로써 장애인들이 불공평한 처우를 받게 되었다는 관점의 이론으로 소득보장, 주거보장, 고용보장, 교육보장, 의료보장이 핵심이다(이채식 외, 2015: 406-408).

첫째, 소득보장은 국가 차원에서 전에는 장애인의 복지서비스 전달방법으로 시설을 지원하거나 기관에 전달하는 방식을 취해 왔다. 이러한 방식은 장애인이 복지에 대해 권리로서 수용하기보다는 단순히 수혜자로서 위치하는 결과를 가져오게 되었다. 이러한 문제를 극복하고 장애인의 권리가 보장되기 위해서는 직접급여방식이 도입되어야 한다. 그리고 장애로 인해서 사회에서 불이익을 받을 수밖에 없는 상황을 고려해서 장애간호수당, 장애아동수당, 장애아부양수당 등의 각종 수당제도가 도입되어야 한다. 현재 장애인단체의 가장 중요한 이슈로 중증장애인기초연금제도의 도입이 추진되어 중증장애인의 삶의 질을 높이고 경제적 안정을 위해서는 더욱 필요하다.

둘째, 주거보장은 인간이 스스로의 존엄성을 유지하며 살아가기 위해 자연의 위협으로부터 보호받으면서 일상생활에 불편이 없을 정도의 최소한의 주거가 필요하다는 것이다. 그러나 오늘날 중증장애인은 신체적 · 정신적 제약으로 가장 편안해야 할 자신의 주거에서조차 가족구성원이나 타인의 도움 없이는 생활할 수 없는 열악한 구조 속에서 살아가고 있다. 따라서 복지선진국처럼 중증장애인에게 주택개량을 통한 자립생활을 지원하며 주거환경개선 관련 정보, 자료수집, 대학 내의 전문인력 등의 각종 서비스지원과 더불어 재활공학서비스센터를 각 지역에 설치하여 관련 기기의 무상임대와 수리

서비스 등을 제공하여 중증장애인들이 편하게 살 수 있도록 주거권 확보를 보장해 주어야 한다.

셋째, 의료보장은 작업치료실, 언어치료실, 재활병동의 설치확대 등을 통하여 의료서비스 공급기관을 확충하고 보건소의 재활치료기능을 강화해 나가야 할 것이다. 장애인의 의료비 부담을 경감하기 위하여 건강보험 급여기간 제한규정의 폐지, 건강보험 급여항목의 확대, 재활치료 급여항목의 세분화와 같은 건강보험제도의 개선과 함께 의료비 지원사업의 확대 등이 이루어져야 할 것이다. 그리고 중증장애인에게 필요한 각종 전문의료인력의 양성과 활용방안을 강구하여야 하며 보장구업체에 대한 지원강화, 국산보장구에 대한 표준화작업과 수가고시제 실시, 첨단재활용구에 대한 연구개발의 활성화 등도 이루어져야 할 것이다.

넷째, 교육보장은 통합교육을 장려하고 특수교육대상자 수에 맞추어 특수학교와 특수학급을 증설하며 조기특수교육 기회를 확대하여야 할 것이다. 또한 개별화교육과 순회방문교육 등 다양한 교육방법을 강화하고 특수교육에 필요한 전문인력의 확대와 양성이 이루어져야 할 것이다. 그리고 장애인의 낮은 교육수준을 높이기 위하여 저소득층에 대한 교육비지원 확대 등 교육기회의 확대를 위한 제도가 강화될 필요가 있다(임종호 외, 2010: 177-179).

다섯째, 고용보장은 「장애인고용촉진과 직업재활에 관한 법률」 의무고용제도의 활성화로 장애인근로자에 대한 적극적인 지원중심의 정책으로 전환되었다. 고용보장의 목적은 장애인이 스스로 참된 노동을 통해 자아를 실현하고 인간다운 삶을 실현하는 데 있다. 국가가 정한 의무고용률은 모든 공공기관 3.4%, 민간 3.1%이다. 현재 우리나라 장애인 의무고용률은 2.78%에 불과하다(한국장애인고용공단, 2019). 2020년부터는 장애인고용에 대한 전반적인 컨설팅부터 고용을 위한 장애인 대상자 추천 및 고용 후 고용관리지원까지 체계적으로 지원하고 있으며, 장애인고용의무 미이행 기관은 과태료가 부과된다.

3) 자립적 접근방식

장애인자립생활은 자신의 삶을 스스로 선택하고 결정하며, 자신의 삶의 전부를 관리하는 것으로서 장애인이 어디서나 자신의 삶을 영위할 수 있는 자유를 누릴 수 있음을 뜻한다. 장애인의 자립이란 장애인이 가지고 있는 능력을 최대한 활용하여 신체적 · 정서적 · 경제적 · 사회적으로 생활하는 것을 말한다.

자립생활의 이념을 정확히 이해하고 발전시키기 위해서는 자립(independence)에 대한 개념 정의를 명확히 하는 것이 중요한데 서구의 산업사회에 있어서 자립적인 것은 스스로 지원 가능한 것, 자조와 스스로 신뢰할 수 있는 것, 자신감의 개념으로서 자신의 능력과 관련되어 중요한 전제가 필요하다(정무성 외, 2018: 39-43).

첫째, 장애인은 비장애인의 도움에 의존적 생활방식을 추구하기보다는 자기 주도적 역할을 하려고 노력하여야 한다.

둘째, 부모, 의사, 간호사, 사회복지사의 도움은 필수적이나 자조서비스에 중점을 둘 필요가 있다.

셋째, 장애인 스스로는 자아와 보편적 권리를 가진 자립적 활동주체로서 삶을 자신이 결정하여야 하며 사회 전반에 참여하여야 한다.

영국의 장애인운동가인 Brisenden(1989)은 "자립생활이란 장애인의 신체적 · 인지적 능력과 관련된 것이 아니며, 그렇다고 아무런 지원 없이도 스스로를 보호하고 관리한다는 것을 의미하는 것은 더더욱 아니다. 장애인 스스로가 필요한 자원을 다양한 사회적 지지체계를 통하여 제공받음으로써 가능하게 되는 것"이라고 규정하였다.

장애인에 대한 접근방법이 재활에서 자립생활로 변화하고 있다. 과거에는 장애를 개인적인 능력결함이나 손상으로 보고 능력을 강화할 수 있는 재활이 주된 접근방식이었으나 현대사회에서는 장애 당사자의 지기결정권과 선택을 강조하는 자립생활로의 전환을 이루고 있다.

자립생활 접근은 장애는 개인적 비극이라는 관점에서 사회적 억압이론을 바탕으로 한 정상화이론으로, 사회적 행동과 조직화를 요구하며 자조활동을 강조하여 성취감을 갖도록 하는 것이다(정무성 외, 2018: 176-181).

미국의 자립생활이론가인 DeJong(1979)은 자립생활의 개념 정의를 위험을 동반하는 존엄, 그것이 자립생활의 총체적인 개념 정의라고 말하였다. 실패할지 모르는 가능성에 대하여 장애인은 독립된 존재로 인정받아야 하고, 인생의 삶에 대하여는 자신이 증인이며, 선과 악을 선택할 수 있는 자유와 권리를 받아야 한다고 말하고 있다(이채식 외, 2018: 300).

자립은 장애인들의 능력, 수용 기회 등 병리학적 측면에서 접근하였던 기존의 접근 방법이라고 할 수 있었다. 그러나 오늘날 복지전문가들은 개인의 능력을 강화하고 삶을 스스로 조절할 수 있도록 하여 자아실현을 이루어 가도록 하여야 한다고 강조한다.

3. 전망

앞으로 장애인복지의 전망은 장애인의 자립생활을 촉진하기 위한 다양한 프로그램의 개발이 필요하고 장애인의 권리를 존중하며 장애인의 가치 지향적 생활을 보장하기 위한 다양한 운동이 활발히 전개되어야 할 것이다. 그러므로 장애인복지의 발전에 있어서 가장 중요한 것은 장애인은 보살핌과 보호의 대상이 아니라 그들이 직접적으로 선택과 자기결정의 당사자이며 삶의 주체로서 능동적으로 사회참여를 할 수 있게 사회적 환경을 조성하는 것이며 그들을 차별하지 않는 문화·사회적 여건을 조성하는 것이다.

특히 이동이 불편한 장애인의 특성을 고려하고 정보화 사회의 발전에 따라 장애인들의 사회참여를 촉진시킬 수 있는 정보통신과 재활보조기기의 개발과 보급은 앞으로 지속적으로 관심을 가지고 노력을 기울여야 할 분야이며 장애인들의 권리주장은 비장애인들과 마찬가지로 동일한 또는 부가적인 욕구를 지닌 존재로서 서비스 선택권이 있음을 인식해야 할 것이다. 따라서 복지서비스의 소비자로서 장애인들의 욕구에 부응할 수 있는 내용으로 서비스가 제공되어야 하며 이를 위해서는 근본적으로 소비자인 장애인의 요구에 귀 기울여야 할 것이다(고명석 외, 2019: 353).

참고문헌

감정기, 최원규, 진재문(2013). **사회복지의 역사**. 파주: 나남.

강경호(2002). **역기능 가정의 성인아이와 상담**. 경기: 한사랑가족연구소.

강기정, 김연화, 박미금, 송말희, 이미선(2004). **건강가정론**. 파주: 양서원.

강마리아, 김명선, 현영렬(2020). **가족복지론**. 대영문화사.

강성희(2004). 중독자가정의 가족치료. 상명대학교 대학원 석사학위논문.

강영실(2018). **장애인복지의 이해**. 서울: 신정.

강윤경, 권향임, 김덕주, 김현옥, 박미정, 박정숙, 이영실, 조미숙, 한국임상사회사업학회 엮음(2017). **가족복지론**. 서울: 신정.

강행자(2009). 중독자가정의 성인아이의 정서문제와 역기능 행동의 치유방안 연구. 안양대학교 대학원 석사학위논문.

고명석, 김경원, 박선민(2016). **가족복지론**. 서울: 동문사.

고명석, 김선이, 박경미(2019). **장애인복지론**. 서울: 동문사.

고병인(2002). **동반의존적 예방과 치유를 위한 사역**. 서울: 가정과 상담.

고병인(2003). **중독자 가정의 가족치료**. 서울: 학지사.

곽미정, 박선태, 윤선영, 이용환(2017). **가족복지론**. 서울: 동문사.

관계부처 합동(2011). 제2차 건강가정기본계획(안)(2011-2015).

관계부처 합동(2016). 제3차 건강가정기본계획(안)(2016-2020).

교육부(2016). 2010-2016년까지의 교육기본통계 재구성. 교육부.

구인회(2003). 경제적 상실과 소득수준이 청소년의 교육성취에 미치는 영향. **한국사회복지학**, 53, 7-30.

구인회(2005). 빈곤의 동태적 분석: 빈곤 지속기간과 그 결정요인. **한국사회복지학**, 57(2), 351-374.

권기욱(2005). 빈곤가정 유아교육 보호정책의 개선방향 탐색. **교육행정학연구**, 23(1), 281-306.

권선진(2004). 장애인복지 분야의 변화 전망과 과제. **사회복지공동모금회 심포지엄 자료집**.

권신영, 공정원, 김미영, 방미나(2018). **가족복지론**. 고양: 어가.

김경우(2018). **가족복지론**. 서울: MJ미디어.

김규수 외(2006). **가족치료: 이론과 실제**. 파주: 양서원.

김규수(2000). **정신보건 사회사업실천론**. 서울: 형성.

김기원(2000). **공공부조론**. 서울: 학지사.

김기원(2004). 공공부조정책과 빈곤 가족의 문제. 가족문제에 대한 사회복지정책적 조망.

김남지(2020). **성인학습자들을 위한 알기 쉬운 가족복지론**. 서울: 북스홀릭퍼블리싱.

김미곤, 양시현, 최현수(2007). 한국의 빈곤동향과 정책방향. **사회보장연구**, 26(1), 3-32.

김범수, 서은주, 손병돈, 정재훈, 조석연, 최현미, 신승연, 최승희, 평택대학교 다문화가족센터, 다문화가족센터(2008). **다문화 사회복지론**. 파주: 양서원.

김상균, 최일섭, 최성재, 조흥식, 김혜란, 이봉주, 구인회, 강상경, 안상훈(2011). **사회복지개론**. 파주: 나남.

김송이(2019). **서울시 어린이집 취약보육 운영 내실화**. 서울시여성가족재단.

김수환(2009). **가족복지론**. 고양: 공동체

김수환(2019). **가족복지론**. 고양: 공동체.

김승훈(2005). 조손가정의 실태와 복지욕구에 대한 사례연구: 경북성주지역을 중심으로 계명대학교 대학원 석사학위논문.

김영모(2001). **한국가족복지정책연구**. 서울: 한국복지정책연구소 출판부.

김영애(2014). **사티어모델: 핵심개념과 실제적용**. 서울: 김영애가족치료연구소.

김영애, 정문자, 송성자(2002). **가족치료**. 서울: 시그마프레스. Nichols, M. P., & Schwartz, R. C. (2001). *Family Therapy: Concepts and methods* (5th ed.). Boston: Allyn & Bacon.

김영화(2016). **성인지적 가족복지론**. 파주: 양서원.

김영화, 남영옥, 유태한(2019). **젠더 관점에서 본 가족복지론**. 파주: 양성원.

김영화, 이진숙, 이옥희(2015). **성인지적 가족복지론**. 파주: 양서원.

김용환, 김태경, 신미애, 양정안, 이상민, 이순비, 이태자(2019). **가족복지론**. 서울: 동문사.

김윤재(2015). **가족복지론**. 고양: 공동체.

김윤재, 김순옥 김재원, 강영숙, 김진환, 진미화(2015). **가족복지론**. 고양: 공동체.

김은영, 임승희, 박소영(2009). **가족복지론**. 파주: 학현사.

김인숙, 김혜선, 성정현, 신은주, 윤영숙, 이혜경, 최선화(2000). **여성복지론**. 파주: 나남.

김재엽(1997). 한국인의 가정폭력에 영향을 미치는 요인에 관한 연구. **한국가족치료학회지**, 8(2), 137-163.

김정은(2002). 손자녀를 양육하는 빈곤지역 조부모의 심리 · 정서적 안녕과 영향 미치는 요인. 충남대학교 대학원 석사학위논문.

김주환(2001). 사이버 중독과 인터넷 심리. **상담과 선교**, 33, 서울: 한국상담 선교연구원.

김준환 외(2017). **장애인복지론**. 고양: 어가.

김진열, 김도경, 이명은, 조예신(2019). **한국사회 다문화현상의 이해**. 파주: 높이깊이.

김진원(2007). 빈곤청소년의 하위계급 형성과정: 사회적 고립과 빈곤 재생산. 서울대학교 대학원 석사학위논문.

김창엽(2002). **한국사회와 정신질환·사회적 반응으로서의 배제**. 서울: 삼인.

김춘경, 이수연, 이윤주, 정종진, 최웅용(2016). **상담학 사전**. 서울: 학지사.

김태성, 손병돈(2002). **빈곤과 사회복지정책**. 서울: 청목출판사.

김현미(2018). 사회문제의 측면에서 본 다문화가족문제의 실태분석 및 해결방안 연구. **산업진흥연구**, 3(1), 61-72.

김현미, 이해웅, 정혜실, 한승희, 박신혜(2016). **정착주기별 다문화 가족 특성분석을 통한 정책개발연구**. 여성가족부.

김혜경, 도미향, 문혜숙, 박충선, 손홍숙(2020). **가족복지론**. 고양: 공동체.

김혜경, 도미향, 문혜숙, 박충선, 손홍숙, 오정옥, 홍달아기(2017). **가족복지론**. 고양: 공동체.

김혜경, 도미향, 문혜숙, 박충선, 손홍숙, 오정옥, 홍달아기(2019). **가족복지론**. 고양: 공동체.

김혜경, 도미향, 문혜숙 외(2012). **가족복지론**. 고양: 공동체.

김혜선(2004). 조손가족 조부모의 양육태도와 양육스트레스가 손자녀 적응에 미치는 영향 연구. **한국아동**

복지학, 18, 85-117.

김혜영 외(2011). 조손가족지원방안연구. 한국여성정책연구원 연구보고서.

김홍찬(2002). **수치심의 치유**. 서울: 한국기독교상담연구원.

도미향, 강기정, 이무영, 박경애, 장미나(2018). **가족정책론**(제4판). 서울: 신정.

도미향, 윤지영(2004). 외동이와 형제아가 지각한 부모 양육태도와 사회정서발달. **아동학회지**, 25(3), 75-86.

류성창(2017). 다문화학생 진로교육 및 취업지원 강화방안. 2016년 2차 **다문화 가족포럼 자료집**. 35-61.

류종훈, 양경희, 이시진, 이애련, 추인호, 현영렬(2012). **가족복지론**. 파주: 정민사.

문수율, 노명숙, 신경희, 윤세라, 장우심, 조선미, 채정아(2020). **가족복지론**. 서울: 창지사.

박경애(2007). 저소득층 조손가족의 복지대책. 2007년도 한국가족복지학회 추계학술대회.

박경일, 김경호, 서화정, 윤숙자, 이명헌, 이상주, 이재모, 전광현, 조수경(2010). **사회복지학강의**. 파주: 양성원.

박귀영, 오현숙, 이우언, 전미숙, 정명희, 최병태(2017). **가족복지론**. 파주: 양성원.

박란이(2018). 독일, 네덜란드 노인정책 동향 및 커뮤니티케어 연구보고서. 한국노인종합복지관협회 대전광역시지회.

박미은, 신희정, 이혜경, 이미림(2012). **가족복지론**. 고양: 공동체.

박미은, 신희정, 이혜경, 이미림(2015). **가족복지론**. 고양: 공동체.

박병헌(2005). **복지국가의 비교-영국, 미국, 스웨덴, 독일의 사회복지역사와 변천**. 고양: 공동체.

박상규, 이병하(2004). 빈곤층의 심리적 특성에 관한 연구. **한국심리학회지**, 16(4), 813-824.

박승우(2019). **다문화 교육과 정책의 이해**. 경북: 영남대학교출판부.

박옥임(2009). 농촌지역의 노인학대 위험요인과 사회지원체계. 2009년 **한국지역사회생활과 학회 춘계학술대회 자료집**.

박옥임, 김정숙(2006). 조손가족과 3세대 가족 손자녀의 가족생활적응 및 자존감 비교. **한국가족복지학**, 11(3), 129-139.

박옥임, 서선희, 김경신, 옥경희, 최은정, 김진희(2017). **가족복지론**. 고양: 공동체.

박종삼 외 공저(2009). **사회복지학개론**. 서울: 학지사.

박태영, 김태한, 김혜선, 문정화, 박소영, 박진영, 이재령, 조성희(2019). **가족복지학의 이해**. 서울: 학지사.

박혜원(2011). 중독자 가정의 동반의존자에 대한 성경적 상담. 총신대학교 대학원 석사학위논문.

박희숙, 강월숙, 김상옥, 정재필(2019). **가족복지론: 가족복지 실천에서의 가족복지 이론 및 기술**. 고양: 지식공동체.

보건복지가족부, 법무부, 여성부, 한국보건사회연구원(2010). 보건복지통계연보.

보건복지부(2018). 아동복지사업안내.

보건복지부, 중앙아동학대예방센터(2004). 2003년도 전국아동학대현장보고서.

서혜석, 강희숙, 이미영, 이성희, 채인석(2015). **가족복지론**. 고양: 공동체.

석인선(2019). **한국사회의 다문화현상 이해**. 부산: 석당.

설은주(2003). **가정사역론**. 서울: 예영커뮤니케이션.

성정현 외(2018). **가족복지론**. 파주: 양서원.

성정현, 여지영, 우국희, 최승희, 임세희(2017). **가족복지론.** 파주: 양서원.

성정현, 외(2014). **가족복지론.** 파주: 양서원.

손광훈(2007). **장애인복지론.** 서울: 학현사.

손병덕 외(2008). **가족복지론.** 서울: 학지사.

손병덕, 황혜원 외(2014). **가족복지론.** 서울: 학지사.

손영화, 이윤아, 이지민, 단국대학교 일본연구소 기획(2020). **다문화 가정을 위한 한국문화의 이해.** 서울: 경진출판.

송성자(1995). **가족과 가족치료.** 서울: 법문사.

송성자(1998). 사회구성주의와 해결중심치료이론의 연관성에 대한 연구. 한국가족치료학회지, 제6권 1호 pp. 35-51

송성자(2002). **한국문화와 가족치료.** 서울: 법문사.

송윤선, 이미나, 김영춘, 박상희, 김밀양, 장은동, 박광희(2019). **다문화가족복지와 상담.** 고양: 공동체.

송정애(2019). **다문화아동과 사례관리.** 파주: 양서원.

신기원, 이종운, 조성욱(2017). **장애인복지론.** 고양: 공동체.

양세정(2013). 한부모가족 가구주의 성별과 한부모-자녀 의사소통이 청소년자녀의 우울에 미치는 영향: 모자가족과 부자가족의 비교를 중심으로. **청소년복지연구,** 15(1), 1-22.

양옥경 외(2007). **가족복지의 정책과 실천.** 고양: 공동체.

양옥경, 김미옥, 최명민 역(2002). **가족과 레질리언스.** 파주: 나남.

양옥경, 이재경, 김인숙, 윤홍식, 송다영(2020). **가족복지의 정책과 실천.** 고양: 공동체.

여성가족부(2014). 2013년 가족폭력 실태조사. 보도자료, 2014-02-06.

여성가족부(2015). 2015년 한부모가족 실태조사.

여성가족부(2017). 가정폭력실태조사보고서.

여성가족부(2018a). 제3차 다문화가족정책 기본계획(2018~2022)(안).

여성가족부(2018b). 2018년 건강가정지원센터 현황.

여성가족부(2018c). 2018년 다문화가족지원센터 현황.

여성가족부, 통계청(2016). 2015년 전국다문화실태조사 분석.

연합뉴스(2019). "다문화 가구원 100만명 돌파…국내 인구 2% 차지". 2019. 9. 12. https://www.yna.co.kr/view/AKR20190911116600371

옥경희(2005). 조부모-손자녀가족 조부모의 손자녀 양육. **한국가정관리학회지,** 23(3), 103-114.

옥필훈(2019). **가족복지론.** 고양: 지식공동체.

유계숙, 장혜경, 전혜정, 김윤정 외(2009). **가족정책론**(개정판). 서울: 시그마프레스.

유계숙, 최연실, 성미애 편역(1999). **가족학 이론.** 서울: 문음사.

유영주 외(2004). **새로운 가족학.** 서울: 신정.

유영주(2010). **새로운 가족학.** 파주: 교문사.

육아휴직제도관련 국외참고자료(2019). 저출산고령사회위원회.

윤귀남 역(1997). **숨겨진 중독.** 서울: 참미디어.

윤홍식, 송다영, 김인숙(2012). **가족정책: 복지국가의 새로운 전망**(개정판). 고양: 공동체.

이관직(1999). **목회상담학**. 서울: 한국목회상담연구소.

이명순, 박주현(2010). 입양을 결정한 10대 미혼모 경험에 관한 사례연구. **한국가족복지학**, 13(3), 187-205.

이문국 외 역(2005). **사회복지 대백과사전**. 서울: 나눔의집.

이상현(2005). 조부모 손자녀양육 부담 및 보상감 연구(국민기초생활수급자 중심으로). 신라대학교 사회복지대학원 석사학위논문.

이선혜(2000). Bowen이론의 문화적 보편성과 특수성에 관한 일고. **한국가족 치료학회지**, 8.

이성희, 한은주, 왕석순, 임선영(2019). **가족복지론**. 서울: 창지사.

이승미(2007). 저소득층 조손가족을 위한 복지대책에 관한 토론. 2007년도 한국가족복지학회 추계학술대회. 92-94.

이신영, 박선영(2015). **가족복지론**. 고양: 공동체.

이영실 외(2010). **가족복지론**. 파주: 양서원.

이영실, 김재경, 김봉순, 박용권, 조명희, 홍성희(2013). **가족복지론**. 파주: 양서원.

이영실, 나임순, 정명희, 황희숙, 최정자(2011). **사회복지실천론**. 파주: 양서원.

이영실, 윤순이, 신준옥, 오현숙, 노길희, 조명희, 홍성희(2015). **사회복지실천기술론**. 파주: 양서원.

이영주, 최경화, 정윤태, 김현희, 오정아(2015). **가족복지론**. 파주: 양서원.

이원숙(2016). **가족복지론**. 서울: 학지사.

이원숙(2018). **가족복지론**. 서울: 학지사.

이윤정, 박수선, 이무영, 강기정(2019). **가족복지론**. 고양: 공동체.

이찬욱, 강진구, 노자은(2019). **한국사회와 다문화**. 서울: 경진출판.

이채식, 이은영, 이형렬(2015). **장애인복지론**. 서울: 창지사.

이현경(2006). 회복기에 있는 중독자 가족상담 과정 연구: Ethnography 연구 중심. **복음과 상담** 7.

이혜경(1996). **한국의 가족정책: 대안의 선택과 정부 민간의 연계, 한국가족정책의 이해**. 서울: 학지사.

이혜숙, 임은이(2009). 빈곤가정의 빈곤화과정 연구. **한국가족복지학**, 26, 255-294.

임정문, 김숙경, 나직균, 이승현, 한현지(2018). **가족복지론**. 서울: 동문사.

임종호, 이영미, 이은미(2010). **장애인복지론**. 서울: 학지사.

임춘희(1999). 가족상담체계의 현황과 문제점. 종합상담체계구축과 가족상담교육을 위한 세미나.

장수복, 이태희, 유영준, 정희정, 오봉욱, 최세영(2017). **가족복지론**. 파주: 정민사.

장인협, 이혜경, 오정수(2014). **사회복지학**. 서울: 서울대학교출판문화원.

저출산고령사회위원회(2019). 육아휴직제도관련 국외참고자료.

전국다문화가족실태조사 연구. 정책보고서 2010-06.

전선영, 조금화, 박성석, 강윤경, 박정숙, 이미선, 이영실, 박미정, 권향임, 조미숙, 문영미(2011). **가족복지론**. 서울: 신정.

전숙자, 박은하, 최윤정(2009). **다문화사회의 새로운 이해**. 서울: 그린.

정무성 외(2018). **장애인복지론**. 파주: 정민사.

정문경, 조성자, 정윤주(2020). **가족복지상담**. 서울: SGS서진교육.

정문자, 송성자, 이영분, 김유순, 김은영(2010). **해결중심 단기치료**. 서울: 학지사.

정문자, 정혜정, 이선혜, 전영주(2007). **가족치료의 이해**. 서울: 학지사.

정소희(2006). 가족구조 부모양육행동 및 청소년 비행-모자가정과 부자가정의 비교를 중심으로. **사회복지연구**, 30, 207-222.

정연구, 이명수, 변용찬(2019). 일상생활능력이 발달장애인의 취업에 미치는 영향. **장애와 고용**, 29(3), 31-60.

정은(2012). **가족상담 모델과 사례**. 서울: 창지사.

정재훈(2000). 복지국가와 성차별. **불교와 사회복지**. 경기: 승가대학교.

정재훈(2013). 가족을 우선하는 활성화정책(activation policy)-독일사례를 중심으로. **여성연구**, 85, 45-80.

정황순, 박주현, 김준환(2016). **가족복지론**. 서울: 창지사.

조영구, 이재문, 이은모(2017). **가족복지론**. 파주: 정민사.

조원탁, 박순희, 서선희, 송기범, 안효자, 이형하, 한신애(2019). **다문화 사회의 이해와 실천**. 파주: 양서원.

조주은(2012). 양육미혼모 관련 정책현황과 개선방안. **젠더법학**, 4(1), 207-235.

조흥식, 김인숙, 김혜란, 김혜련, 신은주(2017). **가족복지학**. 서울: 학지사.

조희금 외(2015). **건강가정론**. 서울: 학지사.

주한 스웨덴 대사관(2016). 스웨덴의 아동양육정책.

중앙아동학대예방센터(2004). 2003년도 전국아동학대현장보고서.

중앙일보(1999. 10. 19.). 기획취재-고통받는 재혼가정.

중앙일보(2000. 5. 10.).

지은구, 장현숙, 김민주, 이원주(2015). **최신사회문제론**. 서울: 학지사.

최경석, 김양희, 김성천, 김진희, 박정윤, 윤정향(2006). **한국가족복지의 이해**. 서울: 인간과 복지.

최명민, 이기영, 최현미, 김정진(2009). **문화적 다양성과 사회복지**. 서울: 학지사.

최선화, 공미혜, 전영주, 최희경(2018). **변화하는 사회의 가족복지**. 서울: 학지사.

최선화, 박광준, 황성철, 안홍준, 홍봉선(2017). **사회문제와 사회복지**. 파주: 양서원.

최선화, 아영아, 이명희, 고영희, 최미숙(2018). **가족복지론**. 파주: 양서원.

최성재(1994). 사회정책과 가족. 한국가족학회 편. **현대사회와 가족**. 파주: 교육과학사.

최성재(1995). 복지국가와 가족. 한국가족학회 편. **복지국가와 가족**. 서울: 도서출판 하우.

최연실(1999). 가정복지정책과 서비스 전달체계의 현황과 쟁점. 21세기 가정복지의 지향과 사회적 실천. **한국가정관리학회 학술대회 발표집**.

최윤정(2017). 다문화 가족 자녀의 현황과 향후과제: 다문화가족실태조사를 중심으로. 2016년 **제2차 다문화 가족포럼자료집**, 3-31.

최일섭, 최성재(2000). **사회문제와 사회복지**. 파주: 나남.

최정숙, 강향숙, 김경희, 김선민, 김유정(2020). **가족복지론**. 서울: 학지사.

최정숙, 강향숙, 김경희, 김선민, 김유정, 김주현, 김지혜, 박형원, 백형의, 우재희, 이영선, 이예승, 이인정, 이혜경, 임정원, 장수미, 정선영, 한인영 공저(2020). **가족복지론**. 서울: 학지사.

통계청(2010a). 인구주택총조사보고서.

통계청(2010b). 인구주택총조사 보도자료.

통계청(2017). 2015년 다문화 인구동태 통계.

한국가족상담교육단체협의회.

한국두리모지원협의회(2013). '절반의 책임! 아빠(엄마)는 어디있나요?'. 비양육 미혼부(모)양육 책임강화를 위한 포럼. 서울시한부모가족지원센터.

한국보건사회연구원(2009). **보건복지포럼**, 152, 130-131.

한국보건사회연구원(2018). 주요국의 사회보장제도 2. 독일의 사회보장제도.

한국사회복지정책학회. 2004년 **전기 학술대회 자료집**, 7-47.

한국여성복지연구회(2005). **가족복지론**. 서울: 청목출판사.

한국여성정책연구원(2009). 미혼부모의 사회통합방안 연구. 한국여성정책연구원 연구보고서-10.

한국여성정책연구원(2013). 다문화가족 관련 법제도 개선방안 연구. 여성가족부.

한국인구보건원(1982). 전국 보건의료망 편성을 위한 연구.

한동희(1996). 한국의 노인학대에 관한 연구. 대구가톨릭대학교 대학원 박사학위논문.

한인영, 강향숙, 구승신, 김경희, 김선민, 김유정, 김주현, 박형원, 백형의, 우재희(2015). **가족복지론**. 서울: 학지사.

한인영, 강향숙, 구승신, 김경희, 김선민, 김유정, 김주현, 박형원, 백형의, 우재희(2016). **가족복지론**. 서울: 학지사.

홍봉수, 강해자, 배재덕, 윤은영, 조웅, 김영호, 김미연, 전경란, 이순자, 박명옥, 배진서(2018). **가족복지론**. 고양: 지식공동체.

홍봉수 외(2019). **가족복지학**. 고양: 지식공동체.

홍순혜(2004). 부모의 이혼이 청소년 자녀의 심리사회적 적응에 미치는 영향-양육부모의 경제수준 및 양육행동의 매개효과를 중심으로. **한국아동복지학**, 17, 151-177.

Ahrons, C. R. & Rodgers, R. H. (1987). *Divorced Family: a Multidisciplinary Developmental View.* New York: W. W. Norton & Company.

Anderson, H., & Goolishian, H. A. (1988). Human Systems as Linguistic Systems: Preliminary and Evolving Ideas about the Implications for Clinical Theory. *Family Process, 27.*

Avis, J. M. (1896). Feminist Issues in Family Therapy. In F. P. Piercy, D. H. Sprenkle & Associates (Eds.), *Family Therapy Sourcebook.* New York: The Guilford Press.

Avis, J. M. (1998). Commentary: Does Neutrality Feminist Awareness? A Feminist Response to Scheel and Ivey. *Contemporary Family Therpy, 20*(3).

Berg, I., & Miller, S. (1992). *Working with the Problem Drinker.* New York: W. W. Norton.

Bogarad, M. (1986a). A Feminist Examination of Family Therapy: What is Women's Place? *Women and Therapy, 5*(2-3).

Bogarad, M. (1988). Feminist Perspectives on Wife Abuse. In K. Yllo & M. Bograd (Eds.), *Feminist Perspectives on Wife Abuse.* Newbury Park, PA: Sage Publications.

Bogenschneider, K. (2008). *Family Poicy Matters: How Policymaking Affects Families and What Professionals Can Do.* New Jersey: Lawrence Erlbaum Associate.

Bowen, M. (ed.). *Family Therapy in Clinical Practice.* New York: Jason Aronson.

Braveman, L. (1988a). Feminism and Fmaily Therapy: Friends or Foes. In L. Braveman (Eds.), *A Guide to Feminist Family Therapy.* New York: Harrington Park.

Burck, C., & Daniel, G. (1990). Feminismand Strategic Therapy: Contradiction or Complementarity? In R. J. Perelberg, & A. C. Miller (Eds.), *Gender and power in Families.* New York: Routledge.

Carter, B. & McGoldrick, M. (ed.) (1989). *The Changing Family Life Cycle* (2nd ed.). Boston: Allyn and Bacon.

De Shazer, S. (1985). *Keys to Solution-Focused Briedf Therapy.* New York: Norton.

Duvall, E. M. & Miller, B. C. (1985). *Marriage and Family Development.* 6th ed. New York: Harper & Row.

Esping-Anderson, G. (1990). *Three Worlds of Welfare Capitalism.* Cambridge: Polity Press.

Esping-Anderson, G. (1999). *Social Foundation of Post industrial Economics.* New York: Oxford University Press.

Gauthier, A. H. (1996). *The State and the Family.* New York: Oxford University Press.

Gilbert, L. A. (1980). Feminist Therapy. In A. M. Brodsky, & R. T. Hare-Musstim (Eds.), *Women and Psychotherapy: An Assesment of Research and Practice.* New York: The Guilford Press.

Goldenberg, H., and Goldenberg, I. (2004). *Family Therapy: An Overview* (6th ed.). CA: Books/Cole Publishing Co.

Goldenberg, I., & Goldenberg, H. (1992). *Family Therapy: An Overview.* (3rd ed.). Pacific Grove. CA: Brooks/Cole.

Goldner, V. (1988). Generations and Gender: Normative and Covert Hierarchies. *Family Process, 27.*

Goldner, V. (1991b). Sex, Power and Family Therapy: What's wrong with This Picture? *Journal of Feminist Family Therapy, 3*(1/2).

Haley, Jay(1973). *Uncommon Therapy: The Psychiatric Techniques of Milton Erickson.* New York: W.W. Norton & Company.

Harding, L. F. (1996). *Family, State and Social Policy.* London: Macmillan.

Hare-Mustin, R. T. (1978). A Feminist Approachto Family Therapy. *Family Process, 17.*

Jones, E. (1990). Feminisn and Family Therapy: Can Mixed Marriage Work? In R. J. Perelberg & A. C. Miller (Eds.), *Gender and power in Families.* New York: Routedge.

Kamerman, S. B. (1995). *Families Overview. Encyclopedia of Social Work* (19th ed., pp. 927-935). Washington, DC: National Association of Social Workers Press.

Kamerman, S. B., & Kahn, A. J. (1978). *Family Policy: Government and Families in Fouteen Countries.* New York: Columbia University Press.

Layton, M. (1994). Tipping the Therapeutic Balance. *The Family Therapy Networker. 8.*

Luepnitz, D. A. (1988). *The Family Interpreted: Faminist Theory in Clinical Practice.* New York: Basic Books, Inc.

MacKinnon, L. K., & Miller, D. (1987). The New Epistemology and the Milan Approach: Feminist and Social political Considerations. *Journal of Martial Family Therapy, 13*(2).

Minuchin, S. (1974). *Structural Family Therapy.* New York: Basic Books.

NASW (1965). Unmarried Parents. Encyclopedia of Social Worker.

Nichols, Michael P. and Schwartz, Richard. C.(1991). *Family Therapy: Concepts and Methods, second Edition.* Boston and London: Allyn and Bacon.

Nichols, M. P., & Schwartz, R. C. (1995). *Family Therapy: Concepts and Methods.* (3rd ed.). Boston: Allyn and Bacon. Feminist and Family Systems Therapy: Are they Irreconcilable?. *The American Journal of Family Therapy, 10(3).*

Norsworthy, K. L. (2000). Feminist Family Therapy. In A. M. Home (Eds.), *Family Conuseling and Therapy.* Itasca, Illinois: F. e. Peacock Publishers.

Papero, D. B. (1990). *Family Systems Theory.* Boston: Allyn and Bacon.

Satir, V. (1983). *Conjoint Family Therapy.* Palo Alto, CA: Science and Behavior Books.

Shazer, S. (1988). *Clues: Investigating Solutions in Brief Therapy.* New York: Norton.

Sheinberg, M. (1992). Navigating Treatment Impasses at the Disclosure of Incest: Combining Ideas from Feminism and Social Constructionism. *Family Process, 31.*

Skolnick, A. (1979). *The Intimate Environment: Exploring Marriage and the Family.* (pp. 126-130). Boston, MA: Little, Brown Company.

Walsh, F. (1998). *Stengtbening Family Resilince.* New York: Guilford Press.

White, M. & Epston, D. (1990). *Narrative Menas to Therapeutic Ends.* New York: Norton.

White, M. (1995). *Re-authoring Lives: Interviews and Essays.* Adelaide, South Australia: Dulwich Centre Publications.

Ziefle, A. (2009). *Familienpolitic als Diterminante weiblicher Lebensverläufe?: Die Auswirkungen des Erziehungsurlaubs auf Familien-und Erwerbsbiograpien in Deutschland.* Springer.

Zimmerman, S. L. (1988). *Understanding Family Policy: Theoritical Approaches.* Thousand Oaks, CA: Sage.

Zimmerman, S. L. (1995). *Understanding Family Policy: Theories and Applications.* Thousand Oaks, CA: Sage.

건강가정지원센터 홈페이지. www.familynet.or.kr

국가법령정보센터. http://www.law.go.kr/

다문화가족지원포털 다누리 홈페이지. www.liveinkorea.kr

대한민국 국회 법률지식정보시스템. http://likms.assembly.go.kr

데일리한국. daily.hankooki.com

보건복지부 홈페이지. www.mohw.go.kr

여성가족부 홈페이지. www.gogef.go.kr

찾기 쉬운 생활법령정보. http://easylaw.go.kr/

찾아보기

[인명]

[내용]

ㄱ

ㅅ

ㅇ

ㅈ

ㅊ

ㅋ

ㅌ

저 / 자 / 소 / 개

■ **김성철**

백석대학교 보건복지대학원 교수

■ **김성숙**

화성시드림장애인직업적응훈련센터 센터장

서울시립대학교 사회복지학과 외래교수

■ **모아라**

전, 연성대학교 사회복지과 교수

■ **박란이**

춘천남부노인복지관 관장

한국양성평등교육진흥원 전문강사

■ **박정하**

백석문화대학교 사회복지학부 교수

■ **박종란**

경민대학교 효충사관과 교수

서울한영대학교 객원교수

■ **송희경**

국립한경대학교 아동가족복지학과 겸임교수

■ **염영옥**

백석대학교 사회복지학부 교수

■ **이만복**

세경대학교 사회복지과 교수

가족복지론

1판 1쇄 인쇄 — 2020년 9월 1일
1판 1쇄 발행 — 2020년 9월 4일

저　　자 - 김성철 김성숙 모아라 박란이 박정하
박종란 송희경 염영옥 이만복
발 행 인 - 강철원
발 행 처 - 양성원
주　　소 - 경기도 파주시 검산로 173번길 29-20
전　　화 - 031-946-3861(代)
팩　　스 - 031-946-3864
이 메 일 - tnwpub@naver.com
홈페이지 - tnwpub.co.kr
출판등록 - 2015년 8월 31일 제 2015-000211 호

ISBN 979-11-6126-298-7

정가 20,000원